AF572408

werke auf papier

ARMAN

works on paper

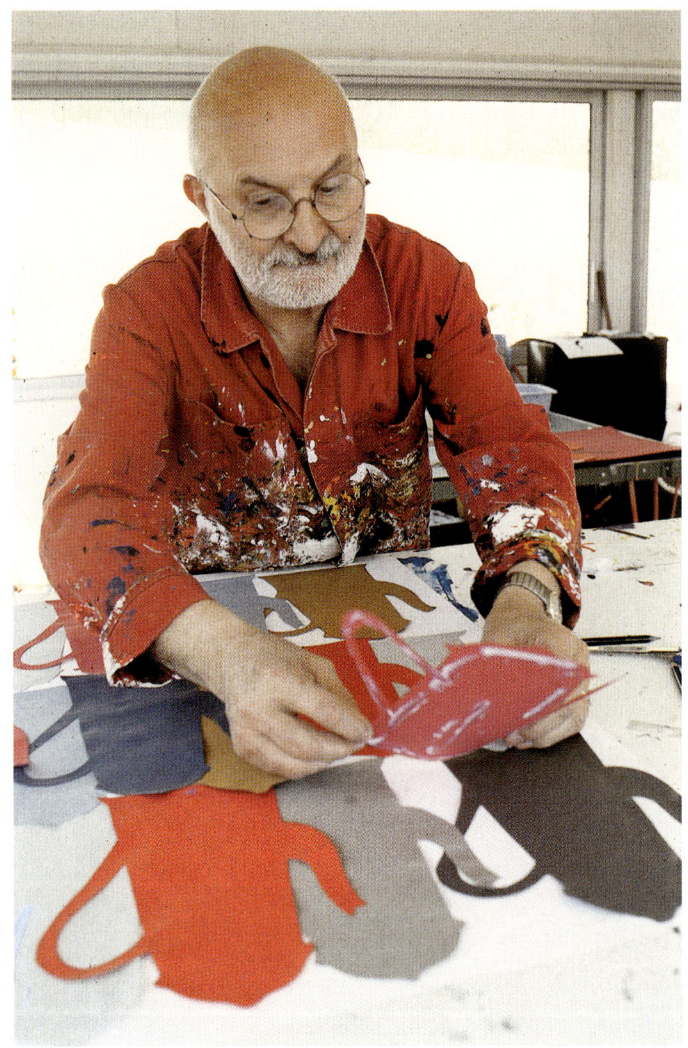

Bei der Arbeit an „A la queue leu leu“
Working on „A la queue leu leu“
New York 1994

Beate Reifenscheid (Hg.)

werke auf papier

ARMAN

works on paper

KERBER VERLAG

Impressum / Acknowledgement

Erschienen anläßlich der gleichnamigen Ausstellung
im Ludwig Museum, Koblenz 2000/2001

Herausgeberin / Editor:
Beate Reifenscheid

Katalogredaktion, Texte und Dokumentation / Editorial work:
Beate Reifenscheid und Urs Roeber

Übersetzung / Translation:
Hartmut Härer, Urs Roeber (Biography)

Gestaltung, Layout, Lithografie / Design, Lithography:
Carola Brand, Klaus-Peter Plehn

Gesamtherstellung / Production:
Kerber Verlag, Bielefeld, Germany

ISBN 3-933040-60-4

Abbildung Umschlag / Cover motif:
Arman, Pouring, um 1979 (vorne/front),
Decoupée Bicycle, 1991/1992 (hinten/back)

Fotonachweis / Copyrights:
MIHM-Fotografie, Kassel (Abb. S. 35)
Musée du Dessin et de l'Estampe Originale, Gravelines (Abbn. S. 116 und 136)
Rheinisches Bildarchiv, Köln (Abbn. S. 44/45)
Privatsammlung Mannheim (Abbn. S. 33 und 53)
Davis Reynolds, New York (Abbn. S. 144-147)
Christian Leiber, Paris (Abb. S. 10)
Marc Moreau, Paris (Abb. S. 120)
Adam Rzepka, Paris (Abb. S. 122)
Leslie Petzold, Stuttgart (Abb. S. 6, S. 181)
François Fernandez, Vence (Abbn. S. 117, 119, 124, 125, 126, 128, 130-133, 142)
Sammlung Rira (Abb. S. 34)
Privatsammlung (Abb. S. 87)

alle weiteren Abbildungen Studio Arman, New York /
all other photopraphs from Studio Arman, New York

Leihgeber / Lenders:
Arman und Corice Canton Arman, New York/Vence
Helmut Dudé, Basel
Éliane Radigue, Paris
Musée du Dessin et de l'Estampe Originale, Gravelines
Museum Ludwig, Köln
sowie weitere Leihgeber, die ungenannt bleiben wollen./
as well as other lenders, who don't want to be mentioned.

Inhalt/Contents

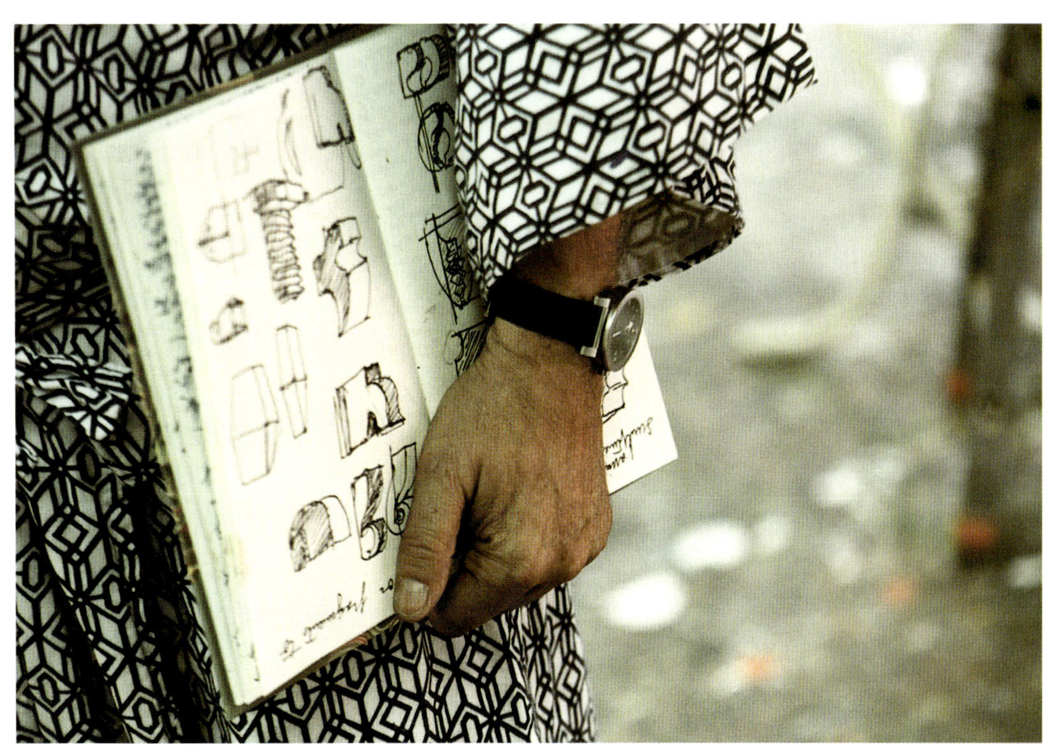

Skizzenbuch
Sketchbook
Vence 1999

Vorwort

Wo immer man Werken von Arman begegnet, ist man ihnen ausgeliefert, und zwar in dem Sinne, daß sie einen mit einer einzigartigen Artikulation von Materialnutzung, -anhäufung und -verfremdung in den Bann schlagen. Nirgends sonst sieht der Betrachter sich so konfrontiert mit der eigenen – manchmal viel zu gedankenlosen – Sucht nach Konsumvielfalt, gleichzeitig aber auch nach Normierung, Stereotypie und uneingeschränkter Handhabbarkeit von Industrieprodukten. Arman hat sich bereits seit den 50er Jahren mit dem Phänomen des industriell Hergestellten, seiner Vermassung und Anonymisierung sowie des neu aufgekommenen Problems der „Wegwerfgesellschaft" angenommen. Als Mitbegründer der „Nouveaux Réalistes" im Jahr 1960 tritt die Realität des Alltags und mit ihr die Alltäglichkeit des Materials in einen neuen, ästhetisierten Kontext.

Armans Konzept trifft den Nerv seiner Zeit und richtet sich direkt an die Gesellschaft, die irritiert und geschockt reagiert. Er provoziert geradezu ein Nachdenken über die ausufernde Konsumhaltung, in der alles in uniformer Multiplikation grenzenlos verfügbar scheint und durch die der Blick für das Singuläre, das Einzigartige verloren zu gehen droht. Arman hinterfragt und kommentiert mit subtiler Ironie diese Auswüchse des Realen. Seine künstlerischen Ausdrucksformen zeichnen sich ab als Spuren (Cachets, Allures d´Objets), als Wutausbrüche (Colères), als Anhäufungen (Accumulations), die selbst vor Papierkörben nicht Halt machen (Poubelles), als Verbrennungen (Combustions) oder in präzisen Schnitten durch Skulpturen und Objekte (Coupes) und vielem mehr. Arman hat es geschafft, im Massenhaften die Einzigartigkeit des industriell Gefertigten, seine ihm kohärente Schönheit zu betonen und durch die neue Form oder Anordnung apothetisch auferstehen zu lassen. Nur Arman vermag es, die Masse als Individuum zu charakterisieren.

Die Retrospektive und vorliegende Dokumentation widmet sich erstmals umfassend dem graphischen Werk Armans, das in der Sicht auf fast 50 Jahre diesen für das Œuvre substantiellen Aspekt betont. Damit kann die Genese seines gesamten

Schaffens überzeugend auf seinen ursprünglichen Nukleus im Werk zurückgeführt werden und verdeutlichen helfen, wie sehr sich das Experiment zuerst in der Graphik – fast noch im Charakter einer intimen Studie – manifestiert und Neuerungen der Form ermöglicht bzw. freigesetzt hat. Schließlich liegt jedem größeren Projekt, jeder Installation und Skulptur, immer auch eine Serie von Skizzen zugrunde, die entscheidend die Lösung vorbereiten.

Die Realisation der Ausstellung war letztlich nur durch den Enthusiasmus und die freundschaftliche Kooperation von Arman möglich, der nicht nur die Auswahl der Werke aus seinen Studios begleitete, sondern auch Kontakte zu weiteren Leihgebern herstellte. Für seinen persönlichen Einsatz für diese Ausstellung sind wir zu großem Dank verpflichtet. Gleichzeitig sei den Sponsoren, Leihgebern und Museen gedankt, die sich für die Realisation der Ausstellung eingesetzt haben bzw. durch ihre Übernahme das Interesse an Arman weitertragen. In besonderem Maße haben Herr Dr. Urs Rickenbacher, Lyss, und Herr Harald Wolff, Mougins, diesem Arman-Projekt zum Erfolg verholfen. Ihrer unschätzbaren Unterstützung sind viele große und kleine Facetten der Verwirklichung verbunden. Ohne sie und die Sponsoren wäre der vorliegende Katalog nicht möglich gwesen. – Im Ludwig Museum sei Herrn Dr. Urs Roeber während der Vorbereitungszeit für Findungsgeist, persönliches Engagement und unversiegbaren Humor gedankt. Wie immer sei schließlich auch allen Mitarbeitern des Ludwig Museums gedankt, die durch ihre Tatkraft, Geduld, Begeisterung und Umsicht wieder zum Gelingen beigetragen haben.

Beate Reifenscheid

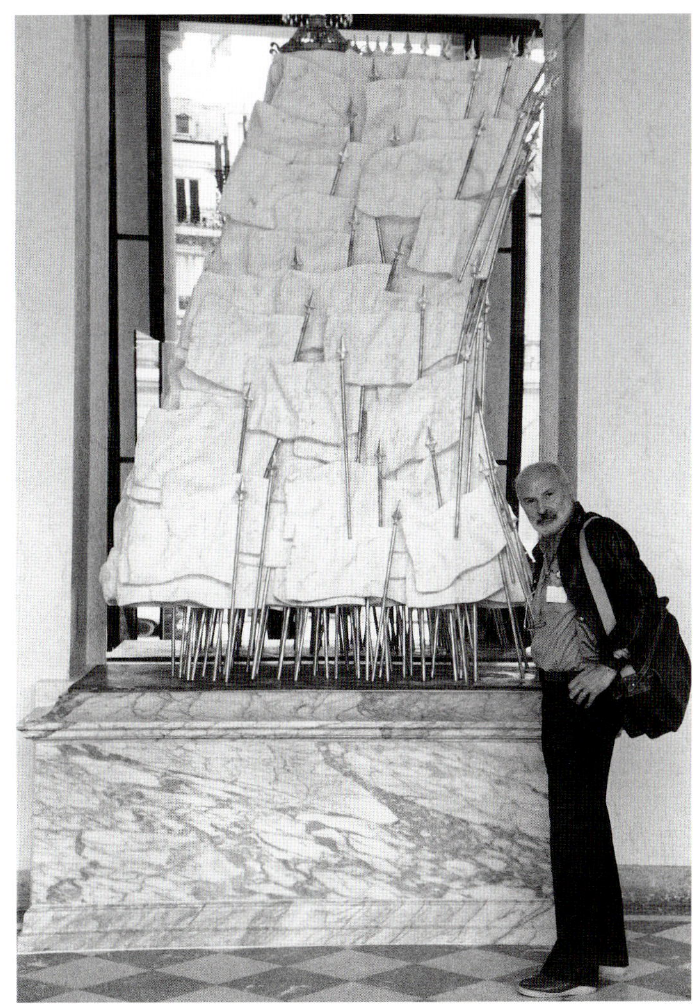

Arman vor seiner Skulptur
Arman in front of his sculpture
„A La Republique“, Elysee Palace, Paris 1984

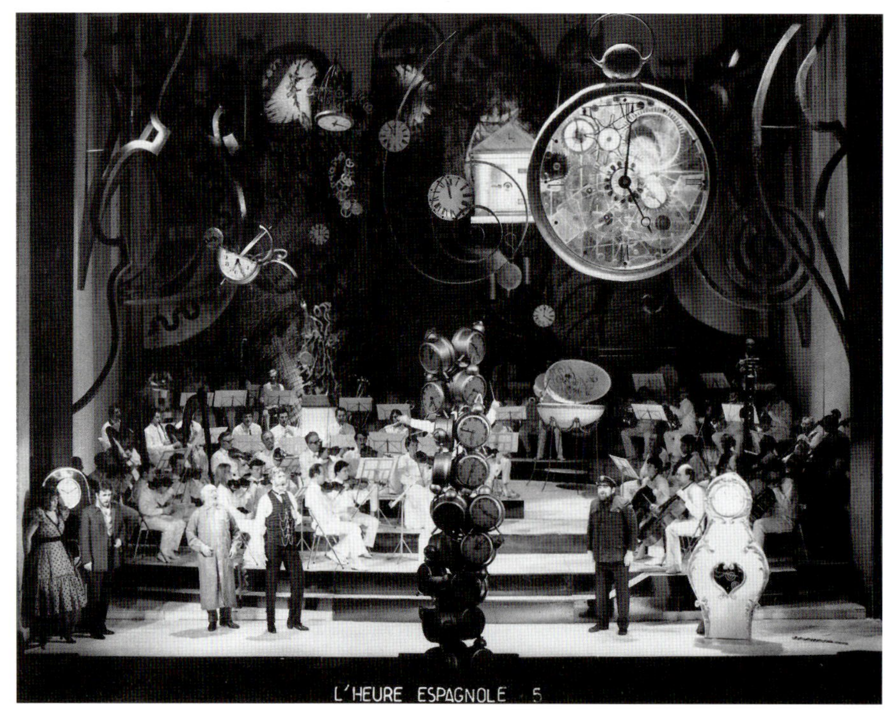

Aufführungen von Maurice Ravels „L 'heure espagnole" mit Bühnenbild von Arman
Performance of Maurice Ravels „L 'heure espagnole" with stagesetting by Arman
Opéra-Comique, Paris 1985

Arman – Der Zeichner

Beate Reifenscheid

„Man erzählt, daß Luther, um den Teufel zu bezwingen, der gekommen war, ihn zu ärgern, ihm eines Tages sein Tintenfaß an den Kopf warf. Das Fäßchen zersprang an der Wand, der Inhalt spritzte nach allen Seiten, und die düsteren dämonischen Flecken verteilten sich und tropften schließlich, besänftigt, langsam zu Boden.

Man zeigt – so heißt es – dem Besucher in Augsburg noch immer diesen Klecks des Jähzorns, der seit dem dramatischen Wurf schon einige Male erneuert wurde. Stelle Dir – lieber Leser – wer auch immer du sein magst, der Du an den Teufel glaubst oder auch nicht, vor, daß wir dem stürmischen Entstehen dieses Kleckses beiwohnen. Wir beobachten zuerst, daß das bespritzte Feld, die Vervielfältigung und Feinheit der Faserung der Kraft des Wurfes entsprechen und deutlich Tat und Gefühl ausdrücken. Wir stellen weiter fest, so glauben wir, die Abwesenheit des Teufels.“ [1]

Als Künstler der *„accumulations“* und *„combustions“*, als derjenige, vor dem nichts sicher zu sein scheint, weil alles noch so Alltägliche in Unzahl angehäuft, aufgetürmt, aneinandergereiht und neu sortiert wird, hat Arman bereits Geschichte gemacht. Arman zersägt, zerschneidet, durchtrennt, verbrennt, zerschlägt, splittet alles und tobt sich gelegentlich in „Wutausbrüchen“ (*„colères“*) aus, die dann zur künstlerischen Formfindung führen. Daniel Abadie hat Arman als Archäologen der modernen Zeit betitelt, [2] der sich den Phänomen der modernen Industriegesellschaft stellt und deren Produkte er sich zu eigen macht. Dabei ist es zunächst für Arman gleichrangig, ob er sich des Abfalls (*„poubelles“*) bemächtigt, perfektionierter Industrieprodukte oder schließlich historische Bronzefiguren zersägt. Egal ob Haushaltsgeräte oder Musikinstrumente, Geigen, Trompeten oder Flügel, alles wird erbarmungslos seinem Teilungs- und Sezierzwang unterworfen. Dieser Künstler erscheint wie ein Kind, das nur dann glücklich ist, wenn es das Innerste nach Außen gekehrt hat und durch die Zerstörung seine Erkenntnisse gewinnt. Armans Blick auf die Welt ist einer, der Sehgewohnheiten zuwiderläuft, der statt dessen alles befragt und vertraute Ordnungen aufsprengt und verbrennt. Die Anarchie wird zum innersten Movens, mit alten, überkommenen Gewohnheiten und gesellschaftlichen Normen zu brechen, sie radikal über Bord zu werfen und damit ihre Nichtigkeit zu deklarieren. Arman verharrt jedoch nicht im Protest, sondern setzt den alten fragwürdig gewordenen Werten neue, moderne Qualitäten entgegen.

Arman ist als Künstler von Objekten und Skulpturen, als großartiger Kreator in fast allen Gattungen hinlänglich bekannt: Wer kennt nicht seine offiziellen Projekte, seine Installationen, seine teils monumentalen Skulpturen, seine in den Bereich des Design vordringenden Werke wie die Teppichentwürfe mit ausgelaufenen Farbtuben, seine Geigentische und -stühle, Porzellane, auf denen sich Gabeln kreuzen etc oder auch sein umfangreiches druckgraphisches Werk. Letzteres ist vor allem durch das Œuvreverzeichnis der bis 1990 entstandenen Radierungen, Lithographien, Serigraphien und Bücher bekannt. Aber trotz der unzähligen Ausstellungen, die Armans Werk gewidmet werden, gab es bislang keine umfassende Auseinandersetzung mit dem zeichnerischen Werk, mit jenen Arbeiten, die während der nunmehr fast fünf Jahrzehnte währenden Schaffenszeit auf Papier entstanden sind. Wenn man aber zu Recht Arman in allen Sparten Beharrlichkeit und Konsequenz in der Durchführung und im Variationsreichtum konstatieren kann, so ist es um so erstaunlicher, daß dieser Bereich bislang weitgehend ausgeklammert blieb und damit nicht dokumentiert ist. Arman hat das Medium Papier auf unterschiedliche Weise eingesetzt: a) als „klassische" Entwurfsskizze, b) als autonomes Experimentierfeld, c) als Collage, teils mit dreidimensionalen Objekten, und d) zur Reproduktion. Die Arbeiten auf Papier behaupten im Gesamtüberblick einen geradezu fundamentalen Stellenwert innerhalb des Œuvres, nicht zuletzt auch deshalb, weil das Experiment mit der plastischen Form seine ursprüngliche Befreiung bereits in den frühesten Abdrucken, den *„cachets"* und *„allures d'objets"*, erfahren hat.

Arman beschreibt eindrucksvoll in einem Interview mit Daniel Abadie welche Bedeutung die Graphik für ihn von Anfang an hatte. Vor allem die Lösung von den vorherrschenden Moden der 50er Jahre und Befreiung zum eigenen Stil wird deutlich:

„Anfang der 50er Jahre badete ich förmlich in allem, was damals in Mode war. Ich war voller Bewunderung für Poliakoff, für de Staël, und zwischen 1951 und 1953 machte

ich schließlich Gemälde, bei denen ich die beiden Methoden, die sich auf das gründeten, was Léon Degand die »Logik der Außenwelt« nannte, ein wenig vermischte. Das heißt, daß sie sich wie abstrakte Konstrukte ausgaben, in ihrer Vorgehensweise aber weiterhin einer nichtabstrakten Logik folgten, einer Logik der Landschaft oder der Gestalt. Das blieb so über mehrere Jahre, bis zu dem Augenblick, als sich meine Einstellung – nachdem ich in der Zeitschrift »Art d'aujourd' hui«, das war 1953 oder 1954, einen Artikel über Graphik entdeckt und parallel dazu eine Ausstellung von Kurt Schwitters in Paris besucht hatte – schlagartig änderte. [...] Mit der Ausstellung von Schwitters und den wenigen Sachen von Pollock, die ich im Studio Facchetti sah, vor allem aber durch jene Nummer von »Art d'aujourd' hui« über Graphik, fing ich an, mit Stempeln zu experimentieren, mit dem Abdruck von Gegenständen und so was. So kam es, daß ich schrittweise, seit Mitte der 50er Jahre, den Gegenstand einführte, zwar nicht als solchen, aber in Form von Abdrucken und Spuren.“[3]

Schwitters beeindruckte Arman vor allem wegen seiner „Merz“-Bilder, seiner z.T. sehr kleinformatigen Collagen, in denen Zeitungsschnipsel, Zigarettenpapierchen, Zufallsfunde in dadaistischer Manier einander zugeordnet waren. Schwitters integrierte so kurze Sequenzen von Alltagsrealität in seine Kompositionen, doch nur fragmentarisch und deshalb auch nur scheinbar als Synonym für Wirklichkeit. Bereits der Begriff *„Merz“* entstammte ursprünglich dem Wort *„Kommerz“*, das nur noch verstümmelt vorhanden ist, beziehungsweise dessen so zukunftsträchtiger Impetus kurzerhand gekappt wurde. Schwitters sah nach den Trümmern des 1. Weltkrieges durchaus optimistisch in die Zukunft, baute aus den wenigen vorhandenen Stoffen, Objekten und Papieren seine Collagen und betonte gerade mit der einfachen Materialität seiner Werke die Chancen für neuartige Schöpfung in der Kunst. Dies konnte für ihn nicht anders als mit Witz, Ironie und im phantasievollen Umgang mit all jenen Zufallsfunden geschehen, mit denen er das Vexierspiel von Realität und Irrationalem vorantrieb. Ähnlich wie Arman bezog auch Schwitters sich mit seinen Collagen auf Werke der Kubisten, die erstmals mit ihren Collagen von Zeitungspapieren und Buchstaben nicht mehr nur abbildeten, sondern Reales in die Bildwirklichkeit integrierten. Dort aber waren diese Einsprengsel stärker formal-ästhetisch motiviert und nicht, wie bei Schwitters und stärker noch bei Arman, die Wirklichkeit des Werkes selbst.

In der Absicht, die Welt nicht mehr in ihrem illusionistischen Erscheinungsbild aus einer einzigen Perspektive widerspiegeln zu wollen, konstruieren die Kubisten ihre Bilder als Facette unterschiedlichster Ansichten, wodurch Diskontinuität und Sukzession als neue Bildgegebenheiten für den Betrachter entstehen. Der thematisierte Gegenstand wird nicht mehr als Einheit begriffen, sondern nunmehr als vielschichtig und ambivalent. Gleichsam einem Leseakt vergleichbar, erschließt sich die Wirklichkeit des Bildes nur noch in einzelnen Sequenzen, die teils mühevoll miteinander in Beziehung gebracht werden müssen. In diese komplexen Strukturen des *„analytischen"* Kubismus (bei Picasso und Braque bereits um 1908 / 09) fügen sich scheinbar unvermittelt (ab 1910) Schnipsel aus Zeitungen, Wortfetzen oder Buchstaben, die in ihrer säuberlichen Typographie zwar den Rhythmus der Zeichnung oder des Bildes aufgreifen, zugleich aber wie Fremdkörper herausstechen. Frappierend vor allem deshalb, als sie den diskursiven Zugriff auf das Bild (als Akt des Lesens und Zusammenfügens) quasi konterkarieren, indem der tatsächliche Begriff beinahe schlagartig ein eigenes Bild (im Kopf des Betrachters) auslöst. Insofern treffen zwei Wirklichkeitsebenen aufeinander. Picassos berühmtes *„Indépendant"* und Braques *„Le Portugais"* bilden den Ausgangspunkt für eine neue Wertigkeit des Bildes. Erika Billeter betonte, daß mit der Collage *„die Wirklichkeit nicht mehr Kraft illusionärer Wirkungen auf dem Bild nachgeahmt (wurde), sondern sie stellte sie selbst dar. Das Gemälde wurde zur Wahrheit ohne Kunstgriff."*[4]

Arman setzt bei seiner Reflexion über Schwitters bei diesem Grad von Realität im Bilde ein. Die weitreichenden formalen Veränderungen von Wahrnehmung und Wirklichkeitsspiegelung, wie sie die Kubisten formulierten, interessieren Arman nicht. Sein Pluralismus von Wahrnehmungsmöglichkeiten ist grundlegend anderer Natur und sei im nachfolgenden dargelegt. Bei Arman intendiert die Collage zumindest zweierlei: die Nutzung des realen Gegenstandes und dessen Dekonstruktion im Akt der Teilung. Dabei sind die formalen wie die inhaltlichen Gesichtspunkte gleichrangig. Werner Schmalenbach, der auf den Zusammenhang Schwitters – Arman ebenfalls hingewiesen hat, betont vor allem den konstruktiven Aspekt, denn, *„wenn Schwitters gesagt hatte, es gelte, aus den Scherben der Kultur Neues zu bauen, dann lag für ihn die Betonung nicht nur auf den Scherben, sondern auch auf dem Bauen. Er betrieb zwar die Zerstörung von Gegenständen, nicht aber die Zerstörung von Form: um*

Form ging es ihm immer. Arman definiert den Unterschied seiner eigenen Objekt- und Abfallkunst von derjenigen seines Vorläufers [...] so: „Bei Kurt Schwitters nehmen wir an einer Suche nach harmonischem Gleichgewicht [...] teil, für ihn sind der bildnerische Wert der Objekte und ihre Verschmelzung wichtiger als das Material selbst. [...] Ich behaupte, daß der Ausdruck von Schrott und Objekten seinen Wert in sich selbst besitzt, ohne daß ich nach ästhetischen Formen der Abfälle suche und sie den Farben der Palette angleiche.“[5]

Collage meint bei Arman zuallererst Umgang mit dem Material selbst. Materialien aller Art sind die Stoffe, aus denen seine Welt entsteht. Sie bilden Subjekt und Objekt der Auseinandersetzung und thematisieren zunächst nichts anderes als sich selbst. Hinzukommen neue ästhetische Qualitäten, die aus dem Prozeß der künstlerischen Gestaltung selbst hervorgehen. Zumindest für die Anfangsjahre (Ende der 50er und dann die 60er Jahre) kann zudem konstatiert werden, daß Armans Materialfetischismus auch als entscheidende Reaktion auf gesellschaftliche Konventionen, die von den *Nouveaux Réalistes* insgesamt in Frage gestellt und attackiert wurden, zu verstehen ist (z.B. in der Serie *Poubelles*).[6]

Nach der Begegnung mit Arbeiten von Schwitters in der Pariser Galerie Berggruen stellt Arman eigene Werke in seiner ersten Einzelausstellung 1956 in der Galerie Haut-Pavé aus, in der er neben einigen Gemälden vor allem auch seine Stempeldrucke auf Papier vorstellt. Durch Pierre Restany, der sich vor allem für diese „*cachets*“ interessiert, wird Arman animiert, diese in größerem Format zu erproben.[7] Kurz darauf, 1957, stellt Arman in der Galerie La Roue erneut auch seine „*cachets*“ aus, die Pierre Restany in der Zeitschrift „*Cimaise*“ folgendermaßen würdigt: *„Eine kurze Bemerkung auch zu den Cachets, Kombinationen von Stempelabdrucken auf Papier: Jenseits der oberflächlichen Anekdote der Schriftzeichen und des ironischen Zufalls gewisser Anspielungen sind dem Künstler einige Glückstreffer anzurechnen. Ein offener Weg, der weiterverfolgt werden müßte: Solche parallelen Vorgehensweisen stecken oft voller Sinn und bergen zukünftige Möglichkeiten in sich.“*[8]

Mit den Stempelungen gelingt Arman formal gesehen auf einfache Weise mehreres: Er bringt unmittelbar in seine neue Arbeitsweise das Element des Seriellen ein, das für die weitere Entwicklung entscheidend sein wird (im Grunde sind dies bereits „*accumulations*“ der zweidimensionalen Art); je nach Dichte und Anordnung zeichnet sich bereits das „all-over“-Prinzip ab, das auch bei Pollock um 1950 eine Rolle spielt und hier ein neues Abstraktionsprinzip ankündigt. Da die Stempel zumeist aus Schrift bzw. Text bestehen, wird sowohl der reflexive Aspekt deutlich (als latenter Rückgriff auf den Kubismus und auf Kurt Schwitters), was letztlich nur die formale Ebene betrifft, als auch die inhaltlich viel konkretere Akzentuierung einer neuen Wertschöpfung des Gegenstands an sich. Der Gegenstand der *„cachets"* ist jedoch nur ein virtueller, gegenwärtig allein in der imaginativen Umsetzung der gedruckten Wörter, die eine andere Qualität besitzen als sie zum Beispiel ein gedruckter Text hätte. Im *„cachet"* wird zudem das drucktechnische Verfahren als künstlerischer Ausdruck umgemünzt, da hier die Gradwanderung zwischen technischer Präzision und beinahe noch handschriftlichem (da unregelmäßigem) Gestus vollzogen wird. Der Stempeldruck – gelegentlich auch mit Aquarellfarben noch bearbeitet (vgl. Abb. S. 36) – zeigt sich in seiner ganzen Banalität, die Sprache der Bürokratie transferierend und doch ausschließlich sich selbst meinend. In ihm läßt sich aber auch fast alles bereits nachweisen, was später dann für die *„Nouveaux Réalistes"* entscheidend wurde. Die Stempeldrucke erweisen sich auch als Vorgriffe auf den optimistischen Glauben an serielle, standardisierte Herstellungsprozesse, an den stets steigenden Konsum und damit auch an die willfährige Verfügbarkeit von Dingen. Der Stempel verweist zwar nur indirekt auf einen fremden Gegenstand, klassifiziert diesen aber scheinbar auf ironische Art und verbürgt das irrwitzige Vertrauen auf Legitimation durch Etiketten und Amtsstempel (z.B. *„Government Property"* 1955, Abb. S. 33).[9]

Als 1958 auch in der Galerie Iris Clert Gemälde und *„cachets"* von Arman gezeigt werden, schwärmt Yves Klein: *„Sie werden sehen, meine Iris, es ist der Beginn von etwas Großem."*[10] Pierre Restany widmet diesen Stempeldrucken eine weitere Bemerkung in der nächsten *„Cimaise"*-Ausgabe: *„Armands (sic !) Cachets hingegen sind kleine, plastisch geschmack- und humorvolle Meisterwerke. Der Künstler beherrscht sämtliche Geheimnisse dieser besonderen Technik, auf deren Reiz ich die Leser von Cimaise bereits anläßlich der letzen Ausstellung Armands in der Galerie La Roue aufmerksam machte. Die Druckerfarben verschiedener Couleur lösen unvorhersehbar schillernde und äußerst poetische Effekte aus. Angesichts derart gelungener Werke kommt man nicht umhin zu bedauern, daß der Künstler sich an das eingeschränkte Format von Boudoir-Fresken hält. Ich wäre neugierig zu wissen, wie das Ergebnis einer Auseinandersetzung auf größerem Raum aussähe."*[11]

Arman, der tatsächlich auch weit größere „cachets" realisiert, entwickelt parallel dazu ein neues Verfahren, das er in Anlehnung an die Musikkompositionen seiner Frau Eliane Radigue, *„allure d'objets"* nennt. Eliane war damals Mitglied der *„Groupe de Recherches musicales"* unter der Leitung von Pierre Schaffer. Dieser war Tontechniker und hatte Apparate erfunden, u.a. das Morphophon und das Phonogen, mit denen er Töne verlangsamen und verlängern konnte. Im Bereich der Experimentellen Musik bezeichnete man die aufgezeichneten und verfremdeten Töne als *„allures d'objets en musique"*, wobei diese von ganz unterschiedlichen Klangerzeugern (meist keine klassischen Instrumente) stammen konnten. Diese Experimente faszinierten Arman so sehr, daß er sich davon anregen ließ und die Bezeichnung für seine neue Vorgehensweise übernahm. Ähnlich wie in den *„cachets"* spielt er noch einmal mit der Abwesenheit der Objekte. Noch minimalistischer als in den „Stempeln" gibt das entstehende Bild den Gegenstand selbst preis. Arman läßt in seinen *„allures d'objets"* die Gegenstände, die er in Farbe taucht, gleichsam selbst auf dem Papier oder der Leinwand sprechen. Aber, es ist nicht so sehr der Abklatsch, der ihn interessiert, sondern vielmehr die Bewegung, die entsteht, indem er die Gegenstände auf die Fläche wirft. [12] Insofern sind ein Spiegel, eine Flasche, Schuhe, Perlenketten, Eierschalen oder was auch immer, als Gegenstand nicht mehr visuell zu dechiffrieren, da nur Bewegtheit und Berührung selbst Spuren hinterlassen. Diese Spuren aber sind der Inbegriff des Flüchtigen und Vergänglichen, sind die vergeistigte, immaterielle Konkretion des Gegenwärtigen. In diesem Sinne sind sie den *„Anthropometrien"* Yves Kleins vergleichbar, der – nur wenige Jahre später – in Farbe getauchte Körper sich über Leinwände bewegen ließ und somit nur den Abglanz von Körpern erhielt. Im scheinbar Rudimentierten offenbart sich jedoch eine subtile Ästhetik und Vollkommenheit. Im Gegensatz zu Kleins *„Anthropometrien"* behalten die *„Allures"* von Arman – bei aller Abstraktion vom Gegenstand selbst – ihre Nähe zur Konsumgesellschaft und, wie Pierre Cabanne es formulierte, *„un relais sociologique, un appel à la nature moderne."* [13]

Bereits am 16. März 1960 werden die *„allures d'objets"* in der Pariser Galerie Saint-Germain ausgestellt. Schon die Einladungskarte enthält einen aufschlußreichen Text des Mentors der *„Nouveaux Réalistes"*, in dem ganz wesentliche Aspekte auf den Punkt gebracht werden: *„[...] Armans graphische Zeichnungen und Gemälde sind*

Allures d'objets; die linearen Elemente, aus denen sie sich zusammensetzen, stellen lediglich die Wegstrecke von Gegenständen auf der jungfräulichen Leinwand oder dem weißen Papier dar, welche der empfindsamen Welt angehören und nach dem Einfärben auf diese projiziert wurden. [...]Den ausgewählten und mit Tünche getauften Gegenstand projiziert Arman. Die Finalität dieser Geste ist strikt graphischer Natur: Die Allure des Gegenstands, das ist die organische Existenz in Bewegung. Jeder Gegenstand hat seine Art zu schreiben, die ihm von Natur gegeben ist. Und Arman arbeitet nicht gegen die Natur. Er ist ein Orchesterdirigent, der mit Partituren arbeitet und dabei die spezifischen Register des jeweiligen Instruments berücksichtigt. Die Intensität, die Intention, das Ausmaß der jeweiligen Handlung variiert in Abhängigkeit des verwendeten Gegenstands. Jedem Gegenstand wird eine Handlung zugewiesen, und die Synchronisation der Handlungen bringt die harmonische Einheit des Werks hervor [...]."[14] Bei den *„allures d'objets"* werden die Formate nun weitgehend freier und großzügiger angelegt, manche von ihnen messen mehrere Meter in der Breite.[15]

Nach den ab 1958 entstehenden *„Allures d'objets"* tauchen um 1961 die *„colères"*, die als Zorn- bzw. Wutausbrüche betitelten Objekte auf, die in eine neue, entscheidende Werkphase bei Arman führen. In den *„colères"* werden erstmals die Gegenstände selbst in die Kunst Armans eingeführt, aber auch hier nicht vollständig und intakt, sondern zerstört, gesplittet und nur in der Vielzahl an Bruchstücken als mögliches Ganzes zu assoziieren.[16] Sie sind – trotz des formalen Unterschieds – eine logische Weiterentwicklung der *„allures d'objets"*, da auch sie Bewegung thematisieren, die sich hier in der Wucht der Spaltung, der Energie der Zerstörung, konkretisiert. Einer letzten Auflehnung gleich manifestieren sie sich auf dem Papier in unterschiedlichster Weise: mal nur als Spur, mal aber auch als Collage. Es ist, als würde auf einmal wie im Zeitrafferverfahren all das sichtbar, was sich aufgrund von Schnelligkeit dem schauenden Zugriff entzieht. Und in dem Grad, indem vom Gegenstand selbst auch nur Bruchstücke als Spritzspuren zurückbleiben, sind sie auch nur als transitorisch erlebbar (Abb. S. 48).

Wie vieles in der Entwicklung der Kunst ist diese neue Entwicklung bei Arman einem Zufall zu verdanken, und nicht von ungefähr wird der Zufall als gestalterisches Prinzip bewußt angenommen. Es ist ein Phänomen, das zuerst die Surrealisten – im Hinblick auf ihre Rezeption der Schriften Freuds und seiner Betonung des Unterbewußten, des Psychischen – und die Dadaisten, dann aber vor allem die Mitbegründer des amerikanischen abstrakten Expressionismus und schließlich auch die *„Nouveaux Réalistes"* in die Kunst einführten. Man denke hier an die „Frottage", die „écriture automatique", an die „Klecksographien" oder auch an die frühen Materialexperimente wie das „dripping" mit Sand (z.B. bei André Masson). Arman beschreibt, wie sein erstes *„colère"* entstand, und es ist m.E. nicht unwichtig, den engen Zusammenhang zwischen dem *„objet trouvé"* (dem Fundstück) und den *„Wutausbrüchen" zu registrieren: „Un jour je me suis trouvé en face de l'accident lui-même, les bouts de verre cassés étaient très beaux, et je les ai gardés. Ça m'a poussé à faire cette chose qui s'appelle „Tea for Two": la première „œuvre-objet" qui etait une „Colère" d'objects composée d'une théière et de deux tasses brisées sur fond noir, et collées sans couleur, sans liquide, rien."* [17] Bei den *„colères"* auf Papier sind die Übergänge manchmal fließend, zumal sie sich unmittelbar von den *„allures d'objets"* ableiten lassen; wobei die *„allure"* (die Geschwindigkeit) selbst sehr viel experimenteller und freier wirkt, den Gegenstand nur als Medium, nicht aber als figurativen Ausdruck selbst nutzt. In den „colères" hingegen wird der Gegenstand manifest. Vor allem in späteren Jahren mischt Arman Abruck und Objektbruchstücke auf einer Fläche, so daß es zu einem Doppelungseffekt kommt.

Die *„colères"* bilden sowohl in den Objekten als auch in den Arbeiten auf Papier ganze Motivgruppen aus, wobei die zerschlagenen Musikinstrumente die vielleicht spektakulärste ist. Dabei geht eine unvermutet starke Anrührung von Musikinstrumenten aus, die verbeult, in Einzelstücke geborsten ihrer Funktion, ihrer Intaktheit enthoben sind. Sie erscheinen wie die Apokalypse von Orpheus' Musik: Eine Welt ohne Musik ist zugleich radikale Absage an den Humanismus, wenngleich auch nicht nur von Arman erfunden. Vielmehr spielte bereits bei den eingangs erwähnten Kubisten die Dekonstruktion – eben auch von Musikinstrumenten – eine große Rolle. Diese waren zunächst weitgehend formal-ästhetischer Art. Werner Schmalenbach unterscheidet die Intentionen zu Arman folgendermaßen: *„Auch dies waren Akte künstlerischer Respektlosigkeit, durch die eine neue Art von Respekt gegenüber der Kunst als solcher bewiesen wurde: man zerbrach die Musikinstrumente im Interesse der autonomen Musikalität formaler und farbiger Rhythmen. Nichts anderes geschieht bei Arman, nur daß er an das Objekt Geige selbst Hand anlegt und so den Zerstörungsakt nicht bloß mit dem Pinsel vollzieht. Es läßt sich darüber streiten, ob hier, wie im Kubismus, die* *ästhetische Interpretation die Zerstörung aufhebt, oder ob nicht doch ein Element der Aggression fortbesteht, das durch die Ästhetisierung nicht voll absorbiert wird.*"[18] – Man wird in Armans Werk immer auch fließende Übergänge finden, wenn man sich vergegenwärtigt, was in den „Verbrennungen" (*combustions*) mit den Instrumenten passiert: Der Grad der Zerstörung ist weitreichend, aber nicht die Form völlig aufhebend. Beides aber, „*colère*" und „*combustions*" hat seinen festen Ort im „*happening*", benötigt die Aktion, den Akteur und die Zuschauer. In diesem Sinne ist immer auch der Moment des Entstehens Teil des Kunstwerks. Von Daniel Abadie befragt, wie es denn möglich sei, einen „Wutanfall" angesichts von Zuschauern tatsächlich ungehemmt auszuleben, antwortet Arman: „*Ich führe sie wie einen Schlag beim Judo aus. Ich bin nicht wirklich wütend. [....] Ich berechne, wo der Schlag treffen soll, welche Stelle ich zerstören will, es ist kein echter Wutanfall, sondern eine mehr oder weniger geplante Zerstörung.*"[19] – Auch die sog. „*coupes*", die Schnitte durch Objekte, sind zielgerichtet, doch im Gegensatz zum plastischen Werk tauchen die „*coupes*" in den Arbeiten auf Papier selten auf, und wenn, dann als Abdruck der Schnittstellen, so daß dann eine Silhouette sich abzeichnet (siehe Abb. S. 52). Genau zeitlich zwischen den „*allures d'objets*" und den „*colères*" tritt ab 1959 das Thema der „*accumulations*" hervor. Der intensive Austausch mit seinem Freund Yves Klein treibt dieses Konzept sicherlich maßgeblich voran, zumal wenn man es deutlich als Antithese dechiffriert. Arman überliefert den Ausspruch von Klein: „*Je m' intéresserai à ce qui est organique, et tu prendras ce qui est manufacturé.*"[20] Der Ausstellung von Yves Klein „*Le vide*" in der Pariser Galerie Iris Clert im Jahr 1958 „antwortet" Arman durch sein spektakuläres Konzept „*Le plein*" in derselben Galerie 1960. War „*Die Leere*" in Kleins Konzeption als eine positive Leere – ganz im Sinne des Zen-Buddhismus, für den Klein sich interessierte – zu begreifen, als eine Möglichkeit der Öffnung und innerlichen, unbelasteten Aufnahme, so richtet sich die Überfülle an Materialien, Wegwerfgeschichten, Papierkorbmüll u.a.m. bei Armans „*Fülle*" an das Konsumverhalten einer überindustrialisierten, positivistischen Gesellschaft. Die Ausstellung erwuchs gleichsam aus Armans zeitgleich entstehenden „*poubelles*" (Papierkörben), die Yves Klein höchst pointiert 1961 kommentierte: „*Nach meiner Leere nun Armans Fülle. Es fehlte dem universellen Gedächtnis der Kunst noch jene entscheidende Mumifizierung des Quantitativen. Nun, da die Natur als Ganzes endlich beruhigt ist, wird sie wie in den alten Zeiten ab sofort wieder anfangen, klar und deutlich und direkt zu uns zu sprechen. Nach der Leere nun die „Fülle". Die Fülle des Quantitativen mit all seinen Konsequenzen ist seit heute auf immer durch Arman mumifiziert. Bald werden wir sie nicht mehr brauchen: das Ebenso, das Mehr, das Weniger, das Kaum mehr, das Genug, das Zuviel! Die echte Freiheit in der Kunst rückt endlich näher.*"[21] Arman leistet mit seinen *„accumulations"*, die ihn bis heute beschäftigen, eine, wie Schmalenbach es nannte, *„Ästhetisierung des Unästhetischen"*[22], indem zunächst nichts Anderes als Abfallprodukte verwendet wurden. Radikaler noch als Andy Warhols *„Campbell's Soup"*-Serien oder Jasper Johns[23] Zielscheiben, Nullen, Flaggen etc., die vom Prinzip der Serialität und Vermassung vergleichbar wären, betonen Armans *„Akkumulationen"* und *„Papierkörbe"* die Dinge selbst, die konkret und durch – fast – nichts beschönigt ganz sie selbst sind. Dennoch erscheinen sie in letzter Konsequenz individueller, vor allem mit ihrem dadaistischen Impetus (man denke auch an die *„Robot-Portraits"*, mit denen Arman durch den Papierkorbmüll einzelne Personen kennzeichnete und so etwas wie einen „genetischen Konsumabdruck" schuf), und sind trotz aller Negation von persönlicher Einmischung viel humaner und subjektiver als die ästhetisierten Überhöhungen bei Warhol oder Johns, deren Bilder sich nur scheinbar eins zu eins zur Realität verhalten.[24]

Viel größere innere Affinität zu Arman bezeugen hier die Dessous-Kästen von Gérard Deschamps, die ebenfalls als *„accumulations"* „funktionieren". Armans *„accumulations"* und *„poubelles"* jener Jahre wirken beinahe noch wie eine Anhäufung von Flohmarkttrophäen, wie ein Sammelsurium aus Weggeworfenem und Ungeliebtem. Bereits bei dem ersten Amerikaaufenthalt sollte sich das ändern.[25] Arman war ständig auf der Jagd nach Dingen, die verwendet werden konnten, und häufte sie bei sich im Atelier auf – quasi als Vorstufe zur „Akkumulation". Mit fortschreitendem Aneignen der industriellen Welt werden Armans *„accumulations"* immer überindividueller und bedienen sich der Massenprodukte auch als Abbild gigantomanischer Uniformität. – Rasch wird deutlich, wie eng all diese künstlerischen Wege bei Arman verlaufen, sich eins aus dem anderen entwickelt und notwendigerweise wie in einer perpetuierenden Bewegung einander erzeugt, ableitet, weiterstößt zu einem entlegen scheinenden Pol, um schließlich zurückzuschwingen und Neues anzuregen. Aktion löst Reaktion aus, und selbst die Extreme bedingen sich bei Arman in geradezu bildhafter Vielfalt. Dem normierten Stempel (*„cachet"*) folgt die dem zufälligen *„dripping"* verwandte Aktion der *„allures"*, dem Vakuum folgt das all-over-Prinzip, dem Organischen antwortet das Technisch-Metallische, aus Zerstörung (*„colère"*) erwächst Konstruktion (Akkumulation), auf Geigenmusik folgt das tönerne Geräusch von Räderwerk, Zangen, Schrauben etc.

Zu Recht betont Henry Martin 1973 rückblickend: *„Together, the cachet and the allures form the basis for all that comes after them. Although both series contain some elements that Arman later chose to discard and some common elements that he chose to continue to investigate, neither by itself contains all the elements that he later elected to pursue. Each can be considered the source of one fundamental idea, and the interaction of these two ideas supplies the key to the understanding of all the rest of the genres he has invented from the poubelles [...] to the various other forms of the accumulations and to the equally numerous forms that are based upon destruction. The direct involvement with the object in the allures combined with the idea of repetition in the cachets, and all the rest follows with a logic as rigorous as that of a series of puns. Once the object is inserted into the logic of the idea of repetitions, the idea of repetition transforms itself directly into the idea of accumulation. One repeats gestures and accumulates things. What one accumulates is surplus. Surplus is waste. Wastepaper baskets. Poubelles. What is wasted is laid to waste. Destruction."*[26]

1960 ist das entscheidende Jahr für die Gruppe der „Nouveaux Réalistes", die – angeregt von Pierre Restany – in der Mailänder Galerie Apollinaire im April erstmals gemeinsam ausstellt und der ihr geistiger Mentor hier den heute noch gültigen Namen verliehen hat. Im Oktober schließlich formiert sich die Gruppe offiziell und gibt ein gemeinsam unterzeichnetes Manifest heraus: die Beteiligten sind Arman, François Dufrêne, Raymond Hains, Yves Klein, Martial Raysse, Daniel Spoerri, Jean Tinguely und Jacques Villeglé. Den Text redigiert Pierre Restany. *„Am 27. Oktober 1960 erlangten die Nouveaux Réalistes das Bewußtsein ihrer kollektiven Besonderheit. Nouveau Réalisme = neue perspektivische Annäherung an die Wirklichkeit."* (siehe Abb. S. 167) Die Mitglieder verbindet neben der unterschiedlichen Auslegung von bereits vorhandenen Gebrauchsmaterialien vor allem auch gemeinsame Aktivitäten, die durch den plötzlichen Tod von Yves Klein 1962 abrupt abbrechen. Die Künstler bleiben jedoch weitgehend in Kontakt bzw. eng freundschaftlich verbunden.

Für Arman entwickeln sich die Dinge jetzt in geradezu rascher Folge aufeinander: 1960 stellt er erstmals auch in Deutschland, bei Schmela in Düsseldorf, aus. Dadurch kommt er in Kontakt mit den Zero-Künstlern (Mack, Piene, Uecker u.a.), mit denen er – gemeinsam mit Yves Klein – vermehrt ausstellt. Im Herbst entstehen die ersten *„accumulations"* in Polyester. Mit der ersten Ausstellung im Museum of Modern Art in New York (*The Art of Assemblage*) beginnt Armans immer stärker sich abzeichnende Orientierung nach Amerika, der schließlich 1972 die amerikanische Staatsbürgerschaft folgt. Er ist der einzige Künstler aus Frankreich, der damals in die Vereinigten Staaten auswanderte. Gleichwohl hat Arman bis heute seine französischen Wurzeln nie geleugnet. Zahlreiche Bekanntschaften mit Künstlern wie Marcel Duchamp, Bill Copley, Robert Rauschenberg, Frank Stella, Kenneth Noland, Claes Oldenburg, Andy Warhol u.a. kreuzen seinen künstlerischen Weg, lassen Einflüsse gelegentlich deutlich werden, ohne ihn jedoch von seinem eingeschlagenen Kurs grundsätzlich abzubringen. Das Moment des Technoiden (z.B. auch der Werkzeuge) tritt nun ebenso wie das der Serialität immer stärker hervor.

Die Auseinandersetzung mit der amerikanischen Kunstszene findet ihren Widerhall vornehmlich, vielleicht sollte man sagen, sogar ausschließlich in strukturellen Prinzipien, nicht aber als Änderung im Gesamtgestus. Eine der Positionen spiegelt sich in der Begegnung mit Marcel Duchamp, dem er 1969 eine *„Hommage"* widmet (siehe Abb. S. 125). Die Konzeption von Duchamps *„Ready-mades"* entspricht im weitesten Sinne zwar auch der von Arman aufgegriffenen Verwendung von Gegenständen, doch tritt bei diesem das Prinzip des Seriellen, der massenhaften Anhäufungen entscheidender hervor. Duchamp hingegen akzentuiert die Inszenierung des vom Alltäglichen befreiten Objekt, das kurzerhand zum Kunstwerk deklariert wird. Als einer der Vordenker war Duchamp sowohl bei den *„Nouveaux Réalistes"* als auch bei den amerikanischen Pop-Art Künstlern akzeptiert. Arman greift mit seiner *„Hommage"* motivisch jenes populär gewordene Objekt auf, das vielleicht am häufigsten mit Duchamp assoziiert wird: den Flaschenständer. Duchamp stellt ihn auf provozierend einfache Weise in seiner Singularität vor und wertet damit seine Banalität in Besonderheit um. Das Objekt wird durch die Inszenierung und Betrachtung zum Subjekt und zur Kunst. Das ist der wohl radikalste Angriff auf Seh- und Bewertungskriterien. Wenngleich Arman sich unmittelbar darauf bezieht, geschieht in seiner *„Hommage"* etwas völlig anderes: wieder einmal „akkumuliert" Arman gleich mehrere dieser Flaschenständer und verbindet so das Konzept von Duchamp mit seinem eigenen. Interessanterweise betonte Arman einmal: *„Duchamp ist fast der einzige Künstler, der zu dieser Zeit in Begriffen der Abfolge dachte. Er bezog also eine sehr interessante Position, bevor er zum Vater der Ready-mades wurde."*[27] Konzepte der Sukzession sind es letztlich auch, die Arman in seinen unzähligen Arbeiten verfolgt, die Bewegung, Rhythmus und Splittung im Aggregatzustand des Kunstwerks veranschaulichen. So sind seine Akkumulationen nicht nur eine Steigerung hinsichtlich der Quantität und damit soziologisch zu interpretierendes Indiz für Konsum, sondern auch als Potenzierung von Sukzessionen. Indem diese ihrerseits aber die Tendenz zur Unendlichkeit bergen, sind die Akkumulationen immer auch als gigantische Konstrukte zu lesen, die weit den Rahmen dessen sprengen, was zu sehen ist.

In den Arbeiten auf Papier nehmen die Akkumulationen einen weiten Raum ein, zumal dann, wenn man sie unabhängig von der Technik betrachtet. Selbst dann, wenn es um nur einen Gegenstand geht, wird dieser in so viele Kleinteile zerlegt und dargestellt, daß daraus wiederum eine Anhäufung entsteht (Abb. S. 51). In den Papierarbeiten erscheinen sie zum Teil poetischer als die Objekte selbst, da in der Zeichnung mehr das Handschriftliche, das von Zufällen Gesteuerte sowie das aus der gestischen Aktion Entstandene im Vordergrund stehen. Insofern entstehen erzählerische Freiräume in der Zeichnung, die das reale Objekt nie haben kann. Es mag z.B. passieren, daß in den *„accumulations"* oder *„colères"* einzelne Passagen sich überlappen, an denen Verdichtungen entstehen, die ihrerseits eine eigene bildnerische Dynamik aufweisen, ohne deswegen entschlüsselbar zu sein. Vielmehr entwickeln sich hier Strukturen, die expressiv, manchmal fast haptisch sind (Abb. S. 53).

In den Werken der 70er Jahre tritt der Gegenstand auch in den Arbeiten auf Papier noch stärker in den Vordergrund und wird auch formal anders „aufbereitet". Selbst die Themen variieren: z.B. in *„painttubes"* (1967, Abb. S. 58), *„patience et constellation"* 1973 (Abb. S. 65), *„pre cascade"* (1976, Abb. S. 66). Betrachtet man die zarte goldfarbene Zeichnung von kleinen Uhrrädern („untitled", 1972, Abb. S. 61) und deren Variation in schwarz (*„rouages & rouages"*, 1972, Abb. S. 62) werden die Zwischentöne deutlich: die Zeichnung läßt das einzelne Detail im „all-over" der bis an die Ränder drängenden Masse von Uhrrädchen untergehen. Statt dessen entsteht ein harmonischer, nur in Nuancen von Helligkeitswerten graduierter Eindruck, in dem ein poetisches Vibrato anklingt. Die Variante in Schwarz hingegen operiert stärker mit

Überschneidungen, läßt ein Vor und Zurück wie Schwingungen ahnen und suggeriert mehr Tiefe. Erst bei näherer Fokussierung erfährt der Betrachter, daß sich auf subtile Weise Zeichnungsstrukturen und reale Objekte symbiotisch vereint haben.

Von ganz anderer „Machart" geben sich die wenigen vollkommen durchgezeichneten Blätter, die wie eine Kontradiktion zu den experimentellen Formen der Zeichnung erscheinen mögen. Sie sind jedoch Ausdruck einer deutlichen Bejahung des Gegenstandes, der – wie schon dargelegt – immer weniger substituiert wird, sondern wieder selbst in den Blickpunkt gerät. Die Arbeiten auf Papier nehmen dieses Gestaltungsmoment ebenfalls auf. Die Themen und Motive orientieren sich deutlich an den 70er Jahren, in denen gesellschaftliche Umbrüche, Drogenexzesse, aber auch die fortschreitende Versachlichung der Industriegesellschaft hervortreten. Bei Arman werden die Sujets ungewöhnlicher, wenn er z.B. Injektionsnadeln („*Bad Habits*", 1975, Abb. S. 64), Revolver oder Schraubenschlüssel („*La main à l'ouvrage*", 1973, Abb. S. 63) u.a. in seine Bildwelt einführt. Die Darstellungen zeugen von großer Präzision, von einer geradezu klassischen Durchgestaltung des Sujets, was als neue Qualität der Zeichnung gewertet werden darf, vor allem aber auch der Leidenschaft, mit der Arman die differenzierten Möglichkeiten der Graphiken auslotet. Die vielschichtigen Arten von Zeichnung reichen von der klassischen Bleistiftzeichnung, die bis ins letzte Detail formuliert ist, über die Farbzeichnung bis hin zu Radierungen, die ebenfalls mit einem hohen Grad an zeichnerischer Durchführung und technischer Raffinesse operieren. Arman ist auf all diesen unterschiedlichen Sektoren ein Meister, ein Überredungskünstler von hoher Suggestionskraft, der es vermag, seine Faszination am Objekthaften auf den Betrachter zu übertragen, ihn teilhaben zu lassen. All diese unterschiedlichen Graduationen des zeichnischen Ausdrucks behandelt Arman gleichrangig; sie sind nicht, wie man vielleicht vermuten könnte, von denen mit freierem, expressiverem Gestus unterschieden. – So sind z.B. auch die zwei Bühnenbilder zu „*L' heure espagnole*", die er für die Opéra-Comique in Paris 1985 schuf, als feingliedrige Tuschezeichnung angelegt, in der die Gegenstände durch Schraffuren und Kreuzlagen Plastizität erhalten (Abb. S. 68 u. 69). Im Duktus und in der Art des zeichnerischen Vortrags erinnern sie an surrealistische Bilder, in denen die Gegenstände ebenfalls beginnen, unabhängig von Menschenhand ein Eigenleben zu führen und dort nicht selten Monstruositäten ausbilden. Bei Arman ist es – nicht nur bezogen auf das Thema von

Maurice Ravel – immer wieder die Uhr, die mit Stunde, Minute, Sekunde sowohl einen Takt vorgibt als auch die Nichtigkeit von Zeit darlegt. Man denke z.B. an das im gleichen Jahr entstandene Monument „*L'Heure de tous*" am Bahnhof Saint-Lazare in Paris. Auch ein Kritiker des France Soir berichtet am 16. Dezember 1985 über Armans Bühnenbild: „ *In sein Bühnenbild hat Arman all seine Obsessionen gesteckt, die der Zeit und der Geigengerippe. [...] ein Bühnenbild, das in Wirklichkeit eine riesige Musikbox ist.* "[28]

Die Arbeiten auf Papier haben im letzten Jahrzehnt noch einmal ihre Ausdruckskraft und Intention gewandelt: Es sind neue Projekte hinzugekommen, von denen hier nur ein paar benannt werden können. Dies sind zum einen die großformatigen Graphit- und Tuschezeichnungen, in denen die Gegenstände in zumeist symmetrischer Reihung – wie Zinnsoldaten – aufmaschieren. Zu erinnern ist an die Teepötte, die Kaffekannen, die Dübelmaschinen, die Ventilatoren – alles Sujets, die auch als dreidimensionale Objekte realisiert sind. Zeichnung und Objekt bilden einen gemeinsamen Horizont, ohne daß das eine vom anderen abhängig wäre (Abb. S. 89). Hinzukommen Collagen, teils aus farbigen Papieren, die ebenfalls die oben benannten Dinge variieren und wiederum in sich als Akkumulationen funktionieren (Abb. S. 90). Schließlich entstehen parallel zu Zeichnungen und Collagen teils großformatige Farbradierungen, die einen besonderen Stellenwert in Armans graphischem Œuvre behaupten.[29] Die Radierungen thematisieren auf subtile Art das Motiv des Akkumulativen neu, und zwar in dem Sinne, daß sie nicht nur die Sujets in der Bildfläche anhäufen, sondern als Reproduktionsmedium ihrerseits unmittelbar mit der Multiplikation von Objekten (in diesem Falle der zu vervielfältigenden Graphik) umgehen.

Thematisch tritt auch als neues Sujet all das hinzu, was mit Armans persönlicher Sammlung an afrikanischen und ozeanischen Masken und Skulpturen zusammenhängt. Arman hat auch hier mit großer Leidenschaft, Intensität und absolut unbestechlicher Kennerschaft eine Kollektion zusammengetragen, die ihresgleichen sucht. (Auch hier Akkumulation, weniger des stets Gleichen, sondern mehr des Besonderen.) Erst 1996 wird unter dem Titel „*Arman et l'art africain*" seine Sammlung im *Musée des arts africains, océaniens et amérindiens* in der Vieille Charité in Marseille und dann im Pariser *Musée des Arts africains et océaniens* gezeigt. Etwa zur gleichen Zeit entstehen farbige Arbeiten auf Papier, die das Motiv der Maske oder der kleinformatigen Statuette umkreisen und auch hier in Vielzahl wiedergeben. Arman geht hier beinahe zurück zu seinen Anfängen, wenn er die Masken und Statuetten durch Schablonen stereotypisiert. Ähnlich wie in den *„cachets"* der 50er Jahre sind es hier Aspekte der Uniformität, doch hat sich etwas Grundlegendes gewandelt. Mit dem Sujet, selbst wenn es vielfach multipliziert und als Schablone dechiffrierbar ist, übermittelt sich dennoch ein eigentümlicher, fast auratischer Nimbus, der dem Fetischcharakter dieser Masken und Skulpturen Rechnung trägt. Der Rückgriff auf das ursprüngliche Verfahren ist deshalb in erster Linie ein formaler, kein inhaltlicher. Er führt aber m.E. näher an das heran, was Arman bereits mit den historischen Statuen (teils sichtbar in seinen *„coupes"*, teils auch in seinen mit *„allures d'objets"* vermischten Papierarbeiten) angelegt hat: Ein Rückgriff auf vergangenen Zeiten, die neu betrachtet, förmlich auseinandergenommen und neu gefügt werden. Es ist ein Bemächtigen der Zeit, deren Relikten nicht der nötige Respekt gezollt wird, die vielmehr ihrer Klassizität und ihrem damit verbundenen unverbrüchlichen Glauben an Fortbestand und Kontinuität wegen der neuen Reflexion über Diskontinuität und radikaler Infragestellung dieser Wertvorstellungen unterworfen sind. *„Mit den Coupes bringt er (Arman) zustande, was in der Archäologie die Sache von Jahrtausenden ist. [...] Bei näherem Hinschauen hat Armans Auswahl griechischer und römischer Gottheiten ebenso viel mit ihrer Symbolik wie mit ihrem ästhetischen Wert zu tun."*[30] Auch die afrikanischen oder ozeanischen Motive werden bei Arman auf ihre ästhetische Stimulanz hin befragt und sicher auch ihre inhaltliche Bedeutung beachtet, wenngleich sie für die Rezeption seines Werkes von nur sekundärer Bedeutung ist. Mit dem Stempel bzw. der Schablone gelingt es Arman jedoch, durch den Grad der Vereinfachung die hohe Abstraktion dieser Kunstwerke in das eigene Werk zu integrieren. Auch darin verrät sich die Affinität Armans zum Kubismus, vor allem aber zu Picasso, der – für Arman – in gesteigertem Maß die Ästhetik der afrikanischen Plastik in die eigene Kunst überführt bzw. wesentliche Stilmerkmale aufgenommen und neu interpretiert hat. Bei Arman ist es dann weniger die neue Formulierung als vielmehr das weitgehende Belassen des Sujets, das dann nur durch die Summierung, durch die Multiplikation eine ästhetische Steigerung erhält (Abb. S. 102 u. 103).

Es mag deshalb verwundern, wenn nach all dieser Fülle an Objekten, an Intaktem und Zerstörtem, nach diesem Sturm durch die Sphären der dinglichen und der immateriellen Welt (Musik) und den ausufernden Anhäufungen, als gälte es eine Gegenwelt zu kreiieren, wenn nach all dieser gezügelten *„colère“* und subtiler Poesie, eine Reduktion auf Wesentliches eingetreten ist. Armans neueste Zeichnungen sind großformatig und schwarz. Das was sie darstellen, kann man nur zum Teil entschlüsseln. Wieder sind es Objekte, aber diesmal nur als Ausschnitt, als Rudiment, als Torso erfahrbar. Mit schwarzer Tusche, die keinen Spielraum läßt, die Durchblicke verhindert, fokussiert Arman Details, die wieder einmal das vertraute Szenario aufgreifen: Musikinstrumente und Werkzeuge. Die Welt der Poesie, des Lyrischen und Intelligiblen stellt Arman kontrastierend gegen die Welt des Menschen und seiner Maschinen. Diese Zeichnungen sind – anderes als die zuvor beschriebenen Werke – ganz von einem einzigen Duktus bestimmt, der wie ein großer Atemzug ausgeführt werden muß. Korrekturen sind nicht möglich, da die Tusche Spuren der Irritation und des Verfehlens verraten würde. Die Zeichnungen betonen eine neue Schlichtheit, eine Simplifizierung des Gegenstandes an sich, ein Akt, den es so vorher bei Arman niemals gegeben hat. Wie sehr aber Zeichnung und Objekt dennoch zusammenhängen, betonen die schwarzen Marmorblöcke, die zu diesen Zeichnungen entstanden sind. Sie wiederum führen zum Objekt zurück, wenngleich nur mittelbar, denn da sie nicht selbst Gegenstand sind, sondern nur auf diesen verweisen, sind sie grundlegend anderer Qualität als die früheren Objekte, die der Realwelt entnommen waren. Die Schwärze dieser Tuschpinselarbeiten erscheint wie eine Absage an die Farbenpracht der zuvor entstandenen Werke: Nach all dem Licht sind sie scheinbar die Nacht, gelten sie wie die Abwesenheit von Leben. Sie sind zugleich von einer neuen Erhabenheit, die ganz sie selbst ist und des Gegenstandes nicht mehr bedarf.

Armans Werk zeugt von Extremen, zugleich auch von Bewegung und Gegenbewegung, sowohl innerhalb des eigenen Œuvres als auch bezogen auf andere. Erinnert man sich an Yves Kleins *„Le vide“* und Armans *„Le plein“* so scheint es nun, als sei Arman über lange Wegstrecken zu jenem Punkt zurückgekehrt, den er mit seinem Freund kurz vor dessen Tod diskutierte: Die Ambivalenz beider Extreme, die einander bedingen. Arman dringt mit seinen neuen, schwarzen Tuschzeichnungen vor zu dieser – fast – monochromen Leere. Sie scheint wie ein notwendiger Kontrapunkt, wie eine Koda. [31]

Anmerkungen:

1 Georges Limbour zur Ausstellung Wols, Galerie René Drouin, Mai-Juni 1947, in: Action, 13. Juni 1947 (Kat. Weltkunst, Laszlo Glozer, S. 152).

2 Daniel Abadie, „Die Archäologie der Zukunft", in: Arman, Ausst.-Kat. Galerie Nationale Jeu de Paume / Wilhelm-Hack-Museum Ludwigshafen 1998, S. 37.

3 Ebd., S. 37-38.

4 Erika Billeter, Geschichte der Collage, Kunstgewerbemuseum Zürich, 1986, S. 16.

5 Werner Schmalenbach, Arman, in: Kunstsammlung Nordrhein-Westfalen, München 1986, S.291-292.

6 Vgl. hierzu auch: Marie Luise Syring, Kunst in Frankreich seit 1966, Zerborstene Sprache, zersprengte Form, Köln 1986, S. 33.

7 Aude Bodet / Sylvain Lecombre, Chronologie, in: 1960 Les nouveaux réalistes, Musée d'Art Moderne de la Ville de Paris, 1986, S. 54.

8 Ausst.-Kat. Arman, 1998, S. 196.

9 vgl. auch das Verhältnis Abbildung und Wort im Kubismus, das ganz ähnliche Assoziationen weckt, die nur bedingt miteinander korellieren, siehe Billeter a. a. o.

10 Zitiert in Ausst.-Kat. Arman 1998, S. 197

11 ebd. S. 198.

12 „Ich warf sie, ließ sie kreisen, ich machte eine Menge Dinge mit ihnen, wie die Musiker, nur das mein Material eben Tusche war." Arman, in: ebd., S. 40.

13 Pierre Cabanne, Arman, Paris 1993, S. 12.

14 Ausst.-Kat. Arman 1998, S. 199.

15 Arman verweist auf eines von 10 m Länge, in: ebd., S. 40.

16 Im Werkverzeichnis auch als „Allures – Colères" für das Umbruchjahr 1960 bezeichnet: Denyse Durand-Ruel, Arman, Catalogue Raisonné II, Paris 1991, S. 24.

17 „Arman", Interview mit Alain Jouffroy, in: L'Œil, Juni 1965.

18 Schmalenbach, a.a.O., S. 293.

19 Ausst.-Kat. Arman 1998, S. 59.

20 J. van der Marck, Arman, New York 1984.

21 Zitiert in: Ausst.-Kat. Arman 1998, S. 201.

22 Schmalenbach, a.a.O., S. 292.

23 Jasper Johns und Robert Rauschenberg lernt Arman 1960 in Paris kennen.

24 A.R. Solomon stellte angesichts der Flaggenbilder von Johns die Frage: „Is it a flag, or is it a painting?", was auf die Ambivalenz der Lesart hinweist. Max Imdahl hat sich eingehend mit dieser „Identitätskrise" auseinandergesetzt; in: Max Imdahl, Reflexion, Theorie, Methode, gesamm. Schriften, hrsg. Gottfried Boehm, Bd. 3, Frankfurt 1996, S. 237ff. Bei Arman entfällt diese Doppeldeutigkeit.

25 Werkverzeichnis, Bd. II, S. 99.

26 Henry Martin, Arman, Ed. Abrams-Horay, 1973.

27 Arman, in: Ausst.-Kat. Arman 1998, S: 52.

28 Ausst.-Kat. Arman 1998, S. 225-226.

29 Das 1990 publizierte Werkverzeichnis der Druckgraphik versammelt die neue Produktion noch nicht. Die großformatigen Radierungen, sind höchst aufwendig gestaltet, oft mit drei bis vier Platten und Farben und zumeist als Aquatinta angelegt. Die Farbe spielt in diesen jüngeren Radierungen eine neue Rolle, vor allem als Bindeglied zwischen den dargestellten Objekten. Sie provoziert mehr Stimmungen, als daß sie dem einzelnen Gegenstand selbst zugeordnet wäre und ist wohl am ehesten im Zusammenhang mit seinen „Monochromen Akkumulationen" zu verstehen, die Arman 1990 in New York präsentiert (Vorwort des Kat. von Donald Kuspit).

30 Henry Geldzahler, Vorwort zur Ausstellung „Gods and Godesses" der Marisa del Re Gallery, New York 1986, zitiert in Ausst.-Kat.: Arman 1998, S. 226.

31 Max Imdahl, a.a.O.; S. 236: Imdahl stellt die Frage, ob nicht Kandinskys Prinzip der „inneren Notwendigkeit", seine offene und unprovokative Haltung auch von Künstlern der Pop-Art und des Nouveau Réalisme. Er verweist ausdrücklich auf Arman. Arman befreit das Objekt vom Kontext und öffnet einen Weg für Wiederentdeckung.

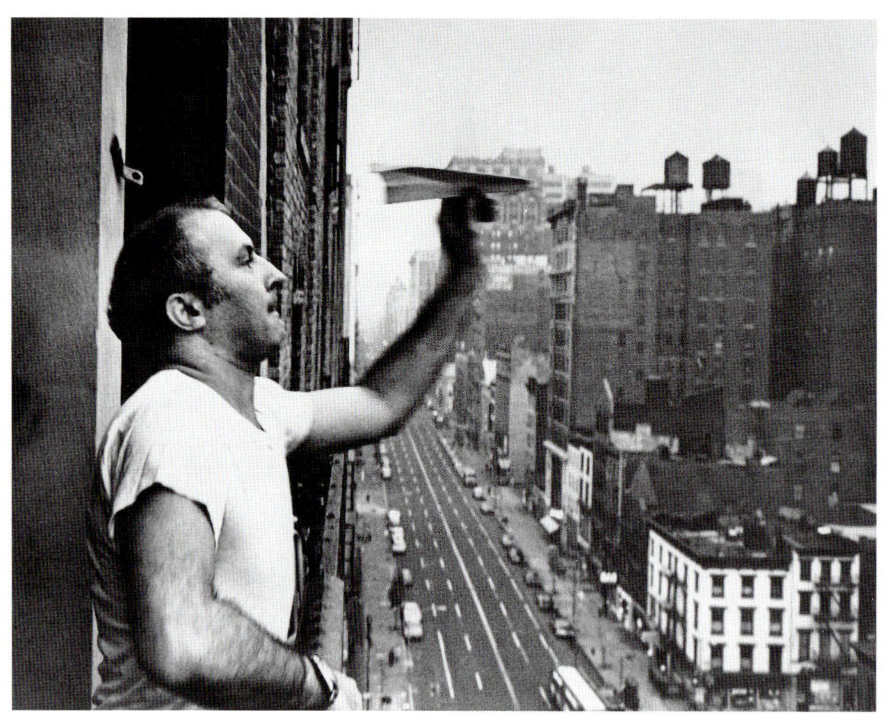

Arman wirft Papierschwalben
Throwing paper airplanes
Hotel Chelsea, New York 1976

Abbildungen
Illustrations

Government Property, 1955,
Stempeldruck, Rubber stamps, 47 x 37 cm,
Privatsammlung Mannheim, Private collection Mannheim

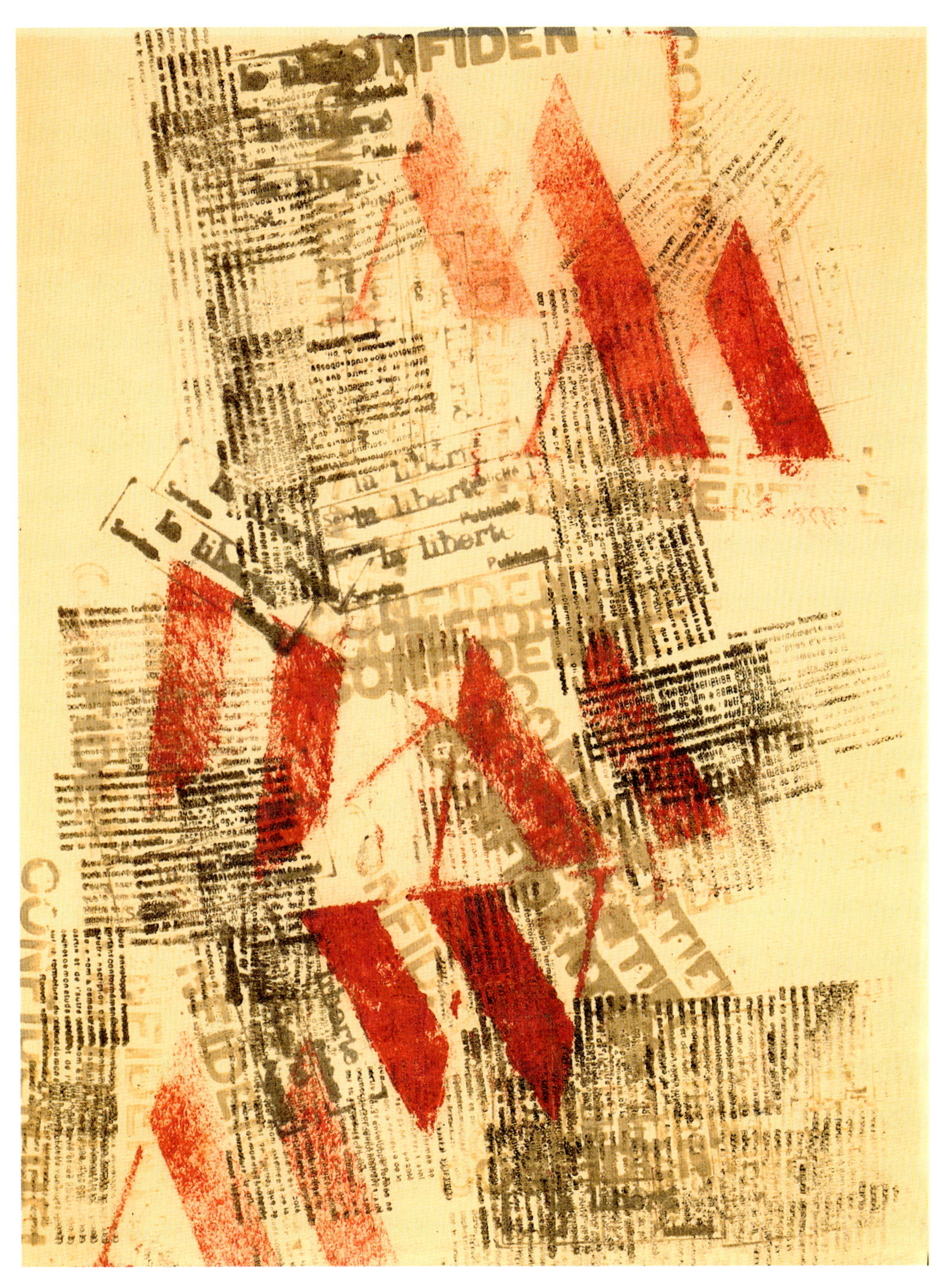

ohne Titel (untitled), 1956
Stempeldruck,
Rubber stamps, 31,5 x 24 cm,
Sammlung Rira

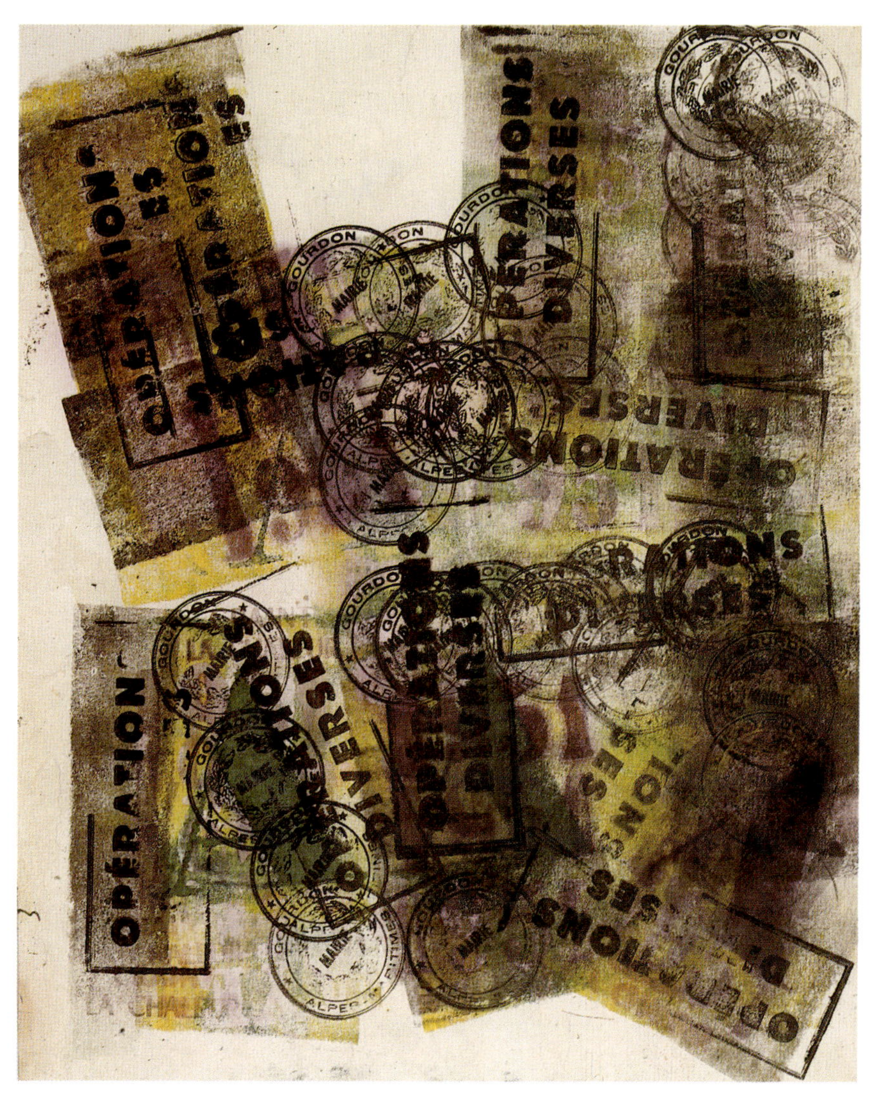

Priorité „a“, 1957
Stempeldruck,
Rubber stamps, 31,1 x 23,8 cm

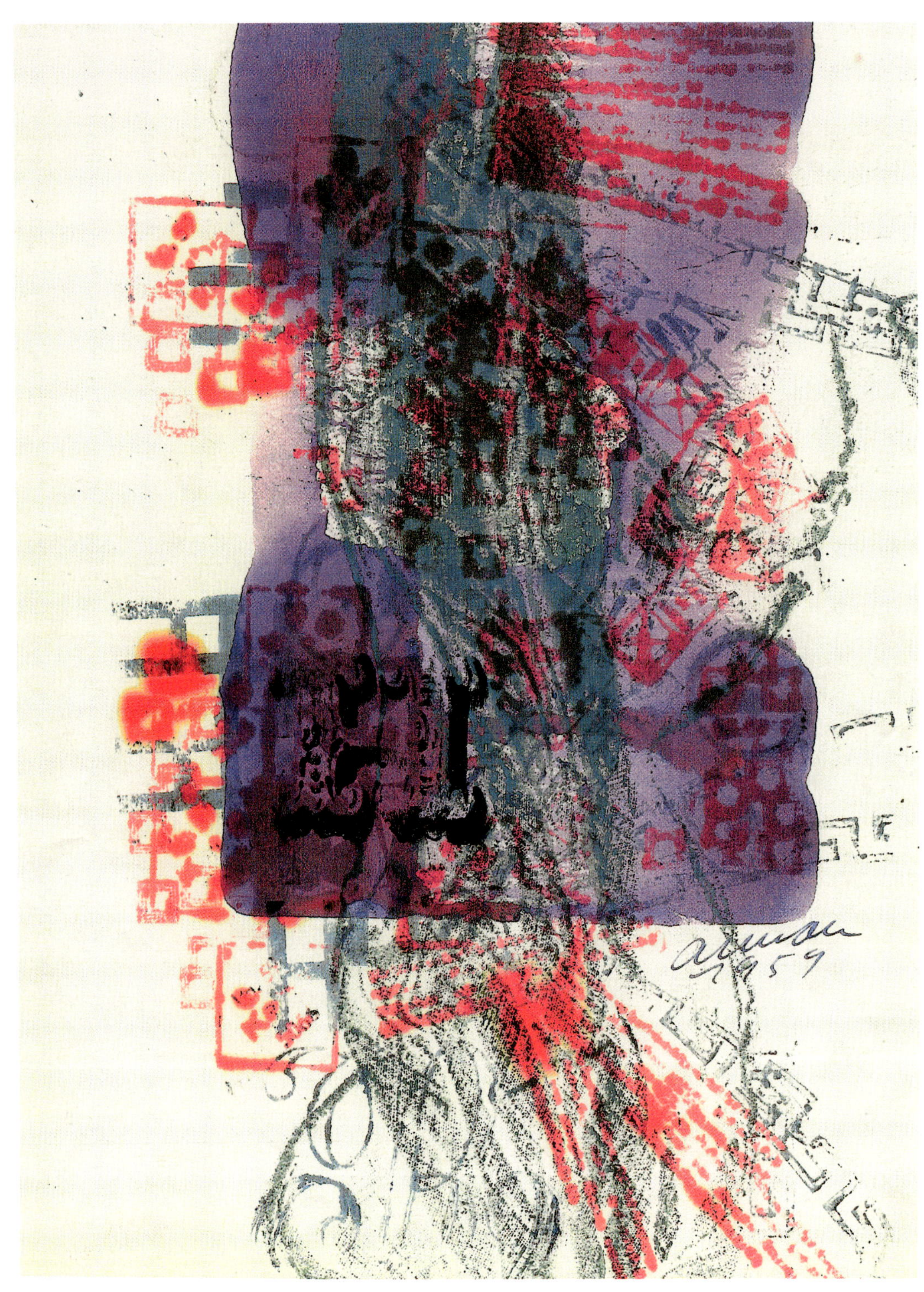

Tampons, 1959
Stempeldruck und Aquarell,
rubber stamps and water-colour, 27,2 cm x 21 cm
Sammlung Helmut Dudé, Basel

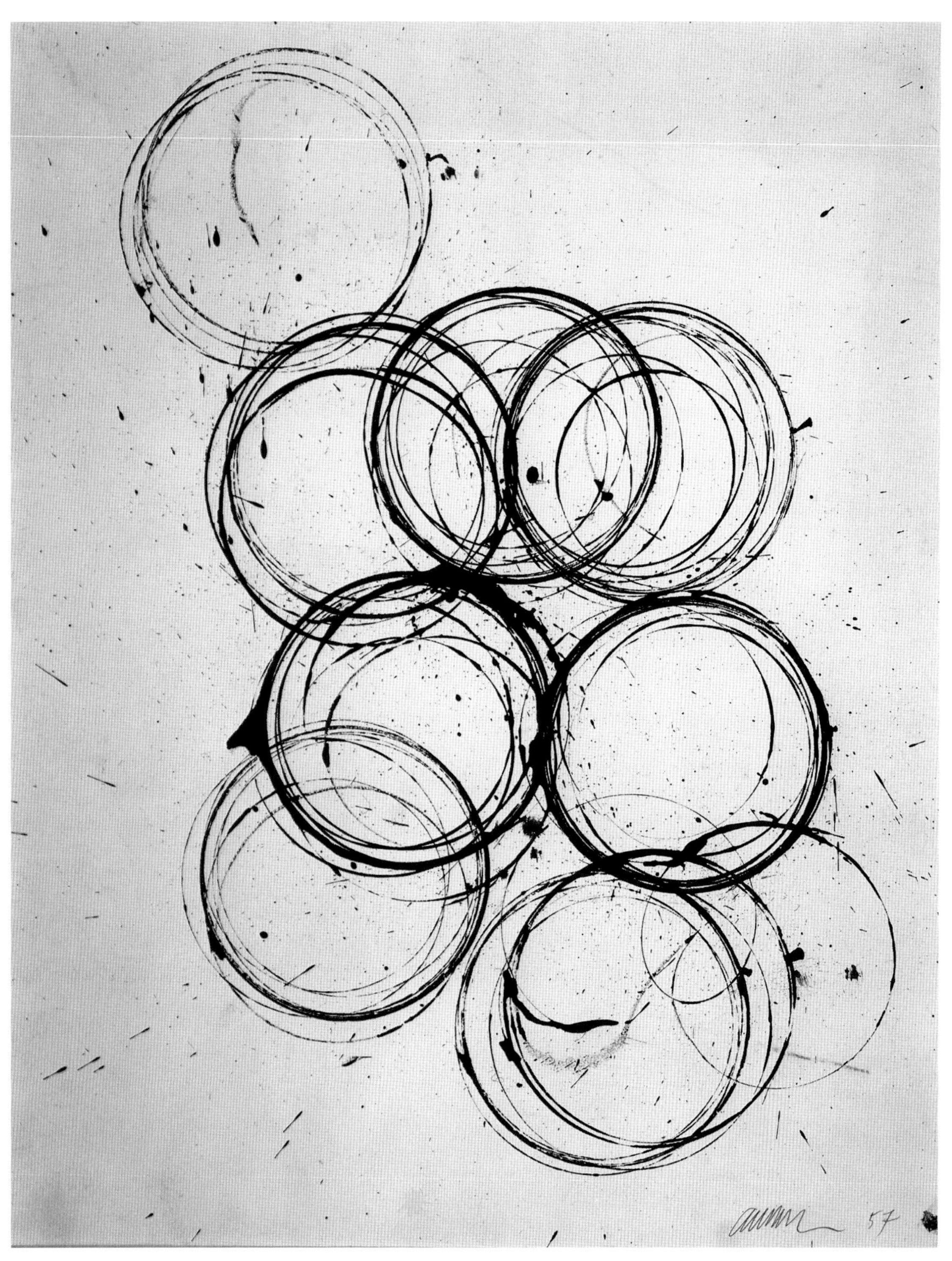

Lul de faltenin, 1957
Allure d´objets, Tusche auf Papier,
India ink on paper, 64 x 50 cm

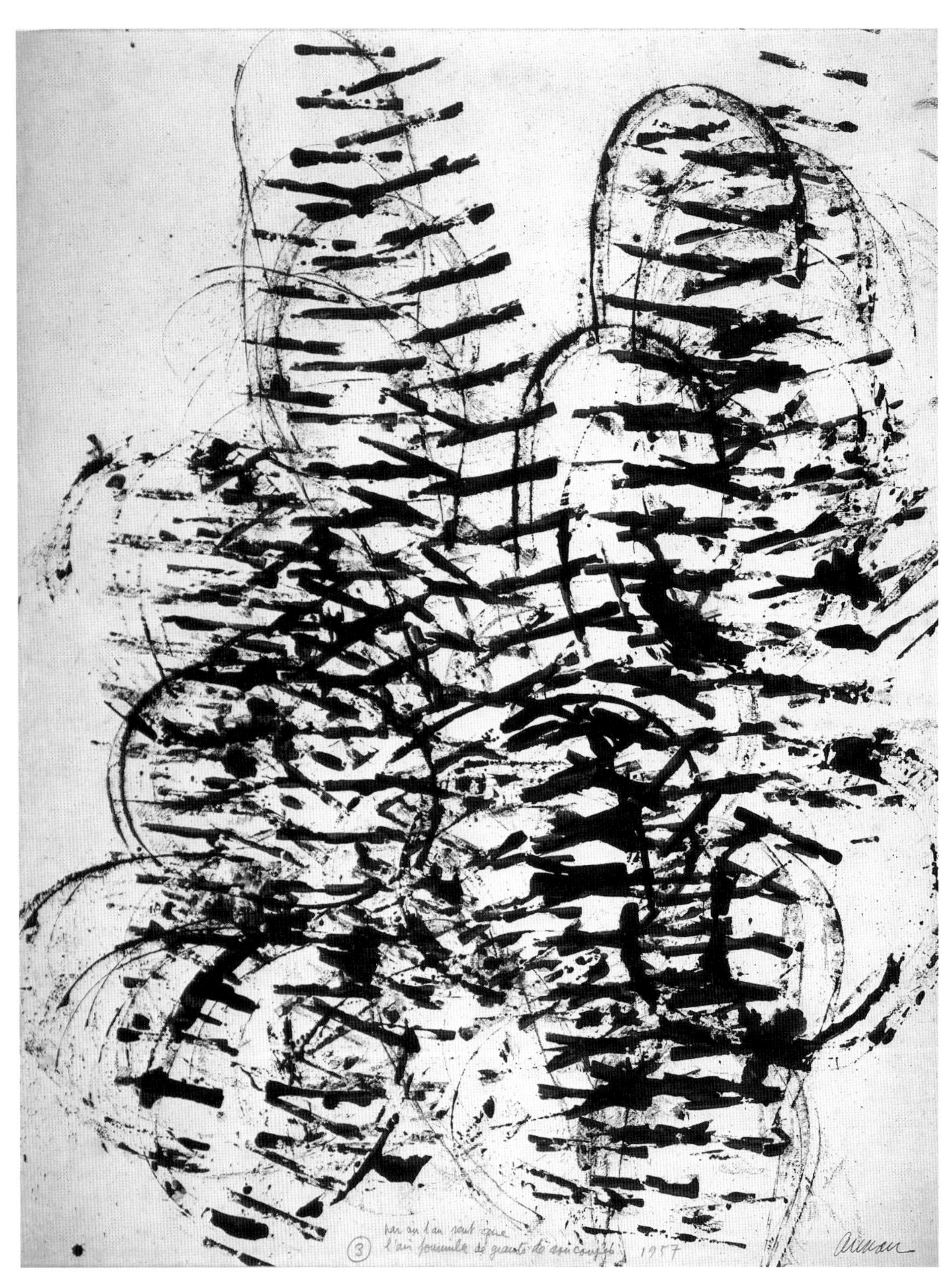

Pas trop loin, 1957
Allure d´objets, Tusche auf Papier,
India ink on paper, 65 x 45 cm

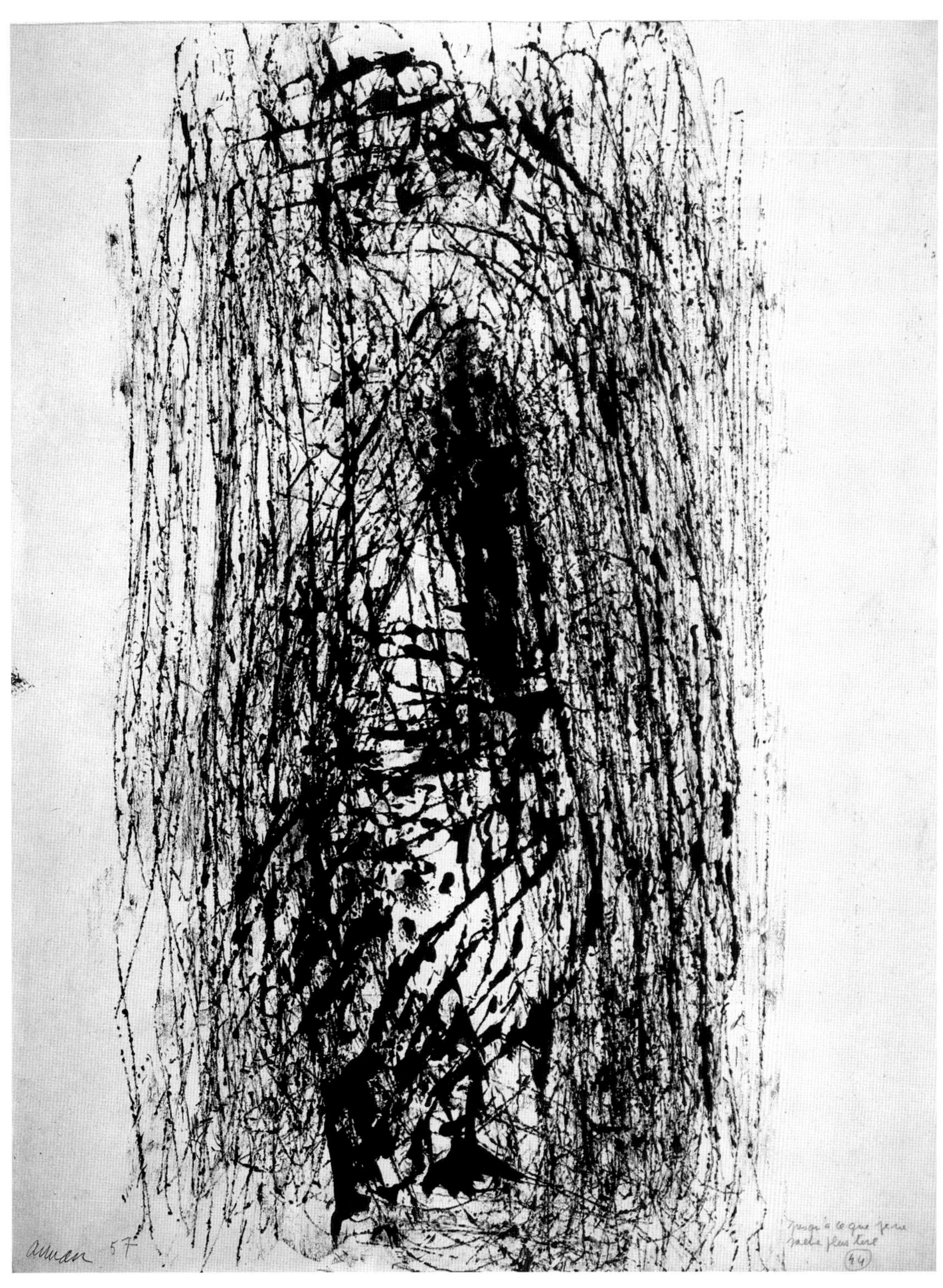

B. de Koch., 1957,
Allure d´objets, Tusche auf Papier,
India ink on paper, 67 x 50 cm

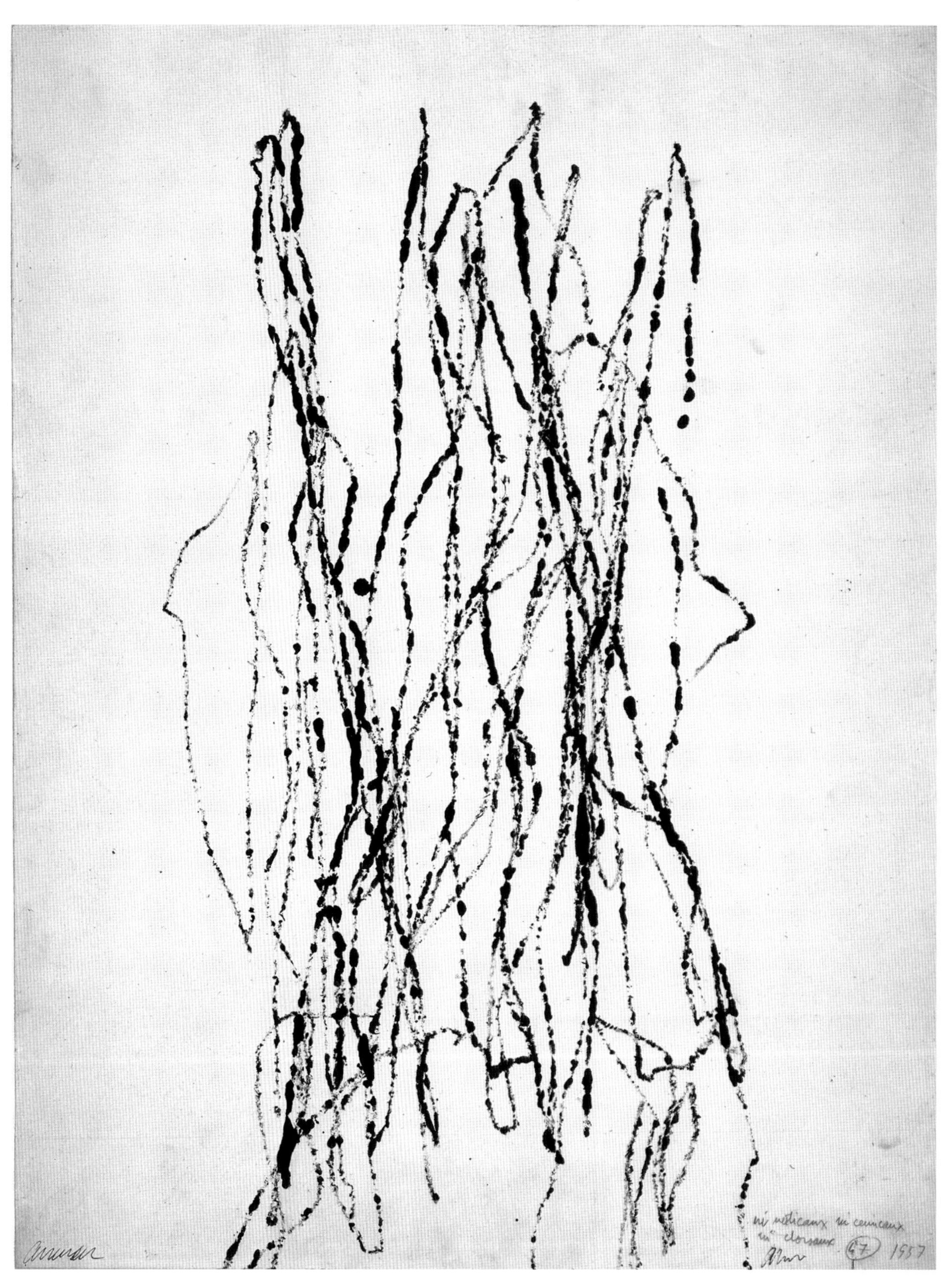

L´ambre de l´oeuf, 1957
Allure d´objets, Tusche auf Papier,
India ink on paper, 65 x 50 cm

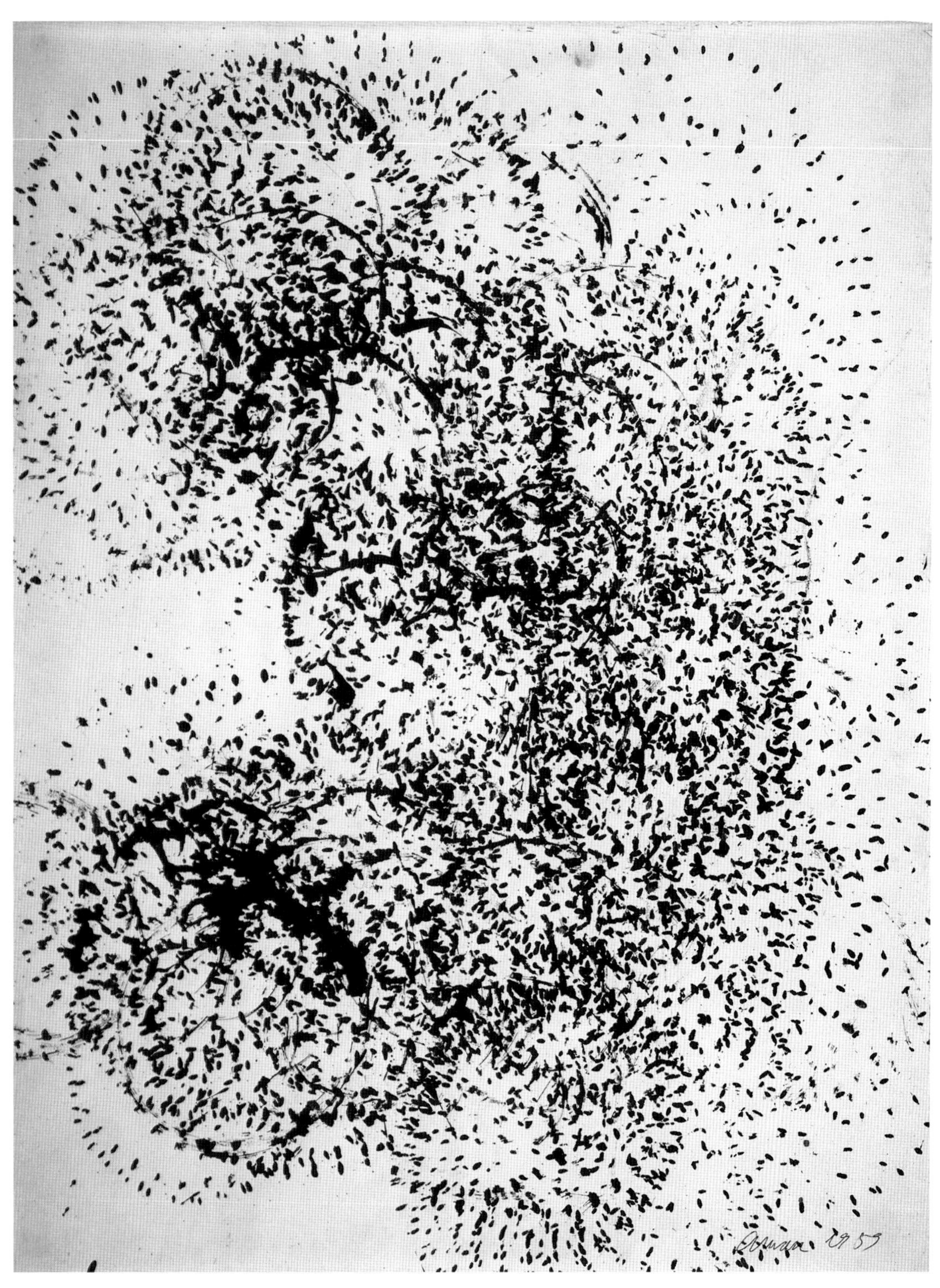

Sur le grill, 1959,
Allure d´objets, Tusche auf Papier,
India ink on paper, 64 x 50 cm

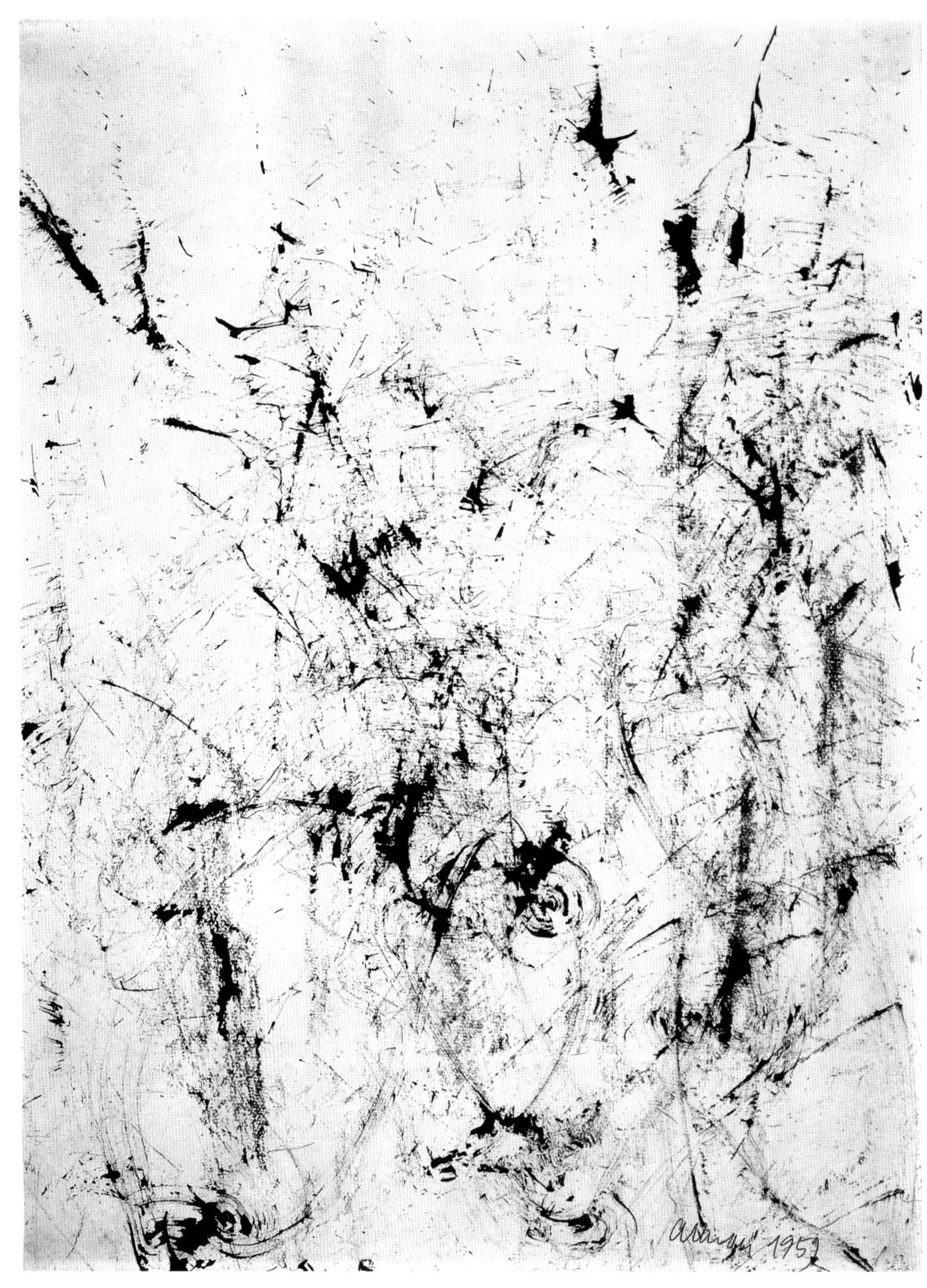

Suspenders, 1959
Allure d´objets, Tusche mit Hosenträgern auf Papier aufgetragen,
India ink dispersed on paper by suspenders, 61 x 45 cm

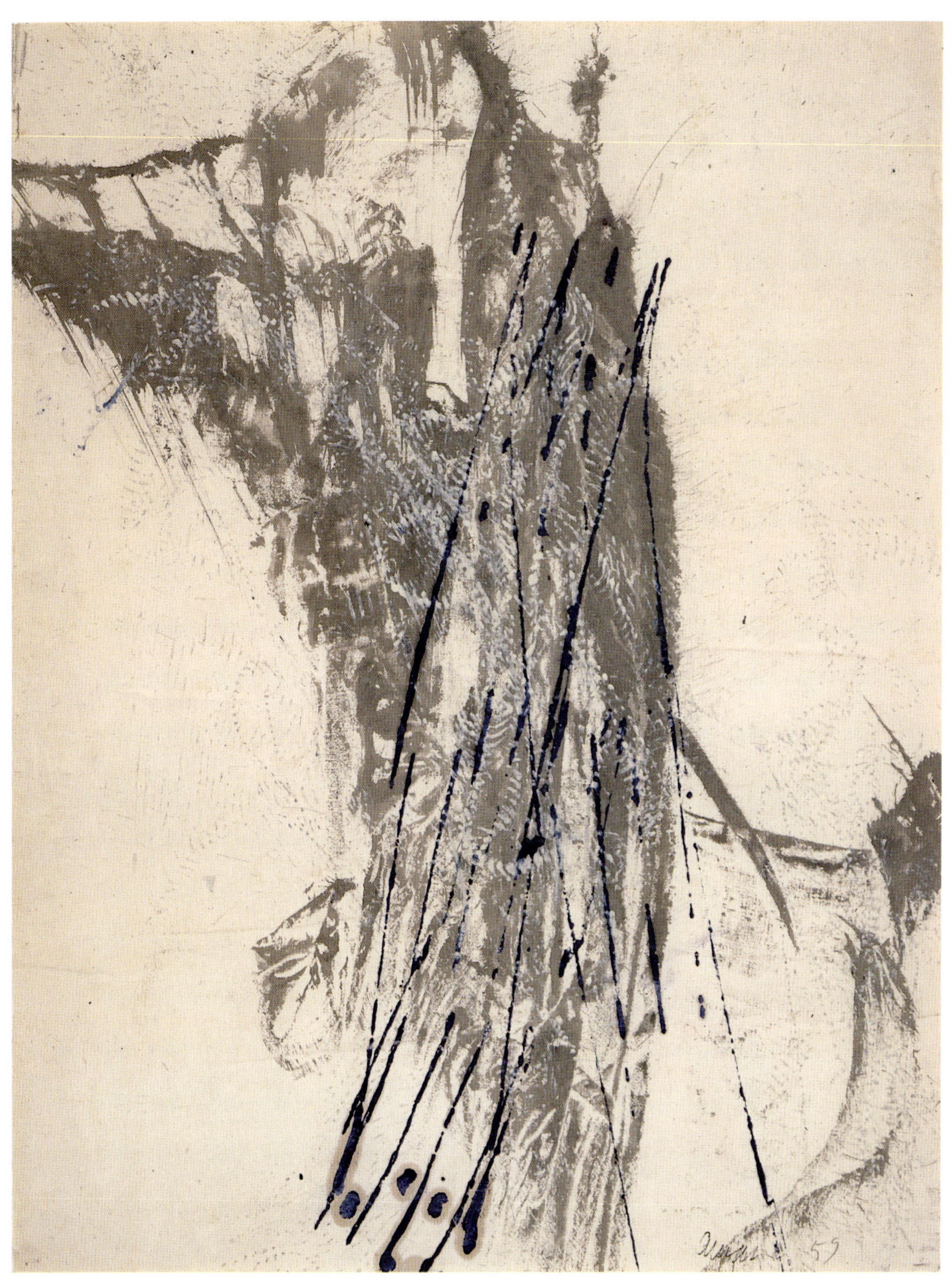

Ghost and Guest, 1959,
Allure d´objets, Farbe auf Papier,
Paint on paper, 63,5 x 49 cm

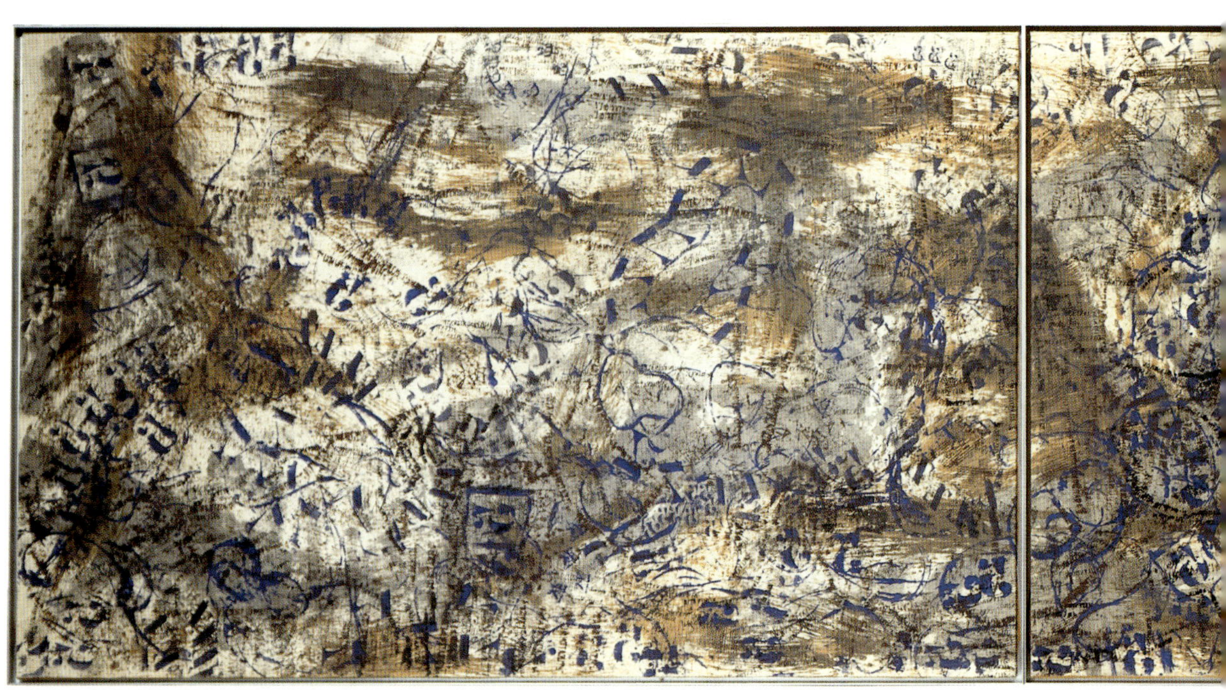

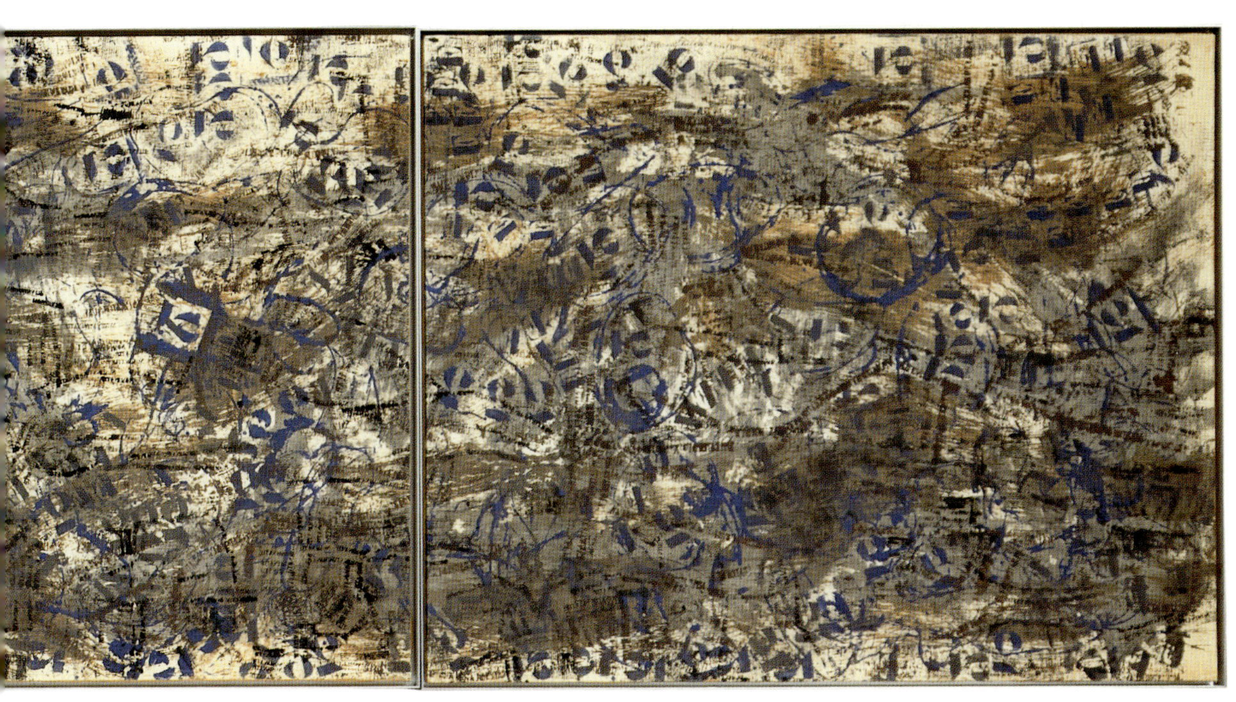

Nominatif, 1952-58
Papier, Leinwand, Tempera, Öl, Stempeldruck,
Paper, canvas, tempera, oil, rubber stamps, dreiteilig / tryptich: 151 x 239 cm; 151 x 178,5 cm; 151 x 189 cm,
Museum Ludwig, Köln

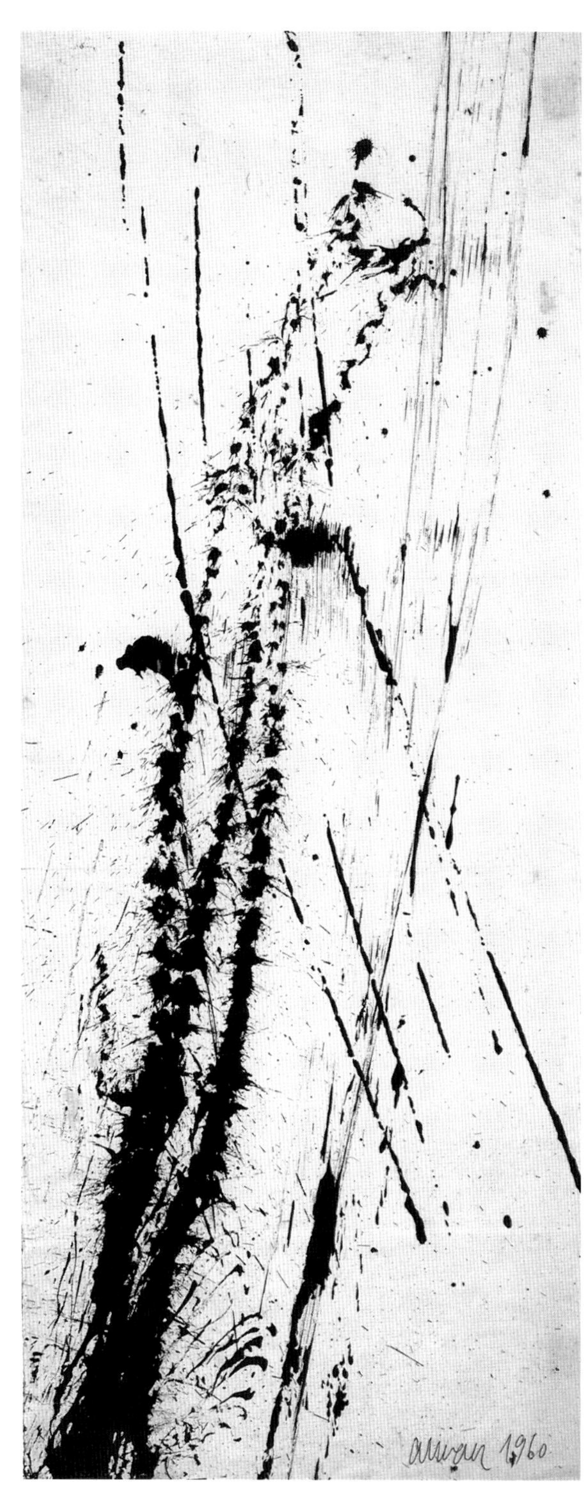

Allure X, 1960
Allure d´objets, Tusche auf Papier,
India ink on paper, 62 x 25 cm

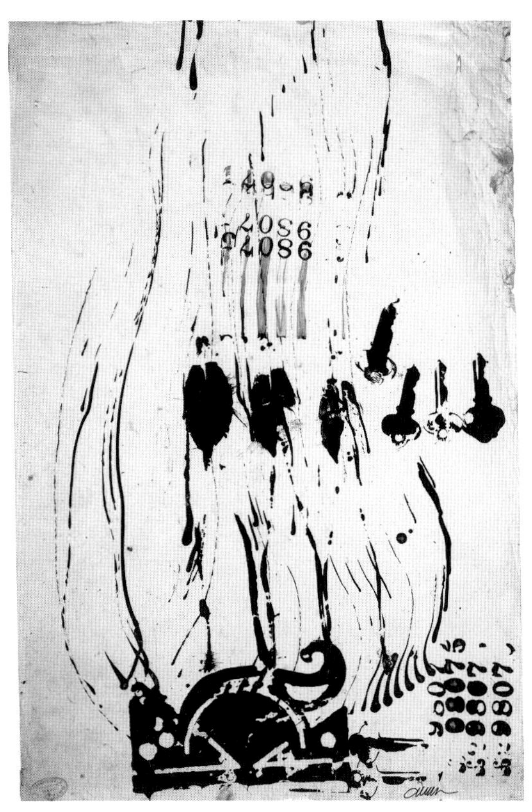

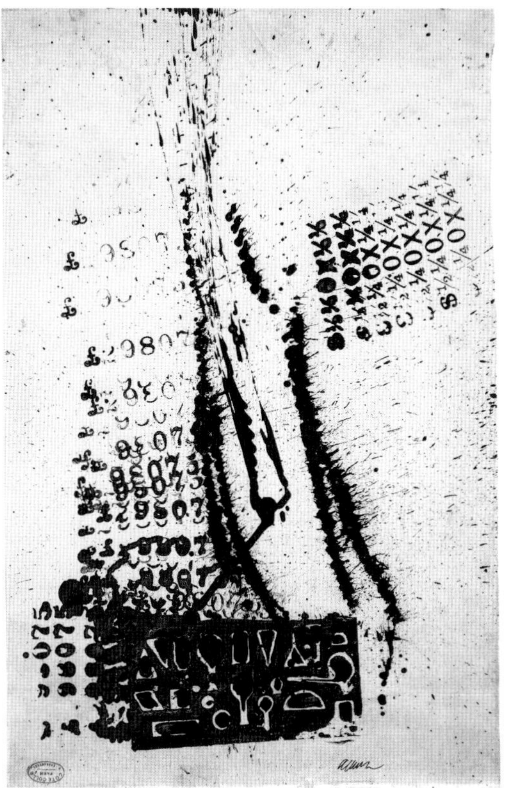

Allures chiffrés, 1962
Tusche auf Papier,
Ink on paper, jeweils 50 x 32,5 cm, each one 50 x 32,5 cm

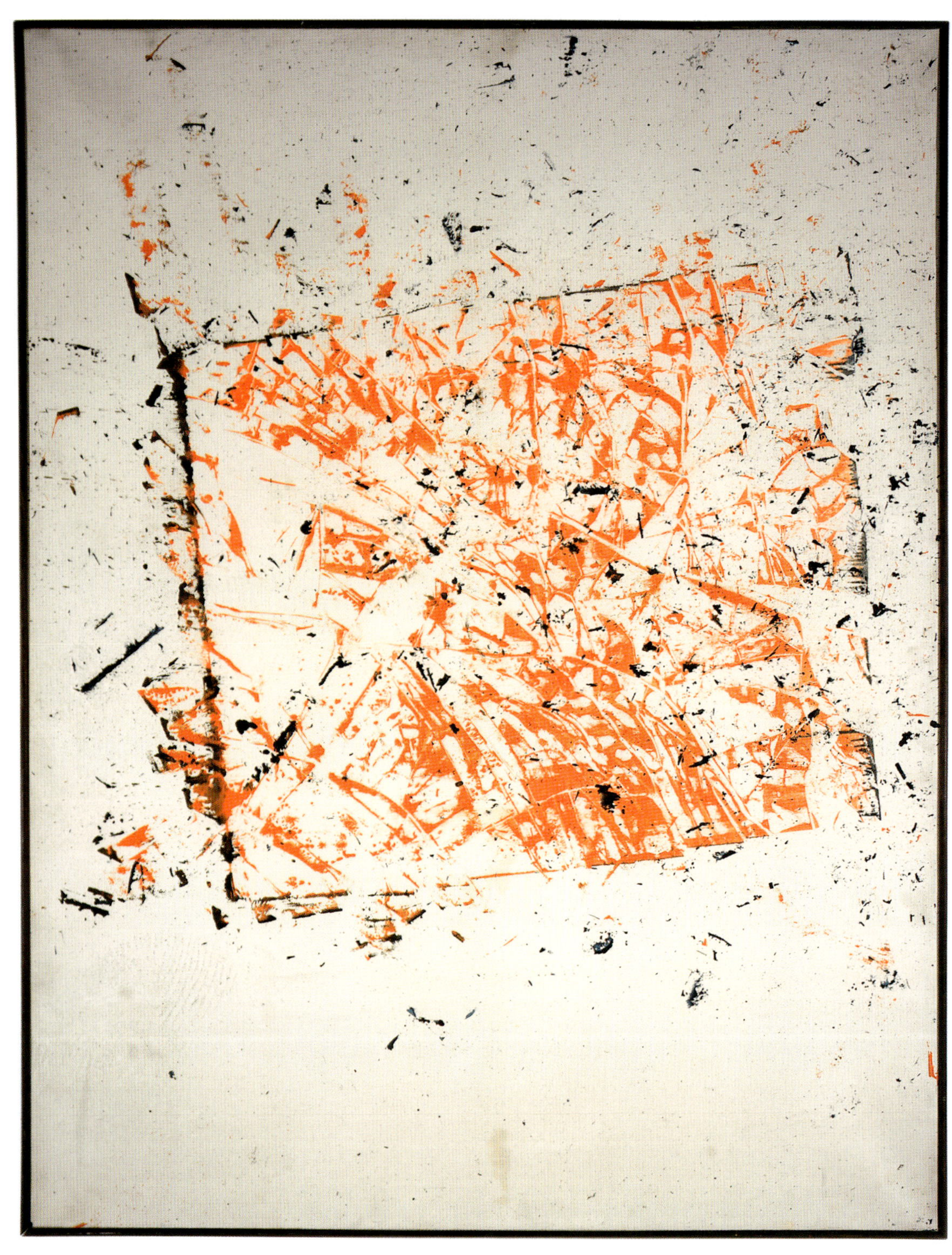

Miroir cassé, 1962
Abdruck von zerbrochenem Glas auf Papier,
Imprint of broken glass on paper, 148 x 114 cm

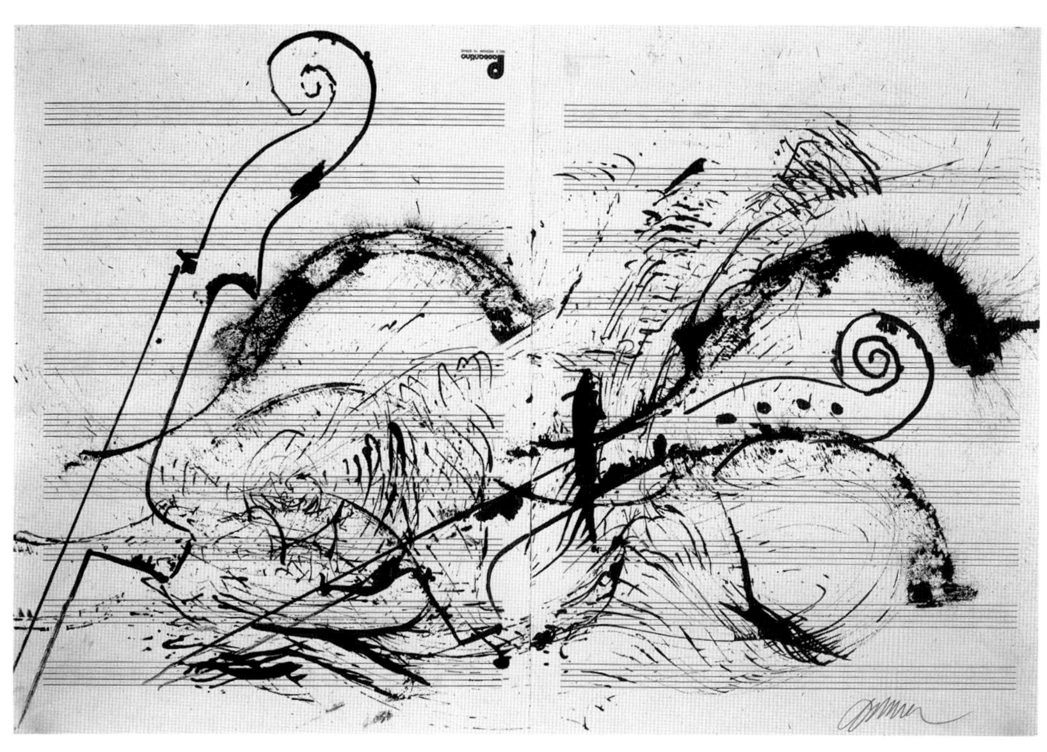

A Saqquarah, 1962
Abdruck und allure d´objets, Tusche auf Notenpapier,
Imprint and allure d´objets, India ink on music paper, 46 x 31 cm

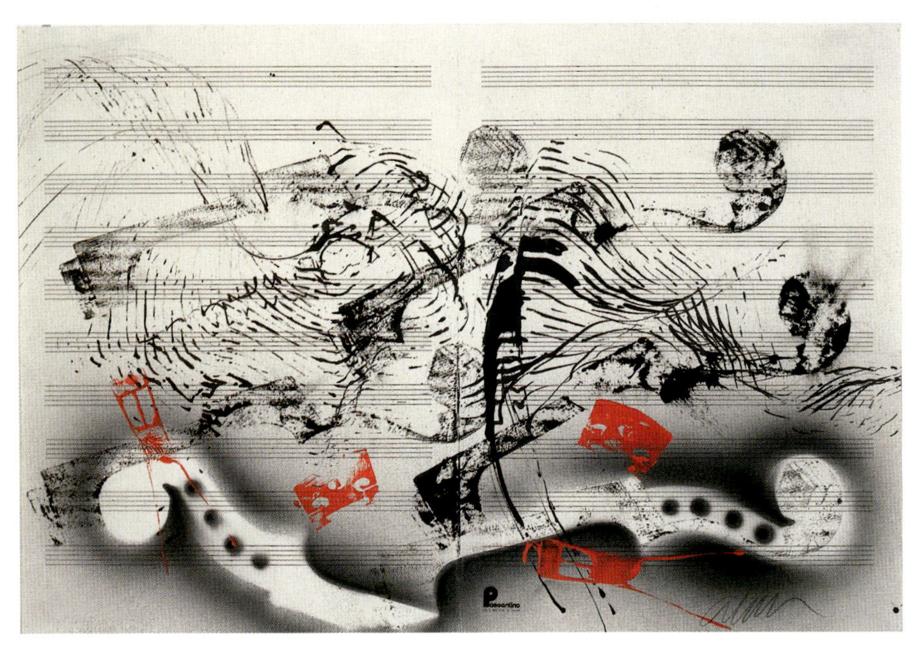

Diabelli, 1962
Abdruck, Schwarzes Farbspray, Farbe und Tusche auf Notenpapier,
Imprint, black spray paint, paint and india ink on music paper, 46 x 31 cm

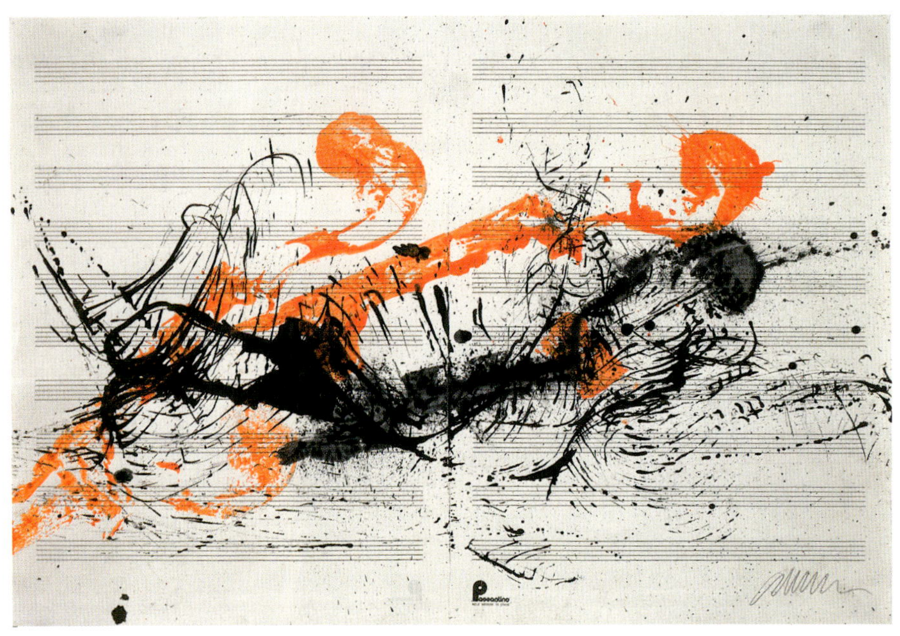

Violonmorphose, 1962
Abdruck und allure d´objets, Farbe und Tusche auf Notenpapier,
Imprint and allure d´objets, Paint and india ink on music paper, 46 x 31 cm

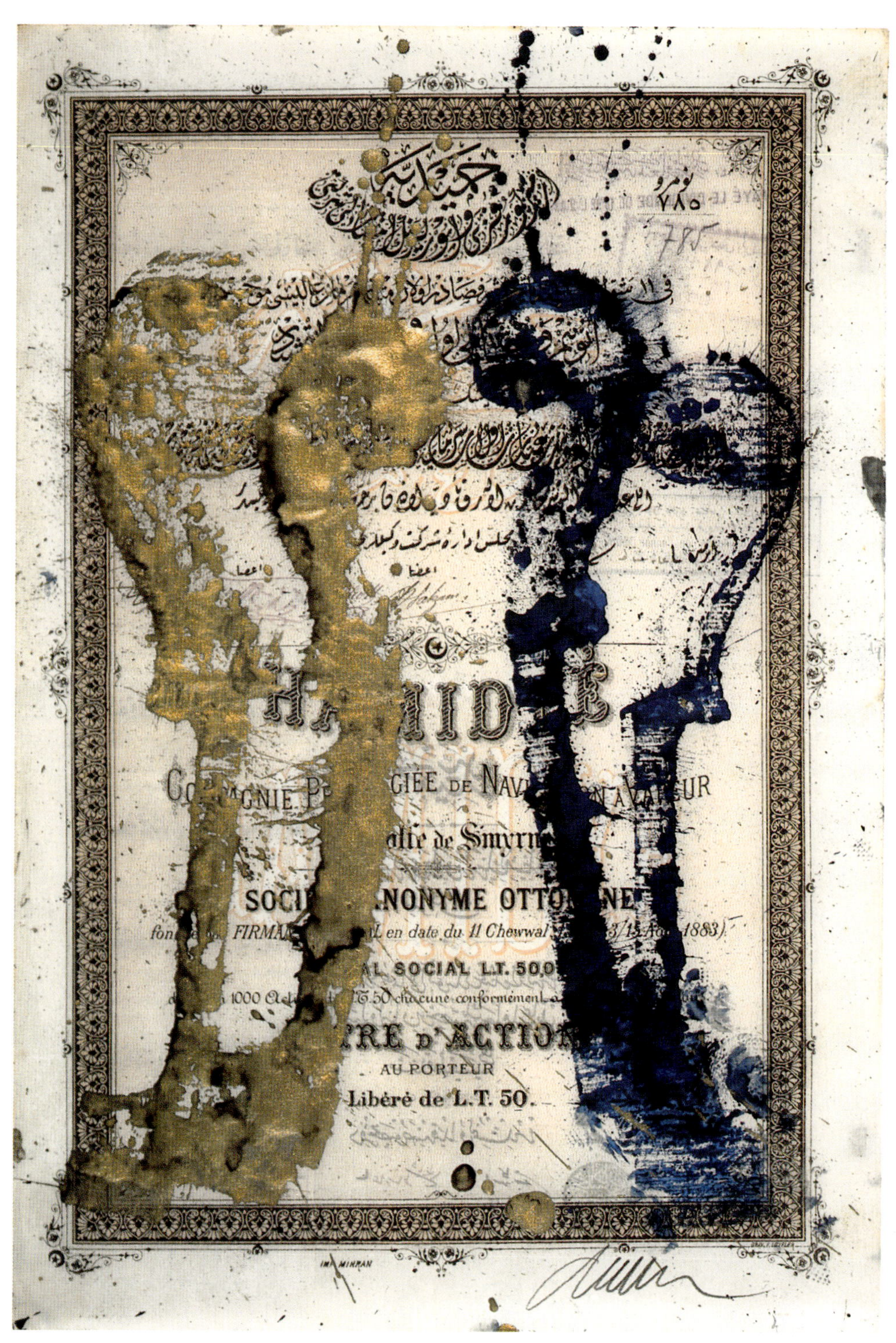

Investissement, 1966
Stempeldruck auf Pergamenturkunde,
Paint stamped on parchment document, 26 x 38 cm

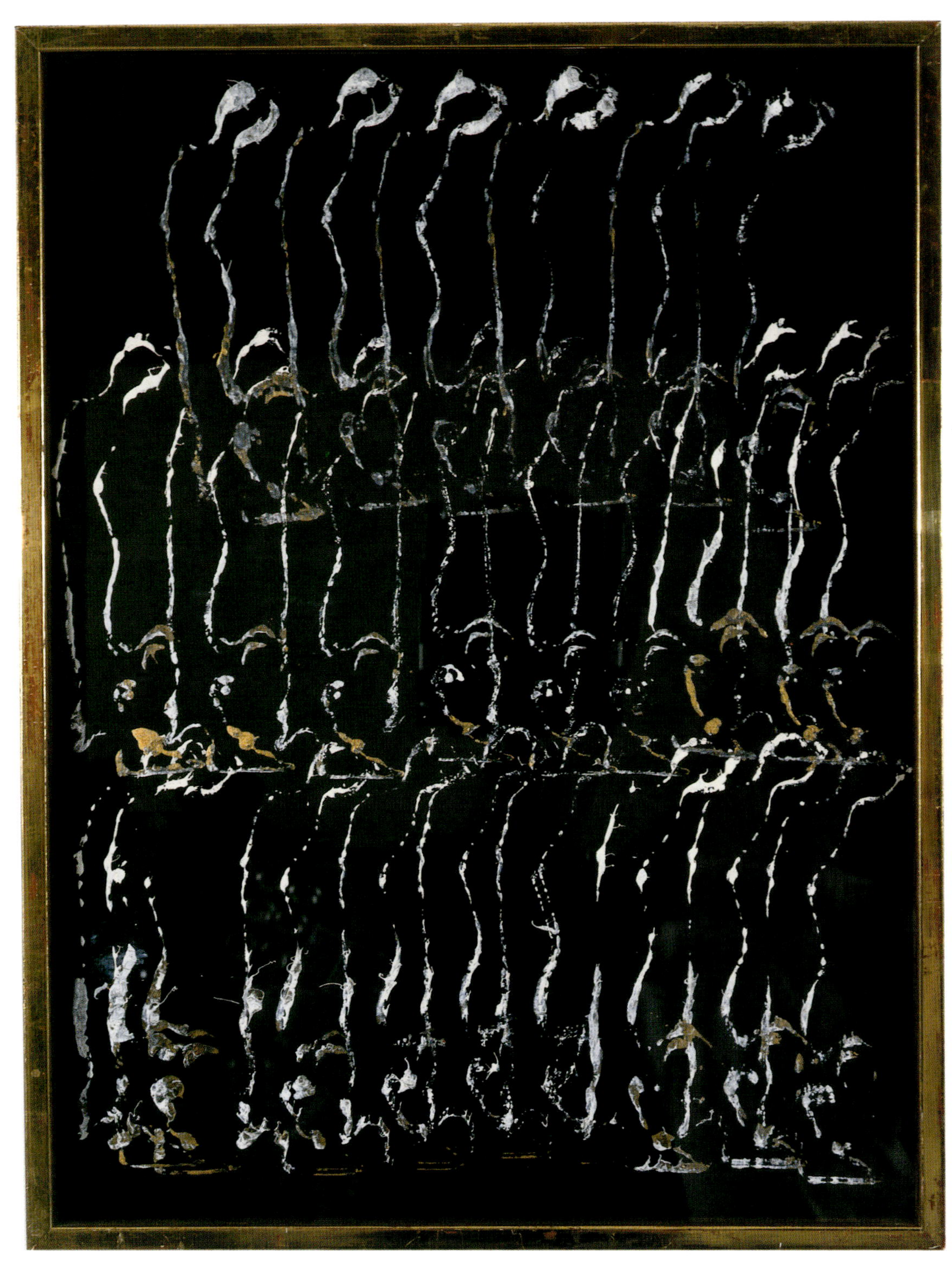

Procession, 1964
Abdruck, Gouache auf schwarzem Papier,
Gouache imprint on black paper, 65 x 49,5 cm

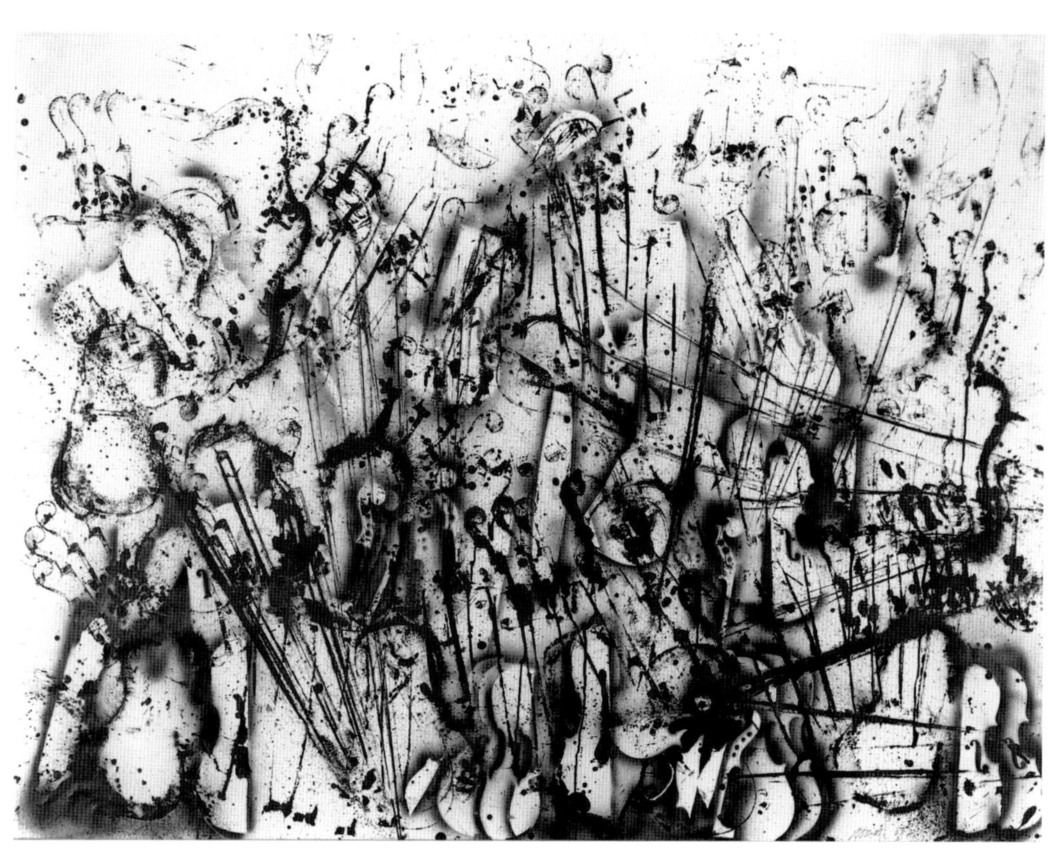

ohne Titel (untitled), 1965
Tusche, Indian ink, 153 x 200 x 9 cm,
Privatsammlung Mannheim, Private collection Mannheim

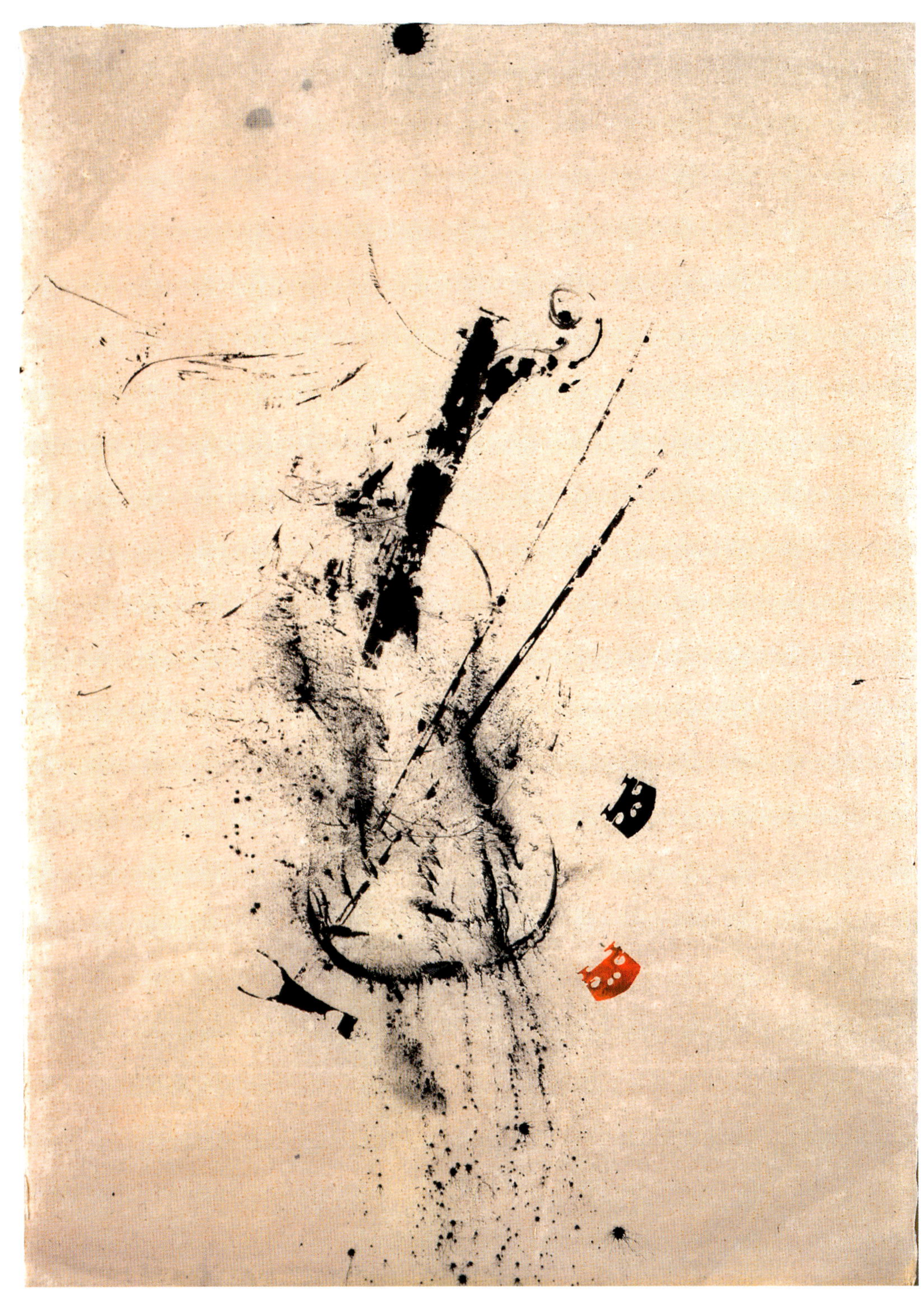

Okura, 1970
Abdruck, Tusche auf Japanpapier,
Imprint with india ink on japanese paper, 76 x 54 cm

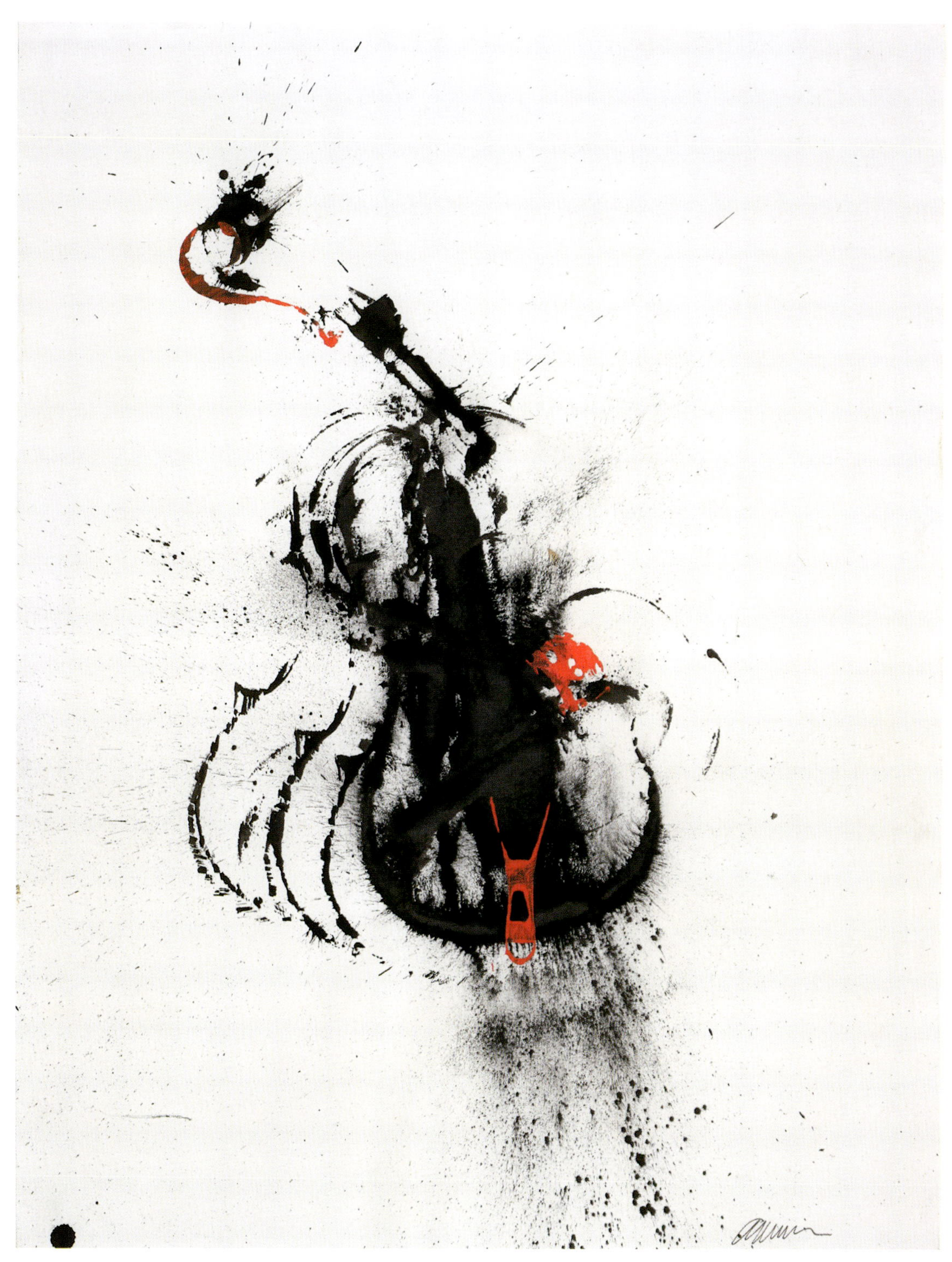

Le rouge et le noir, 1970
Tusche und Farbe auf Papier,
India ink and paint on paper, 65 x 50 cm

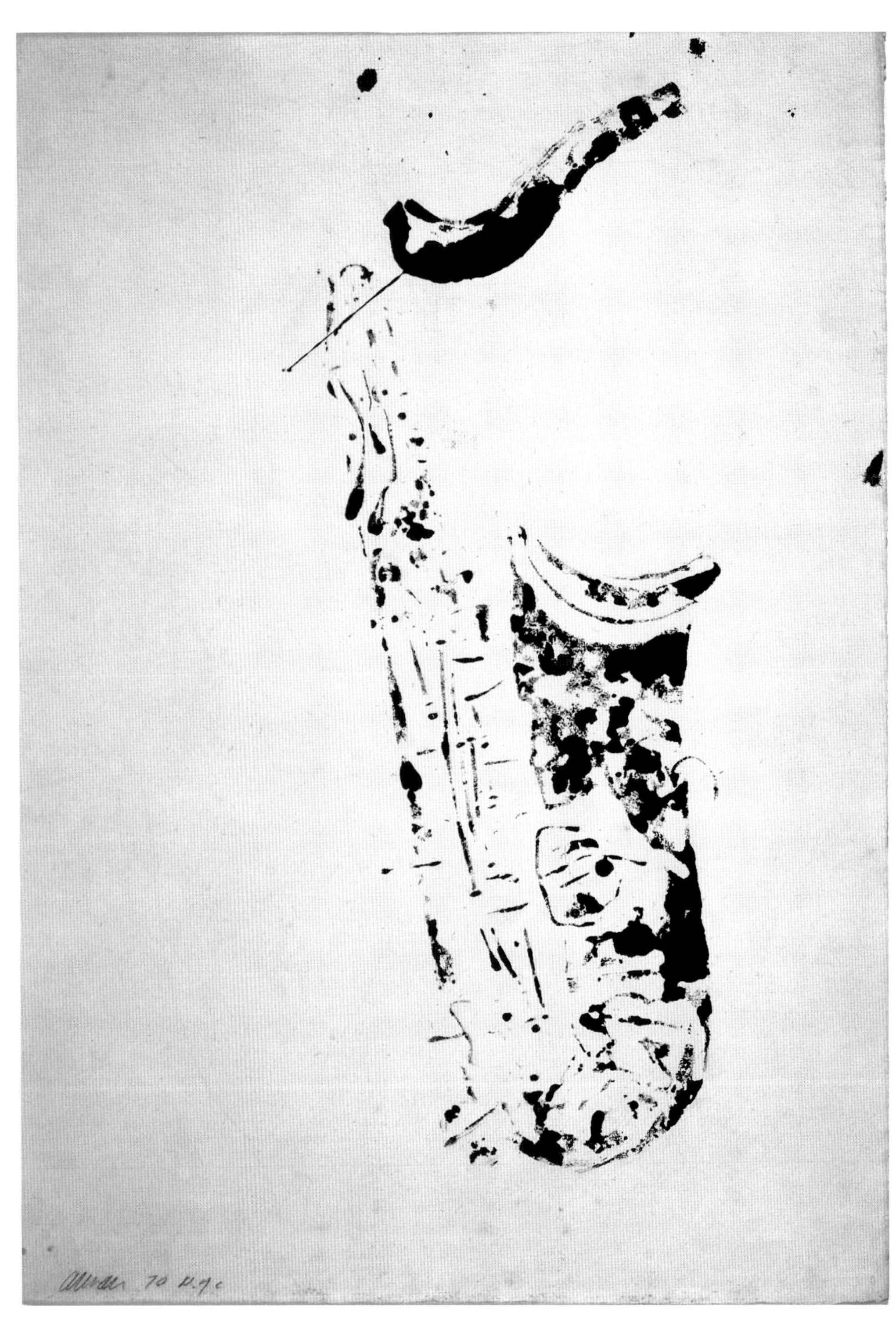

Flatten Bird, 1970
Abdruck, Tusche auf Papier,
Imprint with india ink on paper, 80 x 56,5 cm

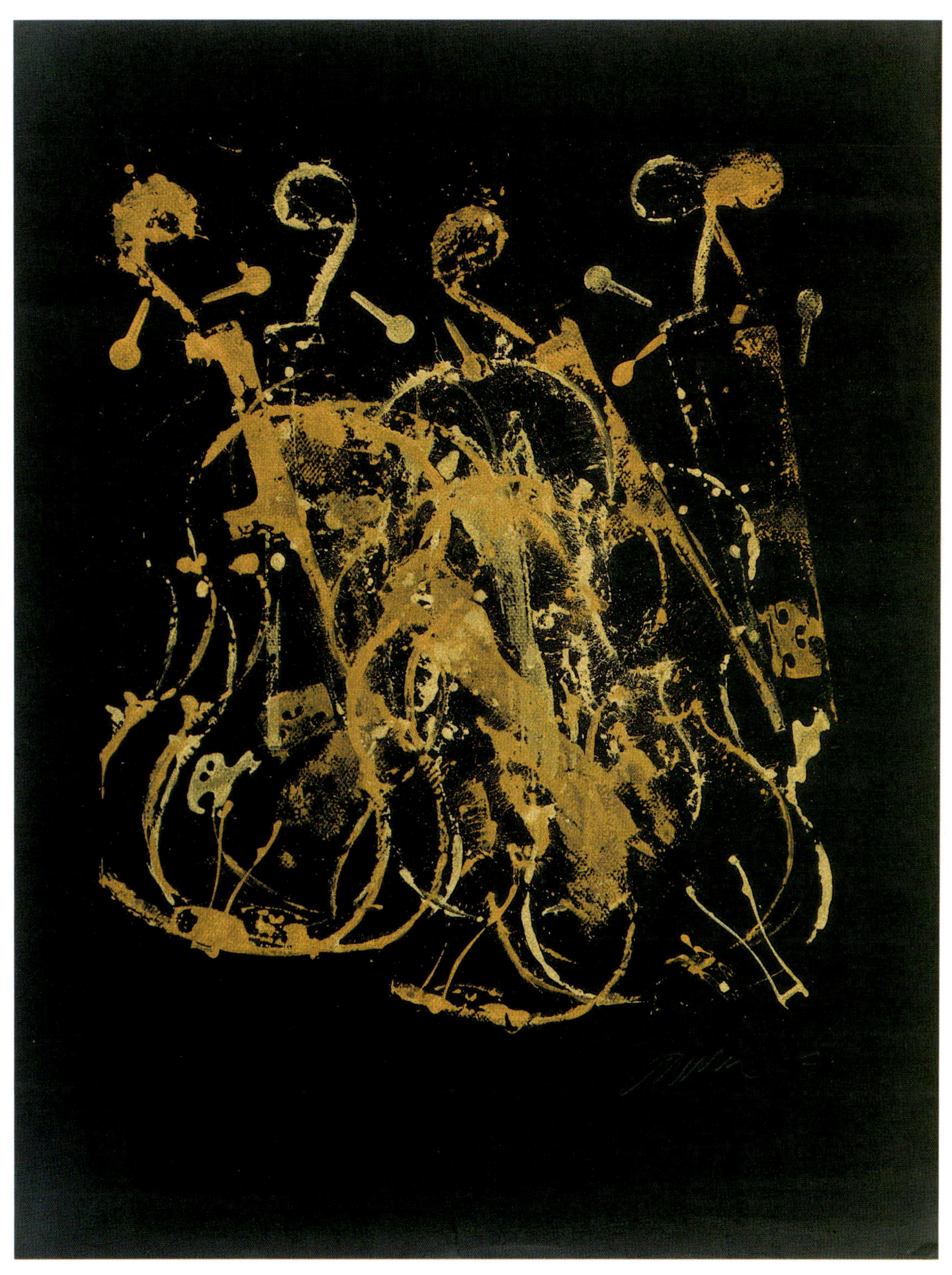

Somptueux, 1972
Gouache auf schwarzem Papier,
gouache on black paper, 65 x 50 cm

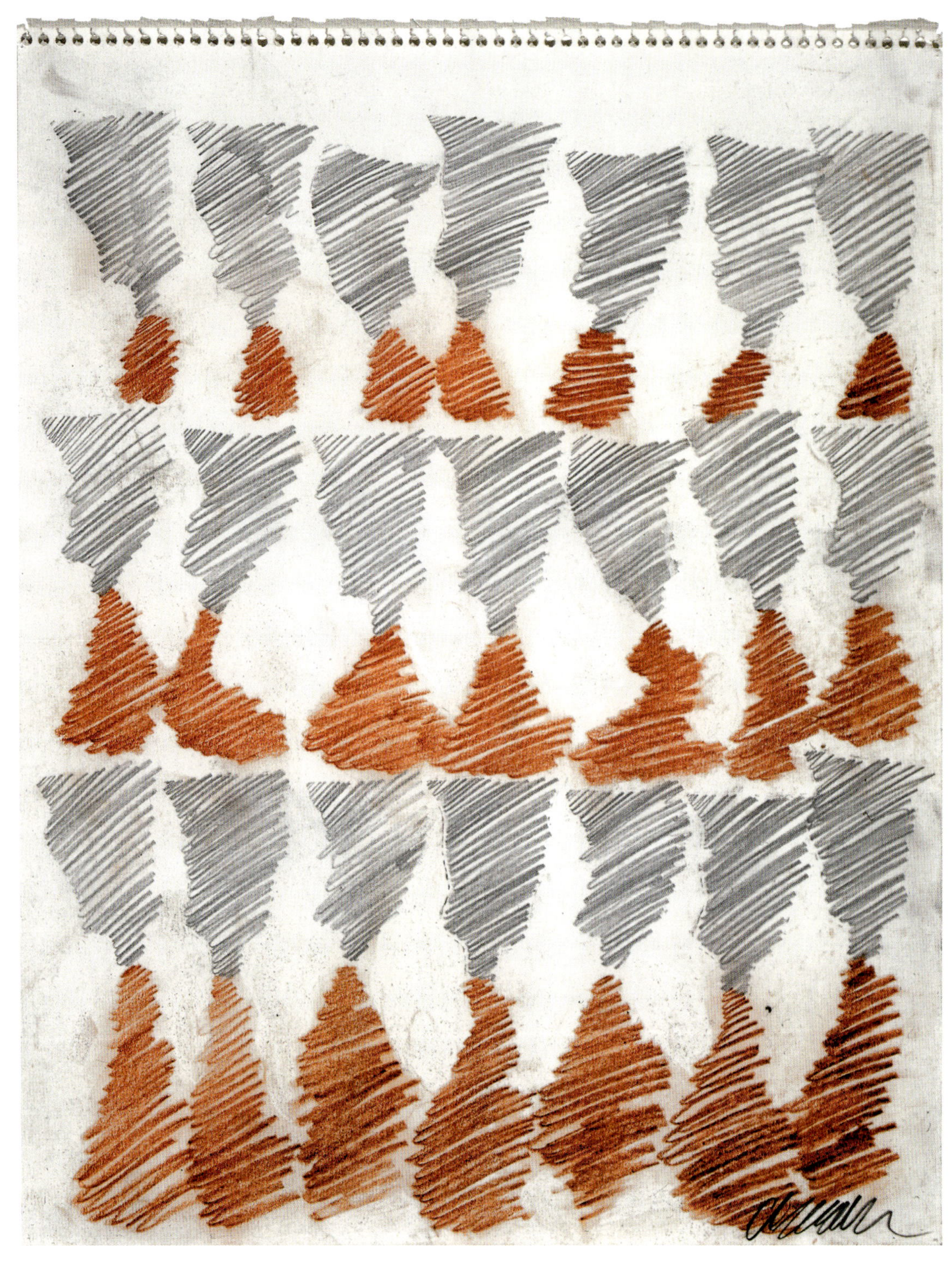

Painttubes, 1967
Bleistift und Buntstift auf Papier,
Pencil and colored pencil on paper, 35,5 x 28 cm

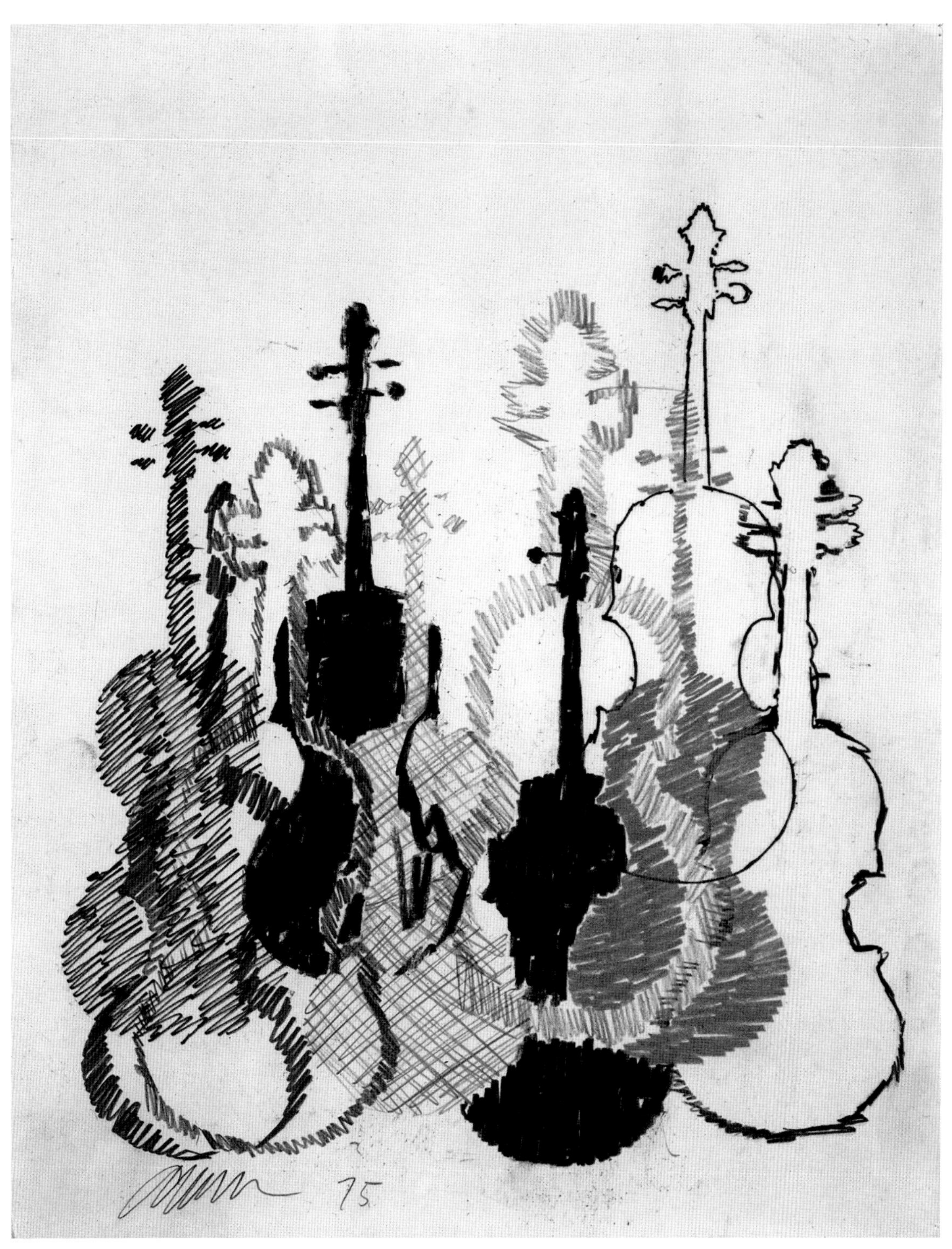

Violins, 1975
Bleistift und Farbstift auf Papier,
Pencil and colored pencil on paper, 35,5 x 28 cm

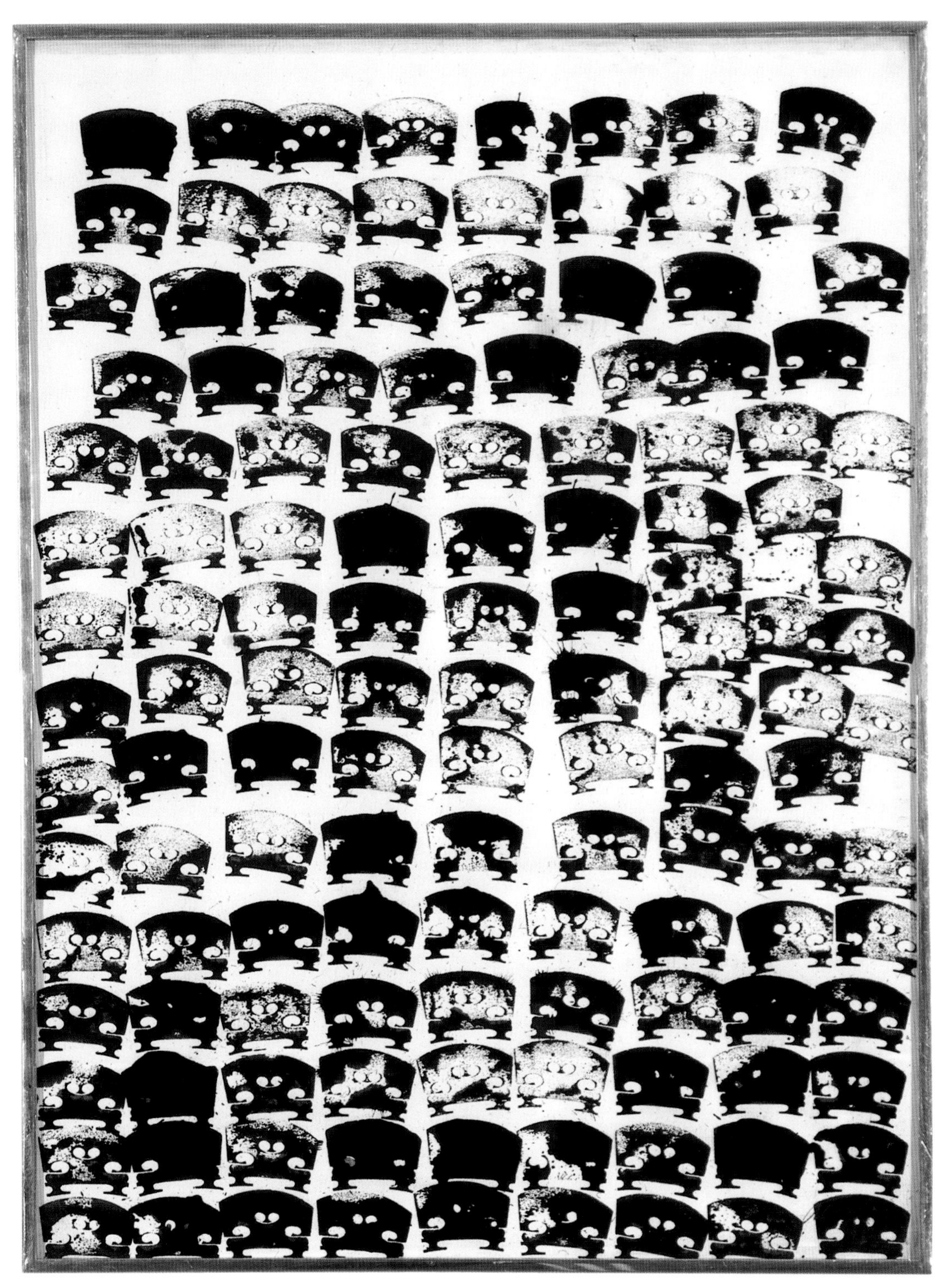

Presence, 1972
Abdruck, Tusche auf Papier,
Imprint with india ink on paper, 46 x 61 cm

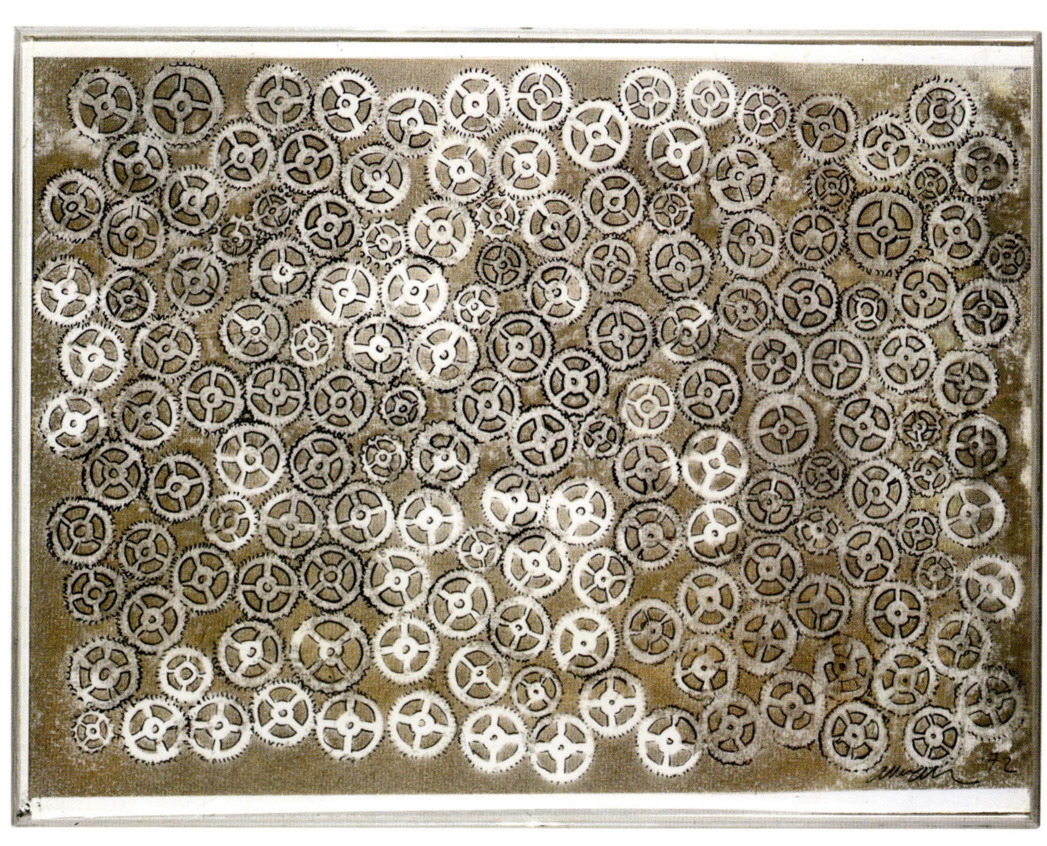

ohne Titel / untitled (Rouages), 1972
Farbspray und Tusche auf Papier,
Spray paint and ink on paper, 30,5 x 21,5 cm

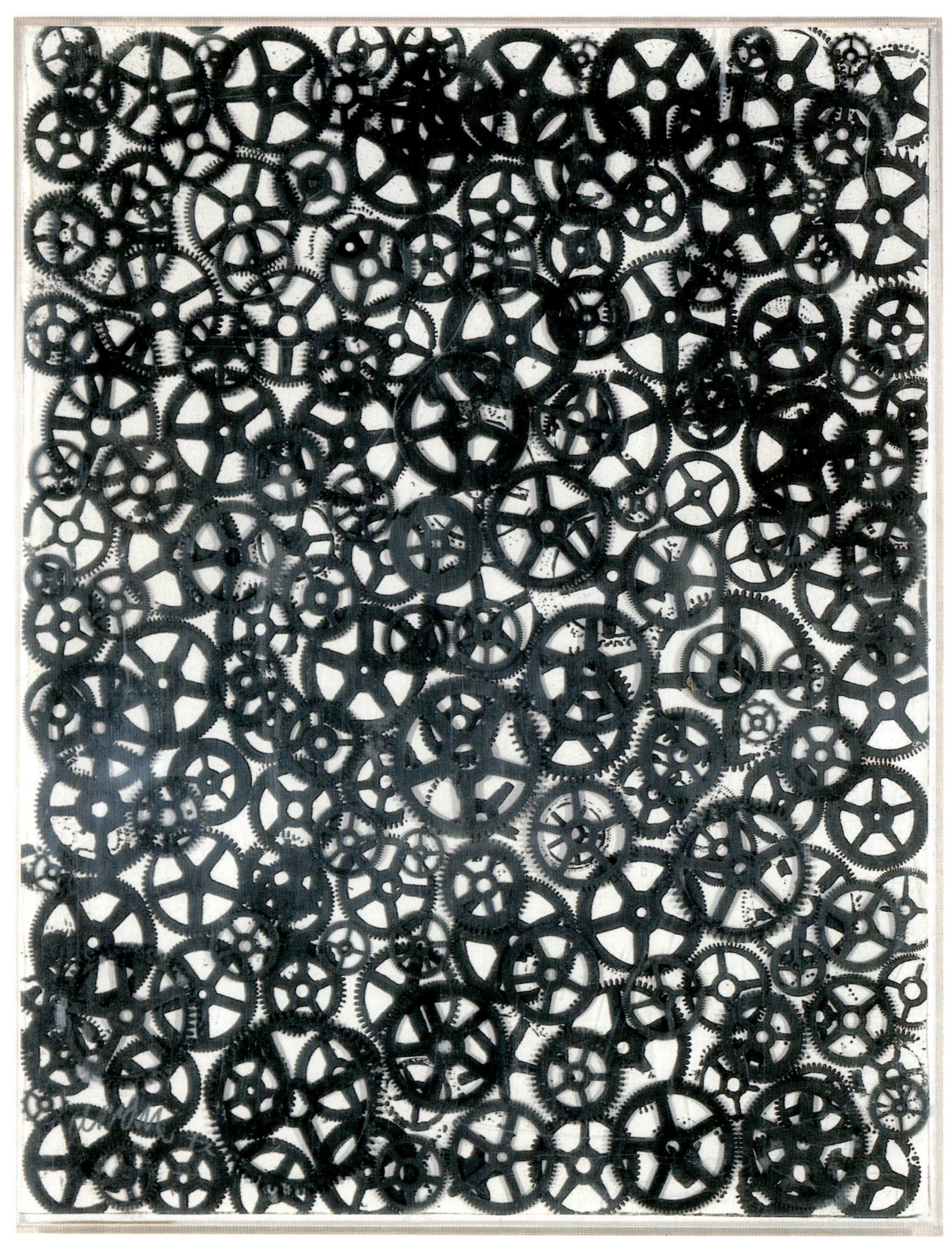

Rouages et rouages, 1972
Collage aus Zahnrädern über Abdrucken von Zahnrädern in schwarzer Tinte auf Papier,
Collage of cog wheels over cog wheel imprints with india ink on paper, 35,6 x 27,9 cm

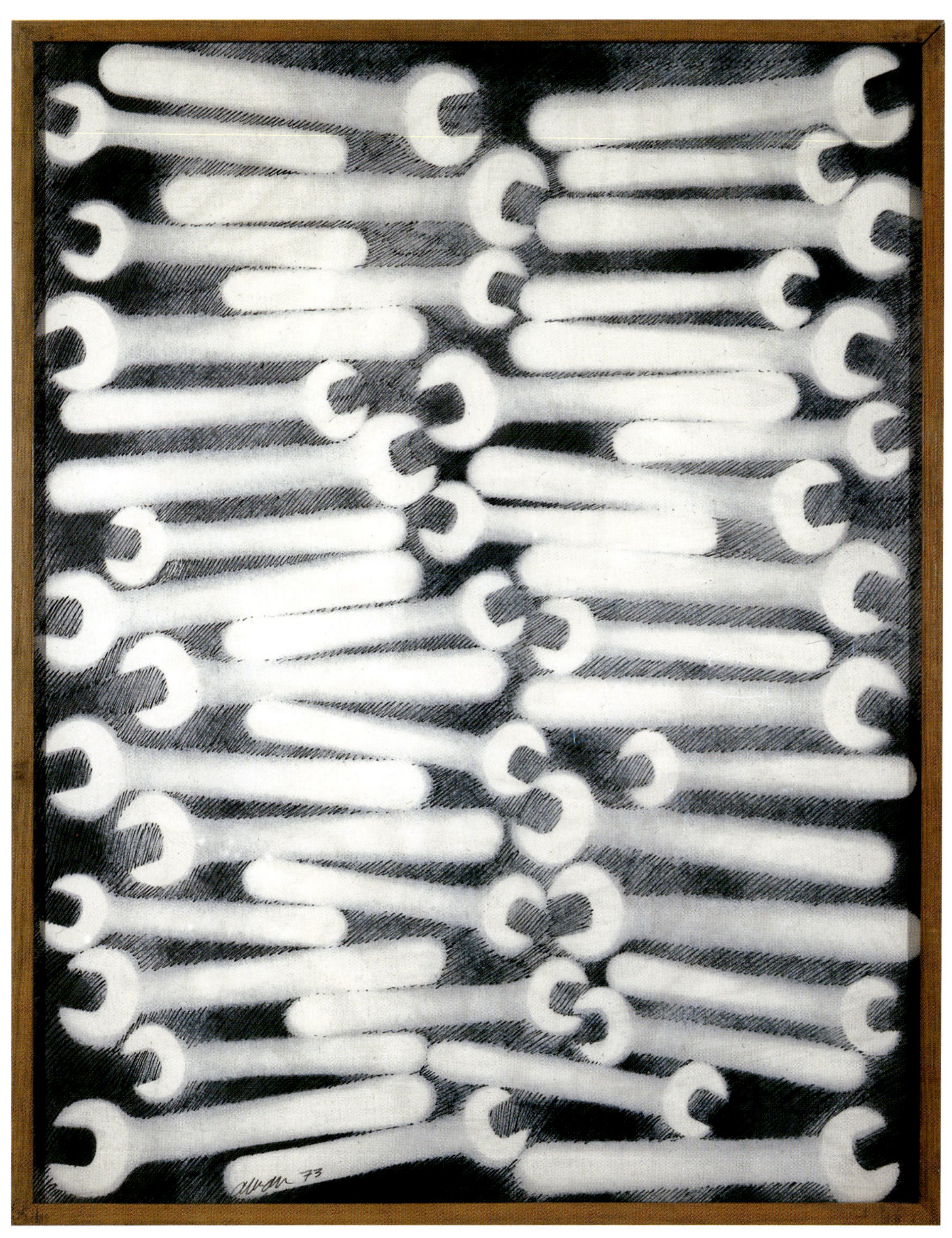

La main à l´ouvrage, 1973
Farbspray und Tusche auf Papier,
Spray paint and india ink on paper, 48 x 61 cm

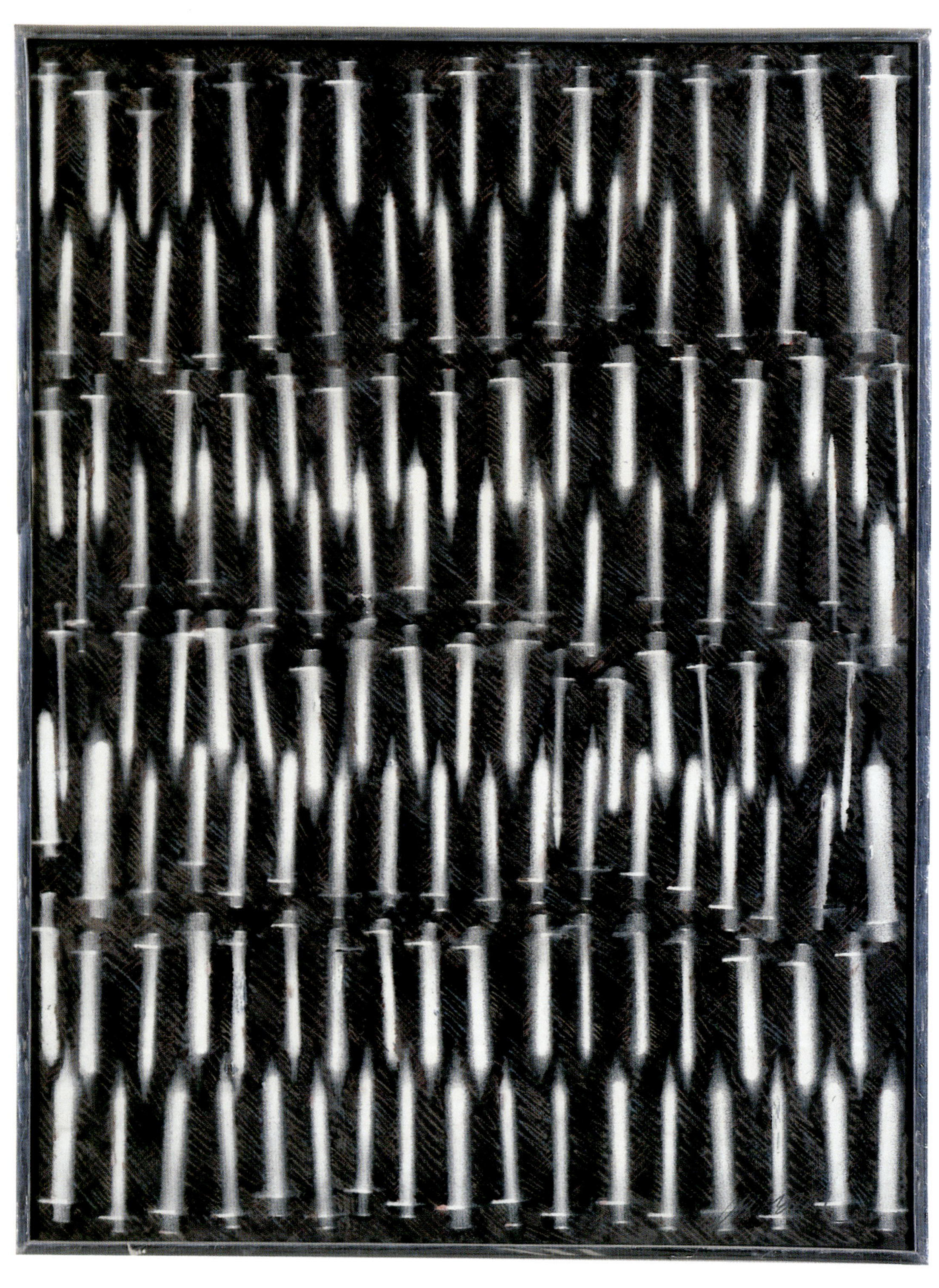

Bad habits, 1975
Farbspray, Tusche und Farbstift auf Papier,
Spray paint, india ink and colored pencil on paper, 63,5 x 48,3 cm

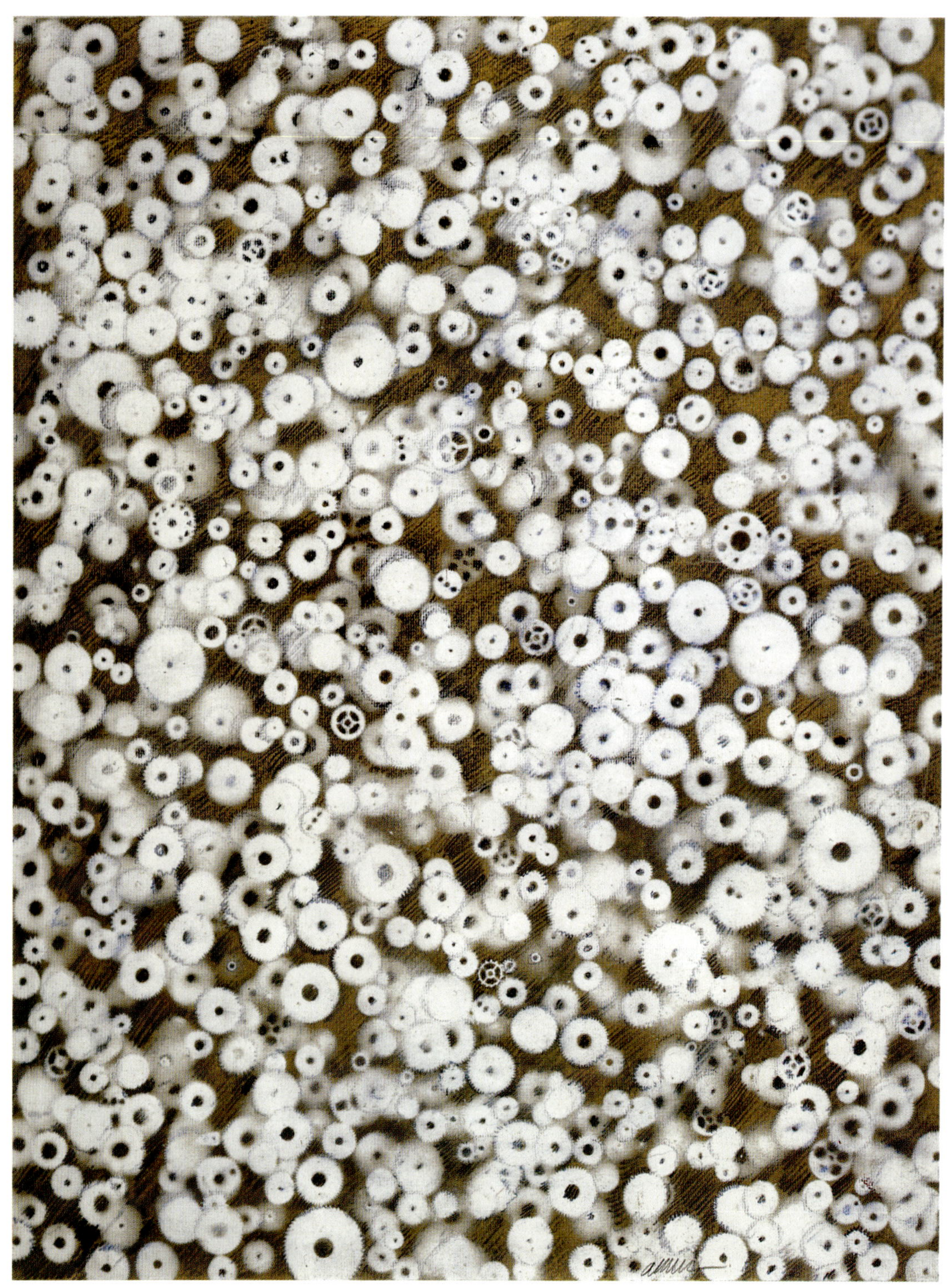

Patience et constellation, 1973
Farbspray und Bleistift auf Papier,
Spraypaint and pencil on paper, 65 x 50 cm

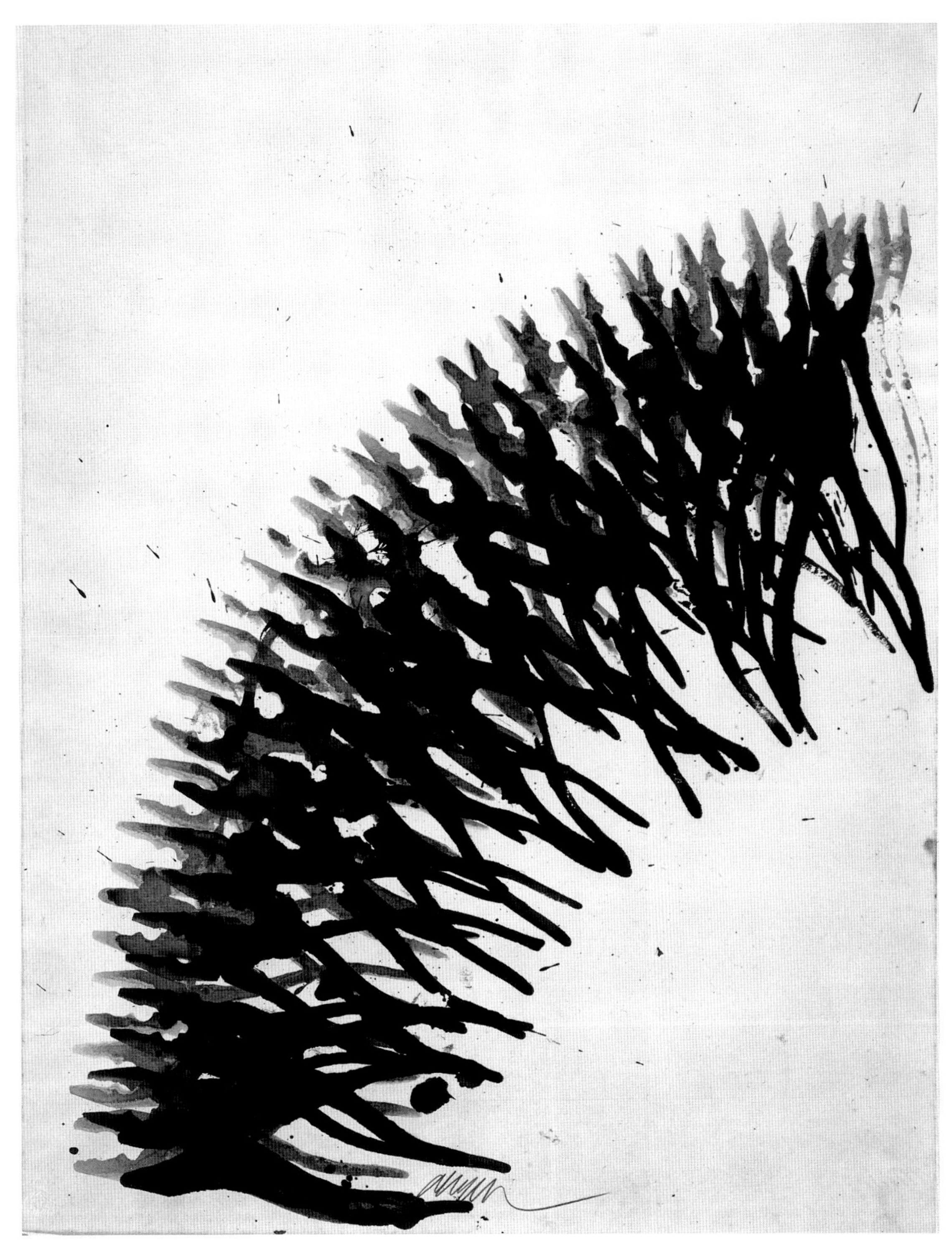

Pre cascade, 1976
Abdruck, Tusche auf Papier, laviert,
Imprint, india ink wash on paper, 65 x 50 cm

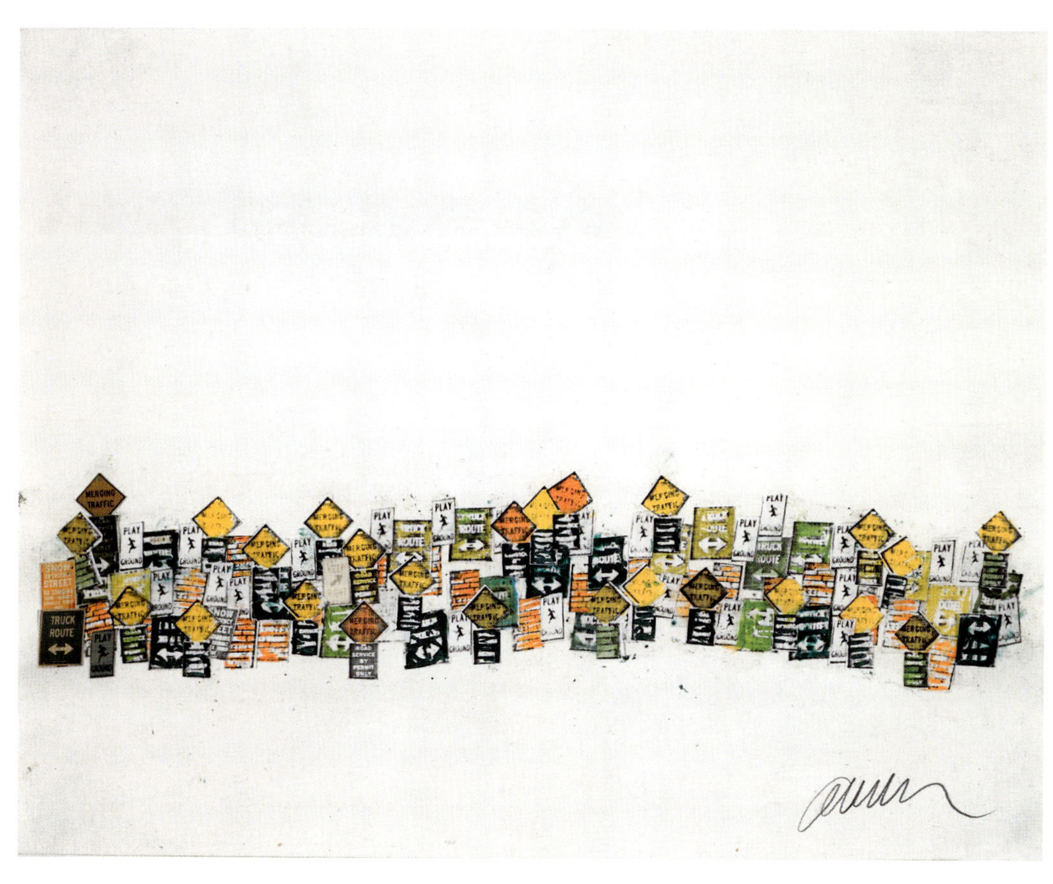

Along the way, 1983
Collage, Fotokopien und Filzstift auf Papier,
Collage, photocopies and marker on paper, 35,5 x 28 cm

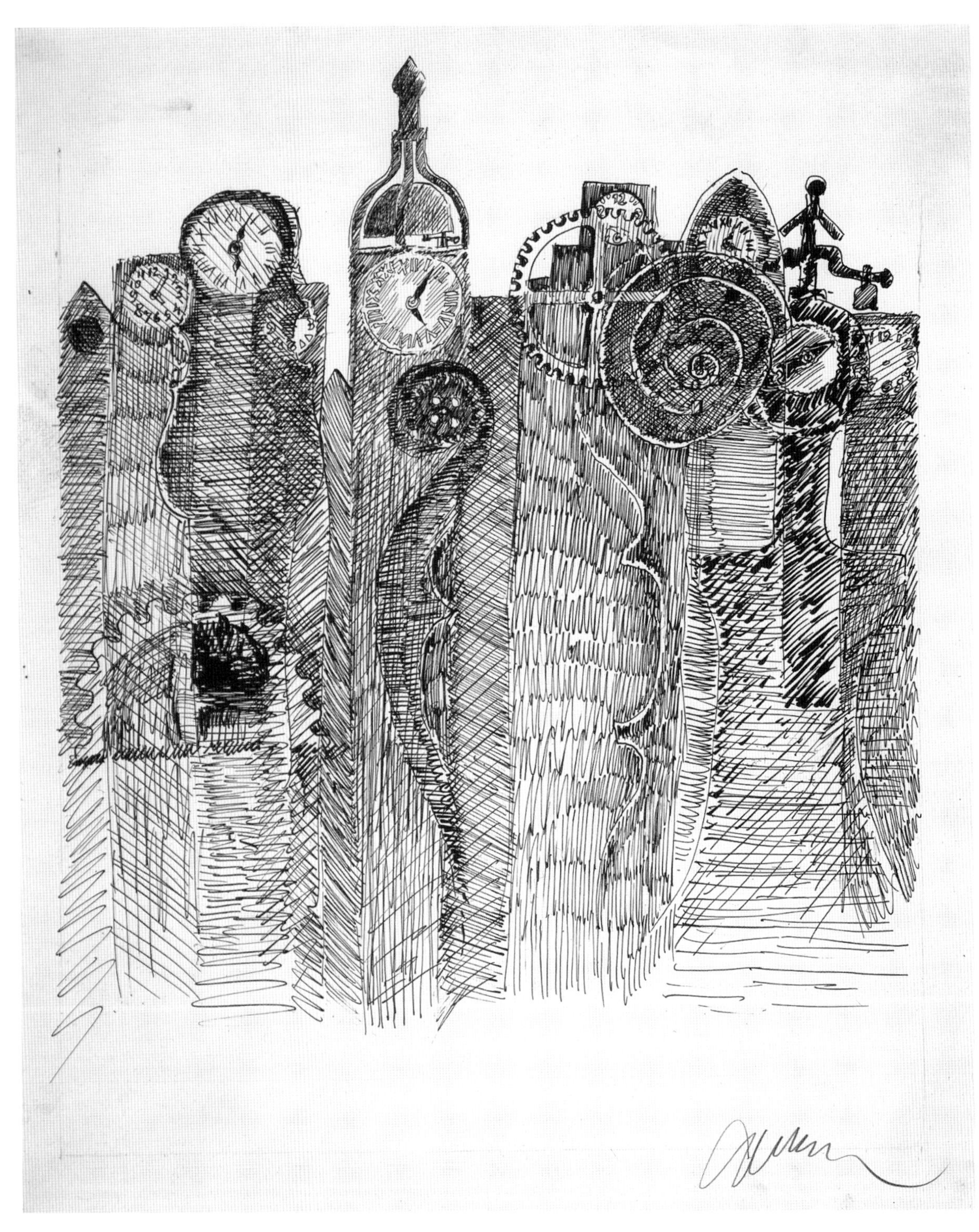

L´heure espagnole, 1985
Feder und Tusche auf Papier,
Pen and india ink on paper, 43 x 37,5 cm

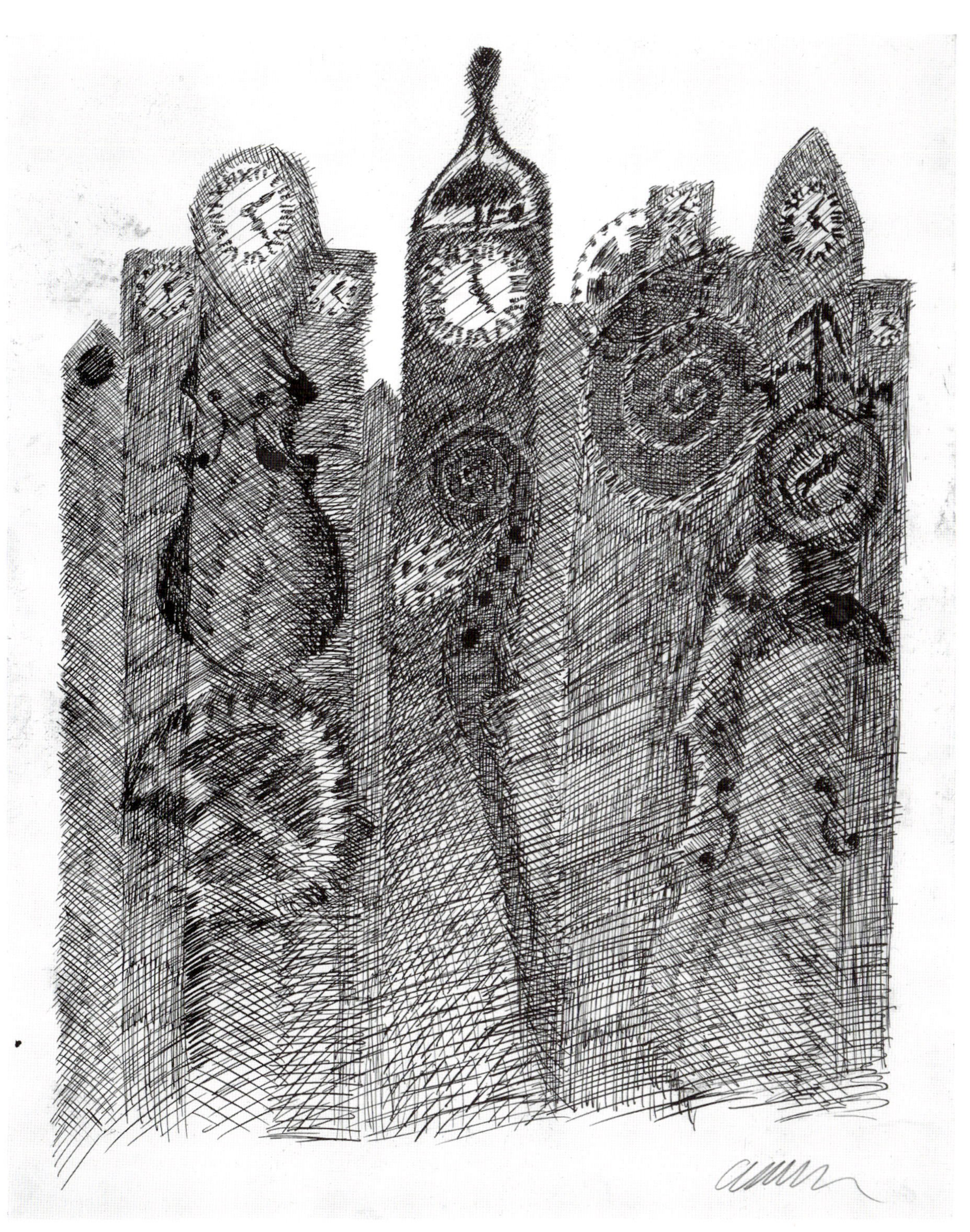

L'heure espagnole, 1985
Feder und Tusche auf Papier,
Pen and india ink on paper, 43 x 37,5 cm

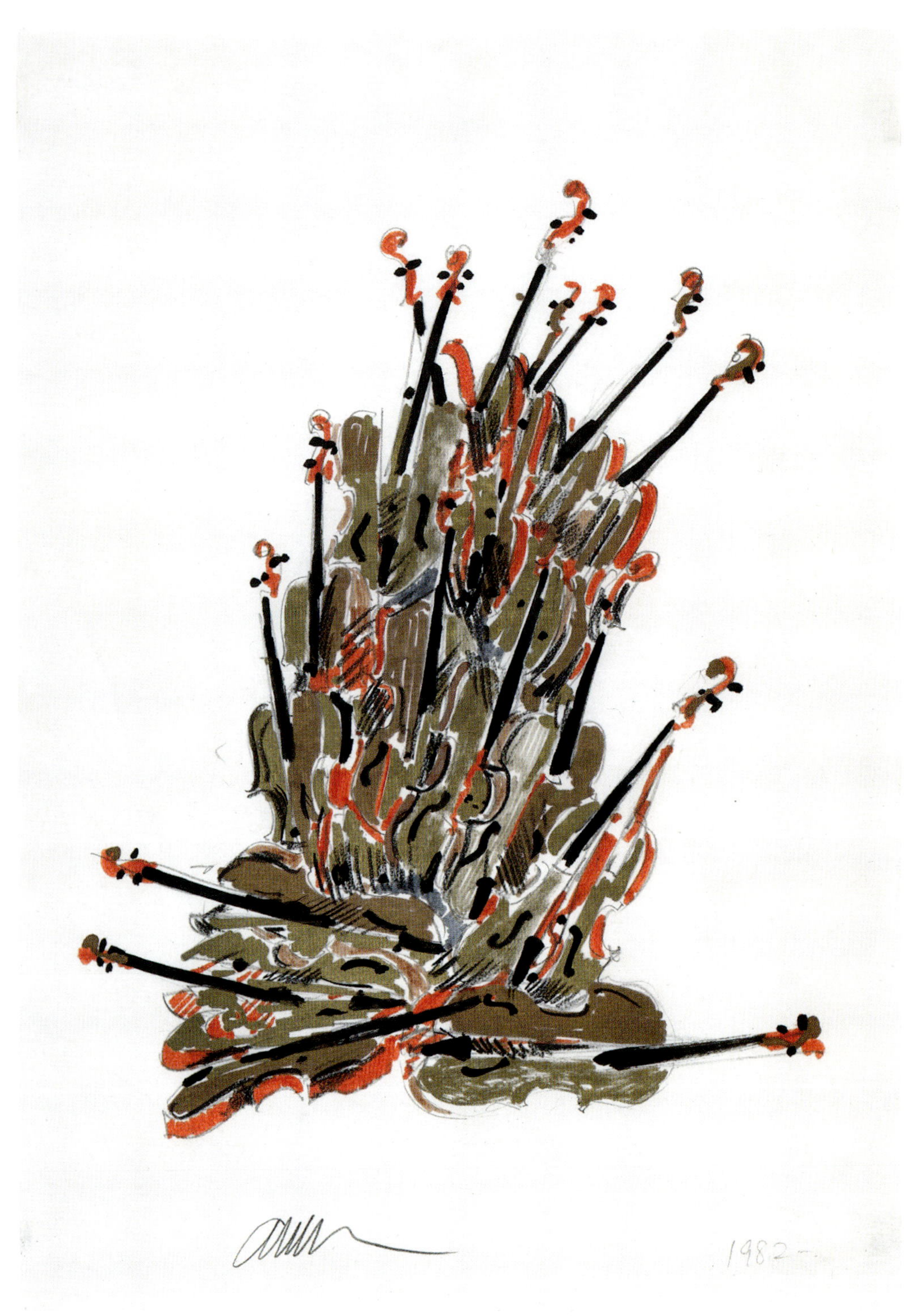

Violins (in 3 D), 1982
Filzstift und Farbstift auf Papier,
Marker and colored pencil on paper, 30 x 21 cm

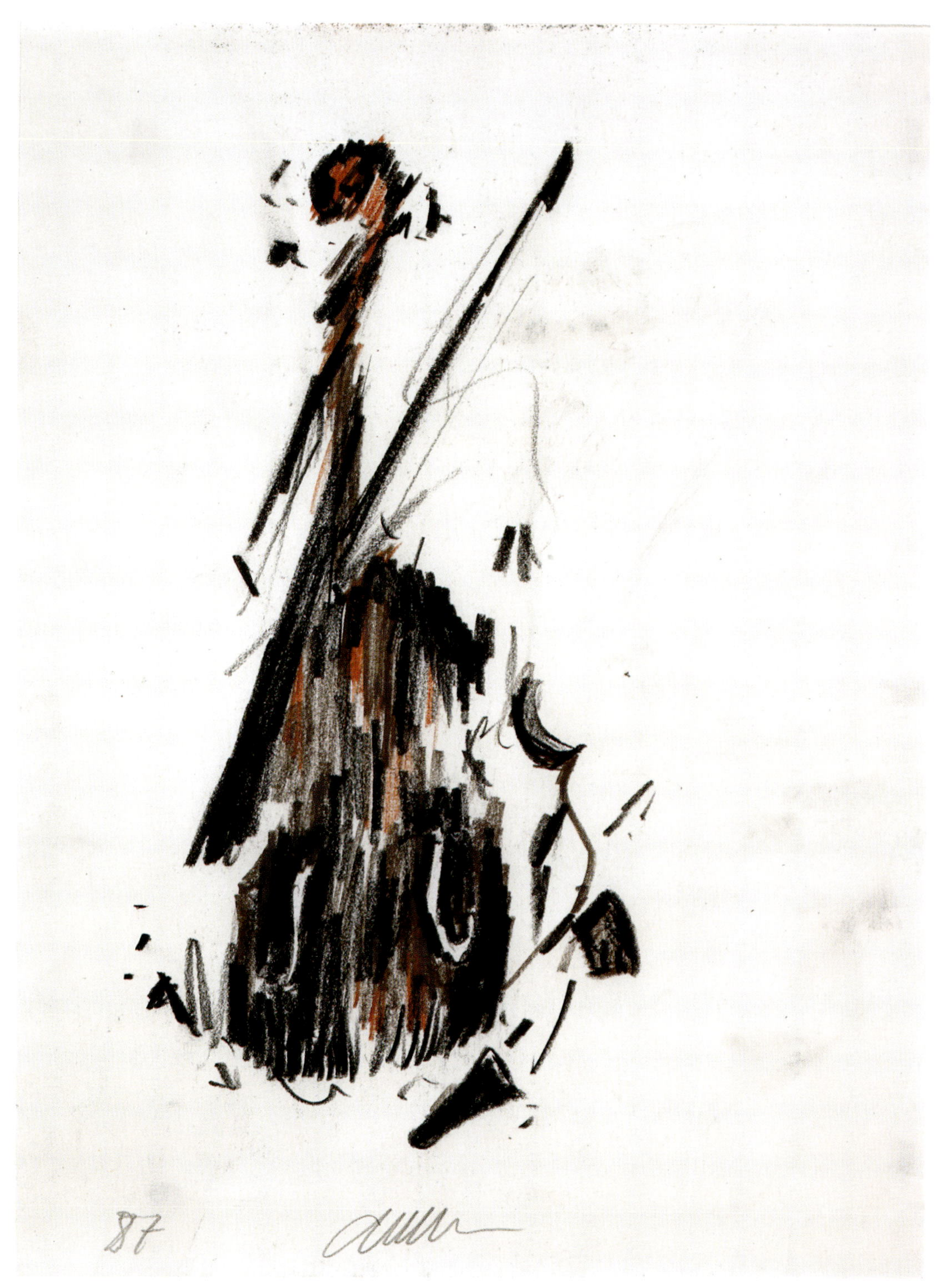

Vite, 1987
Buntstift und Bleistift auf Papier,
Crayon and pencil on paper, 32 x 24 cm

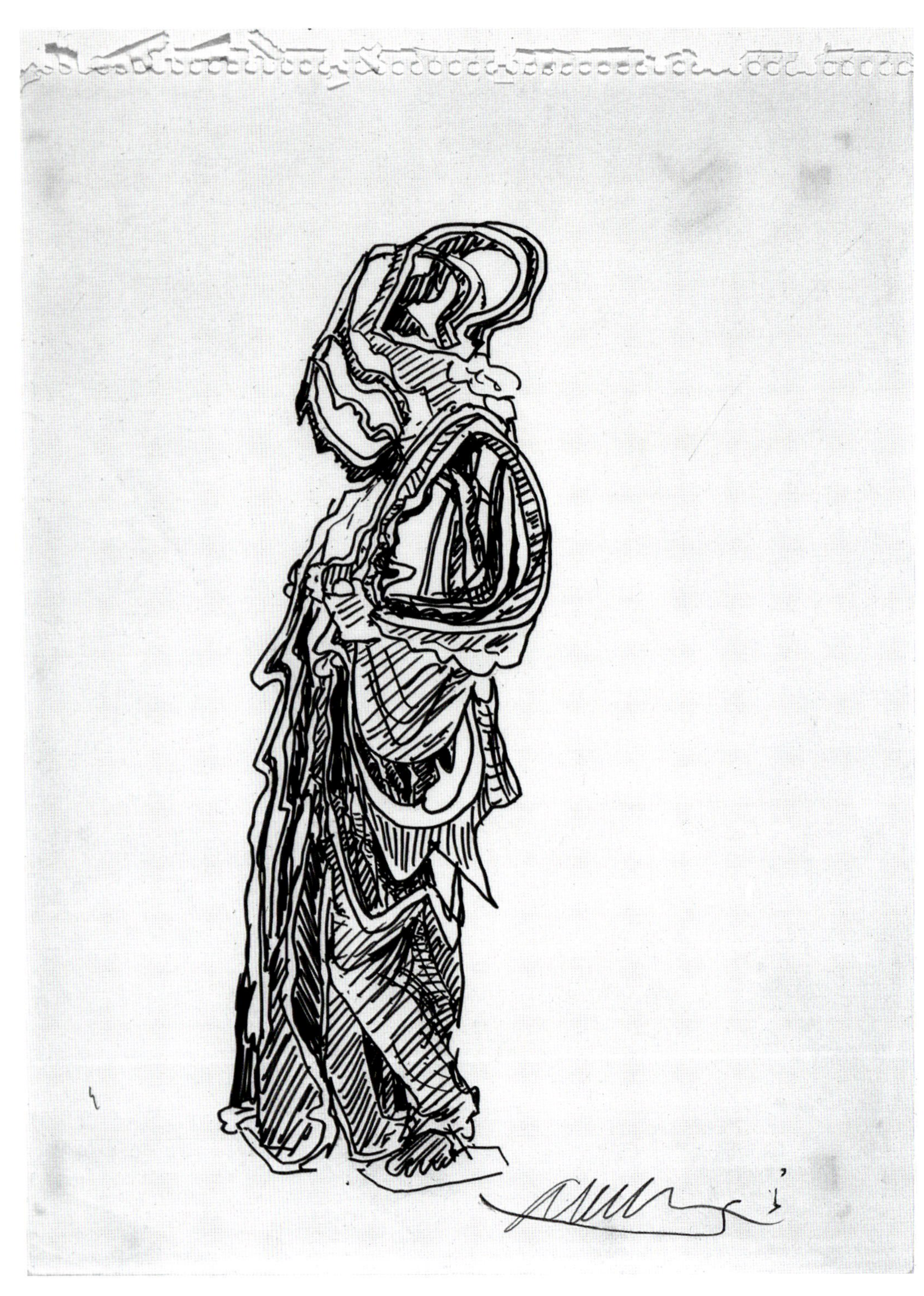

Minerva, 1986
Schwarzer Filzstift auf Papier,
Black marker on paper, 24 x 31,5 cm

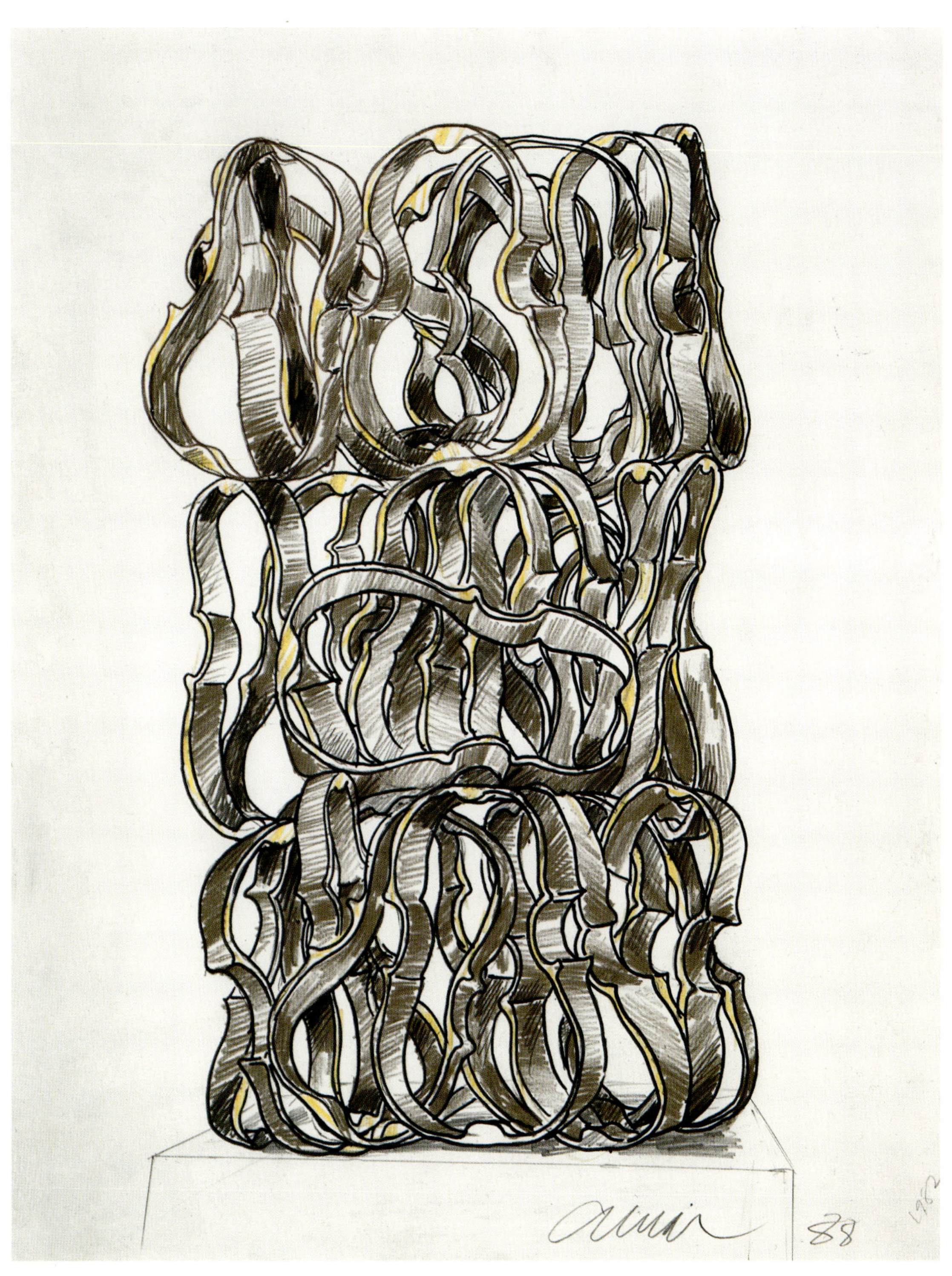

Entrelacs, 1988
Filzstift und Bleistift auf Papier,
Marker and pencil on paper, 30 x 38 cm

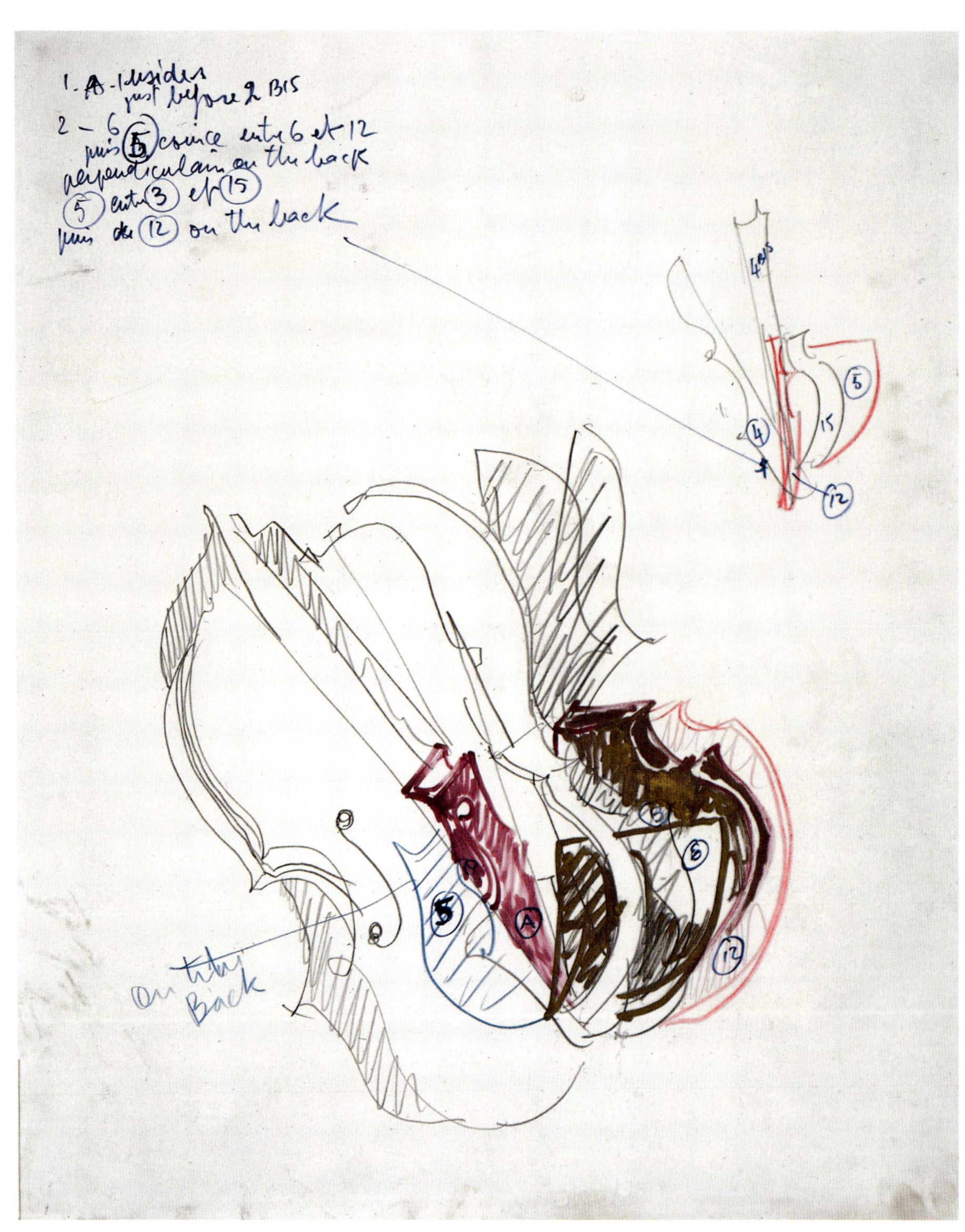

Plan de travail, 1987
Filzstift, Bleistift und Farbstift auf Papier,
Marker, pencil and colored pencil on paper, 43 x 38 cm

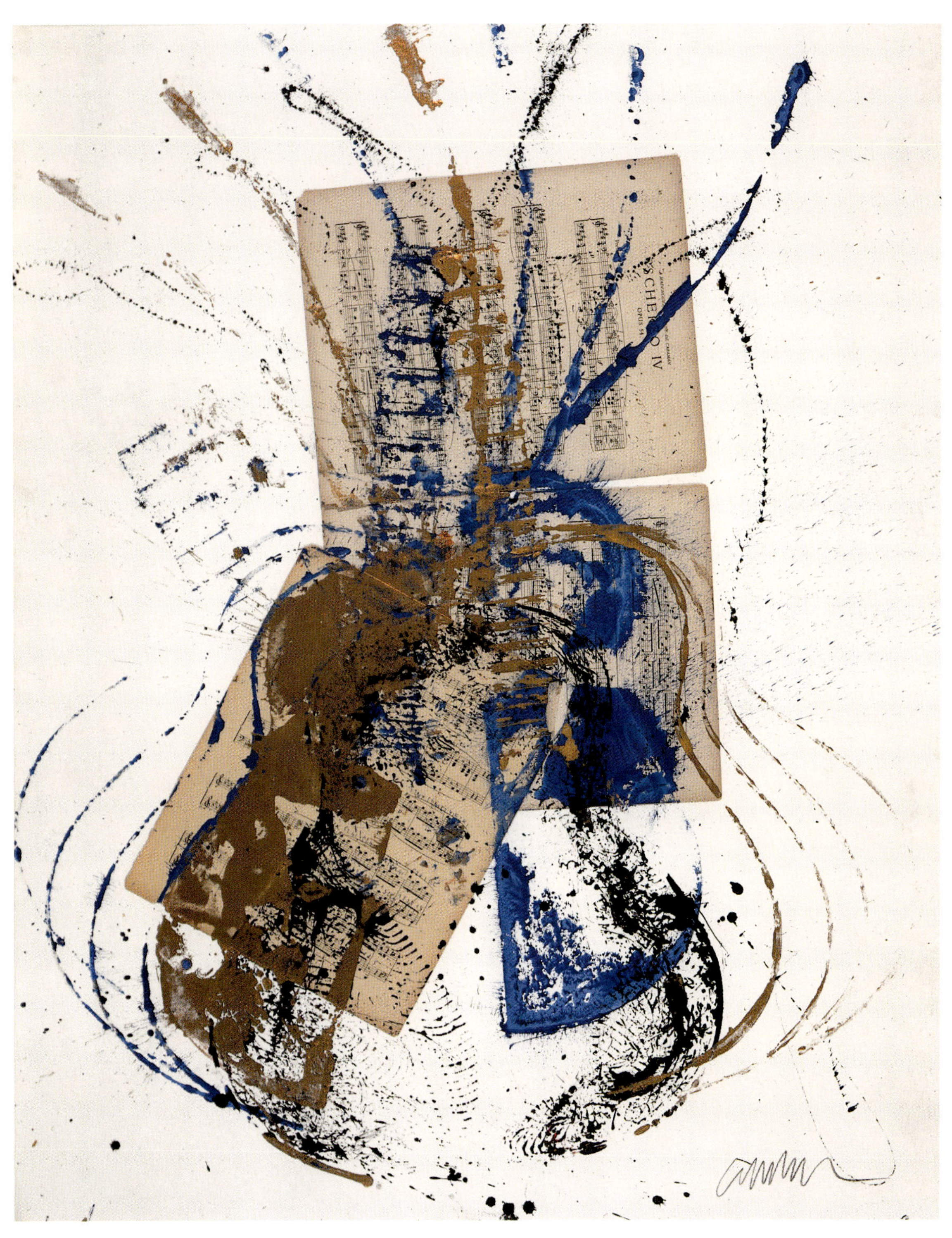

Musical, 1986
Abdrucke, Notenpapier und Farbe auf Papier,
Imprint, music paper and paint on paper, 100 x 80 cm

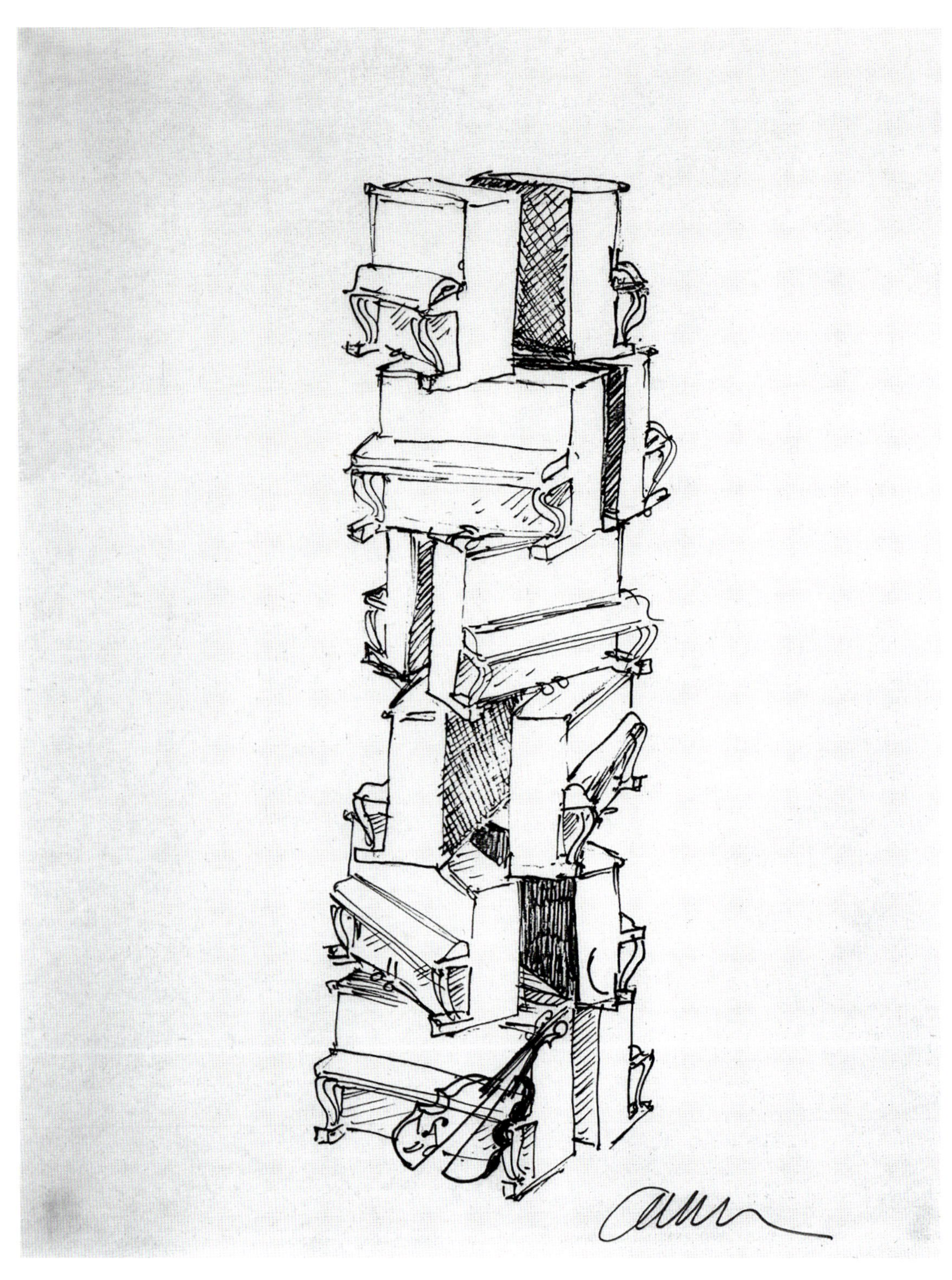

Osaka Project (Crescendo), 1989
Fotokopien und Feder auf Papier,
Photocopies, pen and ink on paper, 28 x 21,5 cm

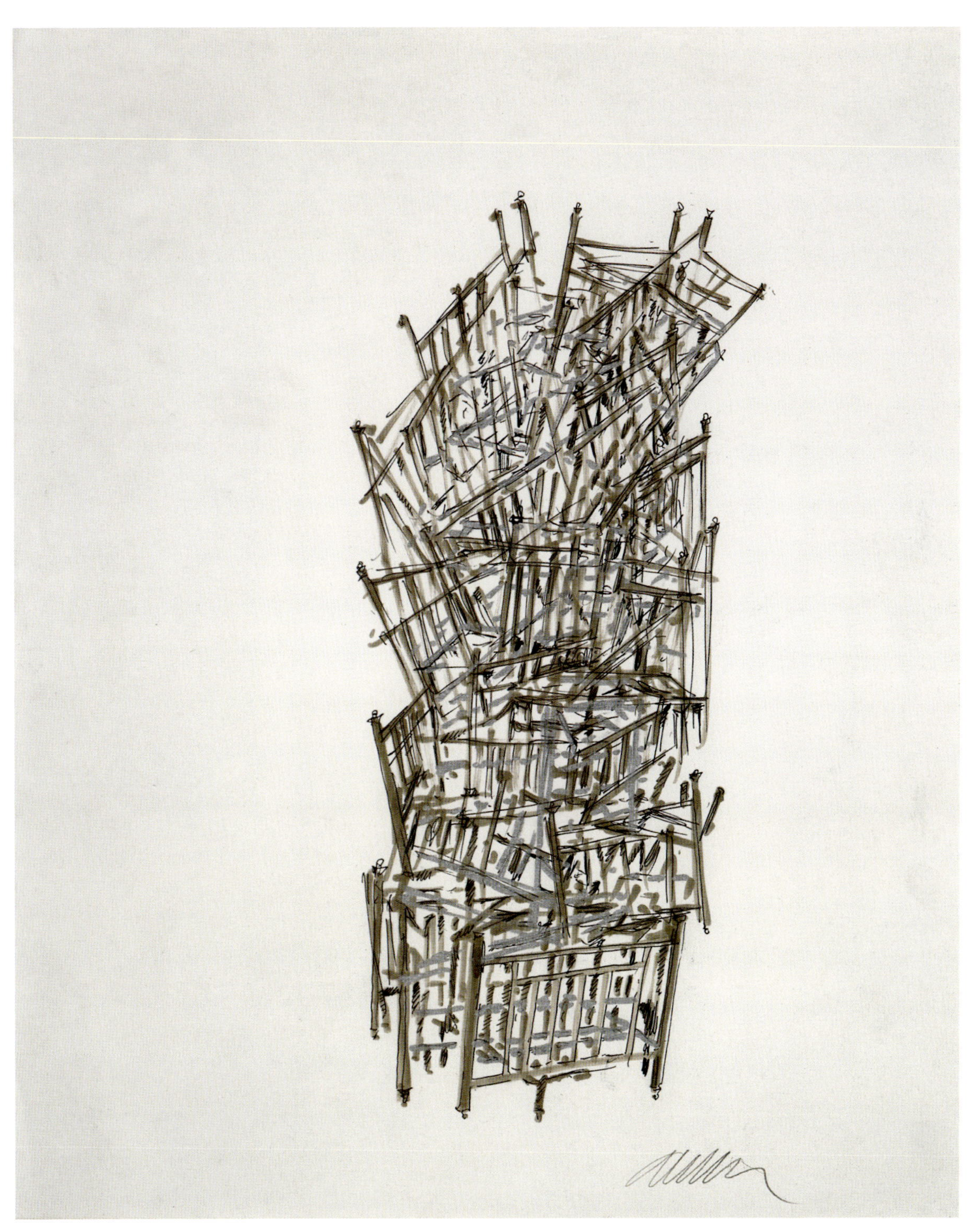

Delire spirale, 1989
Filzstift und Feder auf Papier,
Marker, pen and ink on paper, 43 x 38 cm

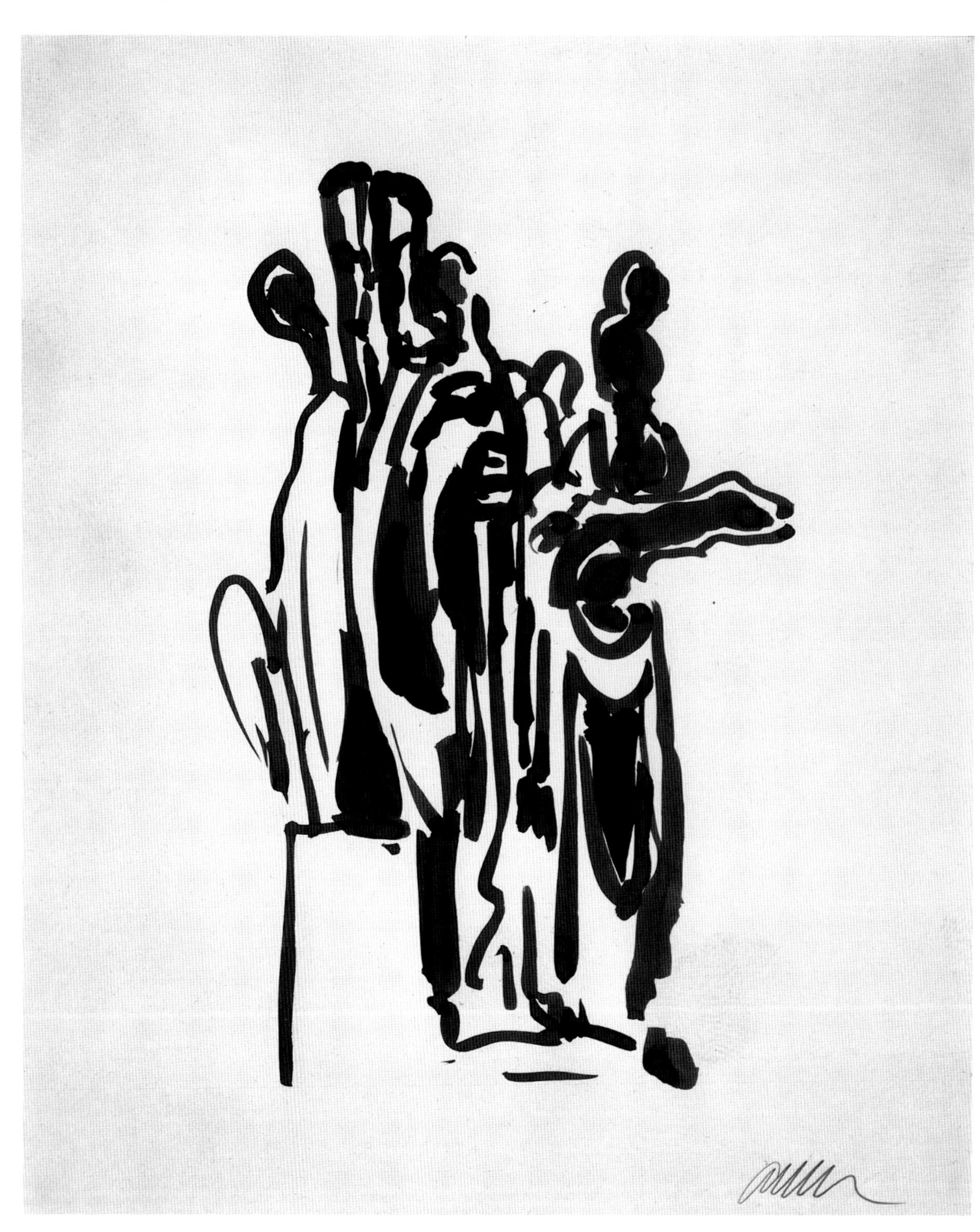

Plan for sculpture, 1987
Tusche auf Papier, laviert,
India ink wash on paper, 43 x 35,5 cm

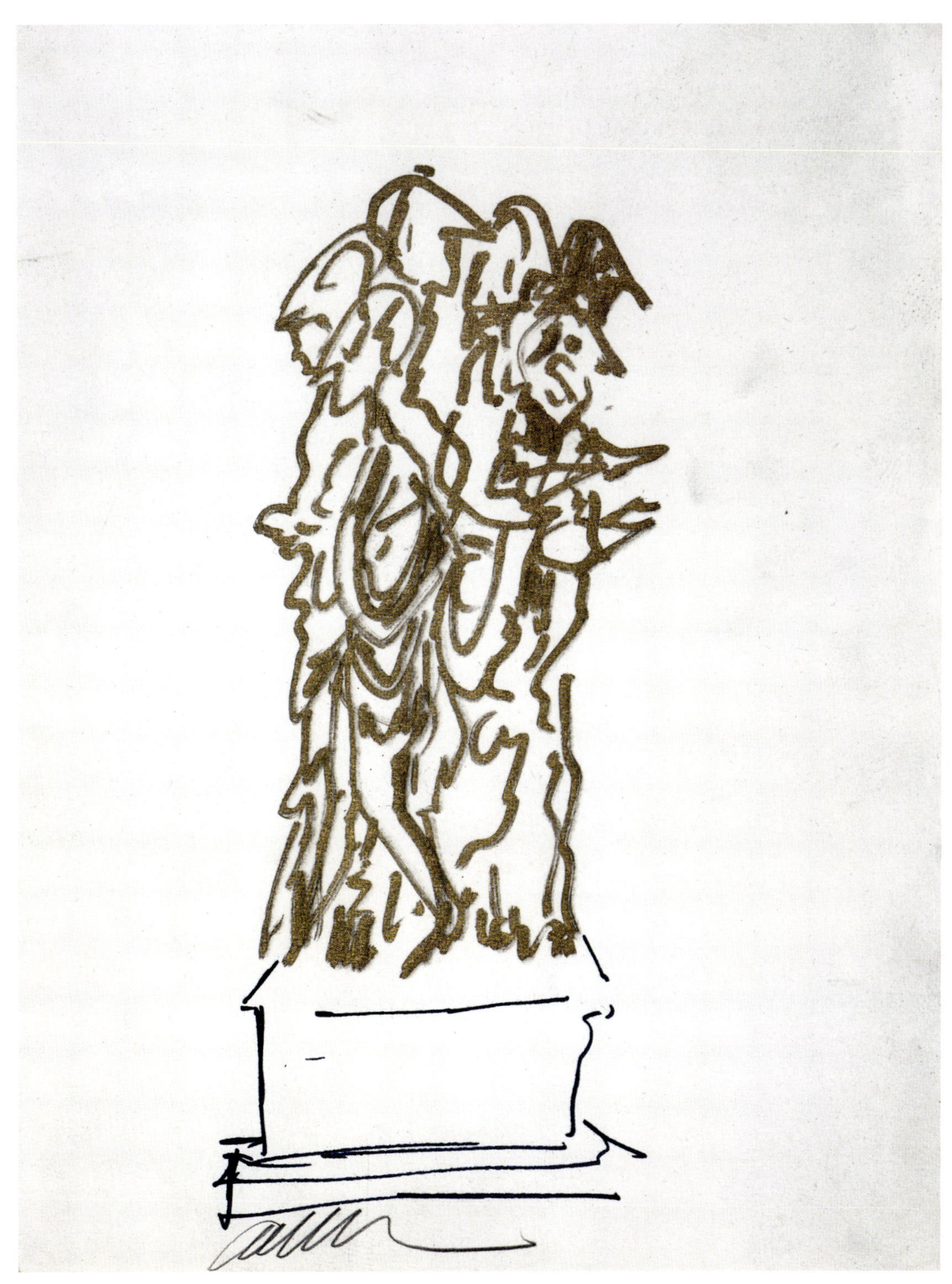

Étude sculpture (Universality of wisdom), 1989
Filzstift auf Papier,
Marker on paper, 24 x 32 cm

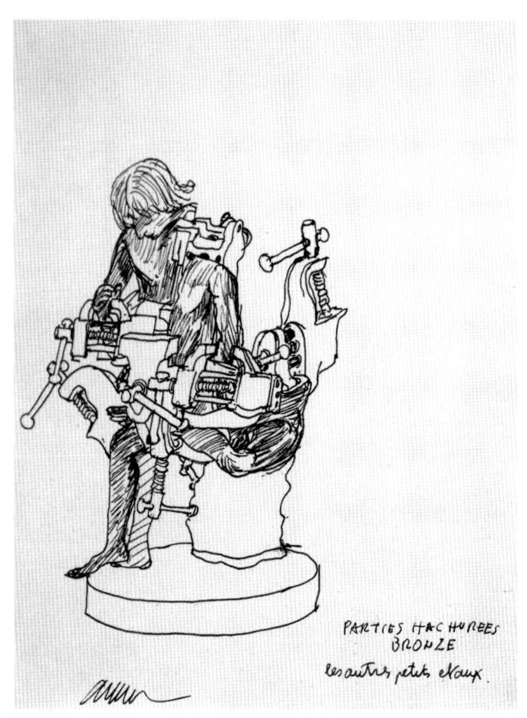

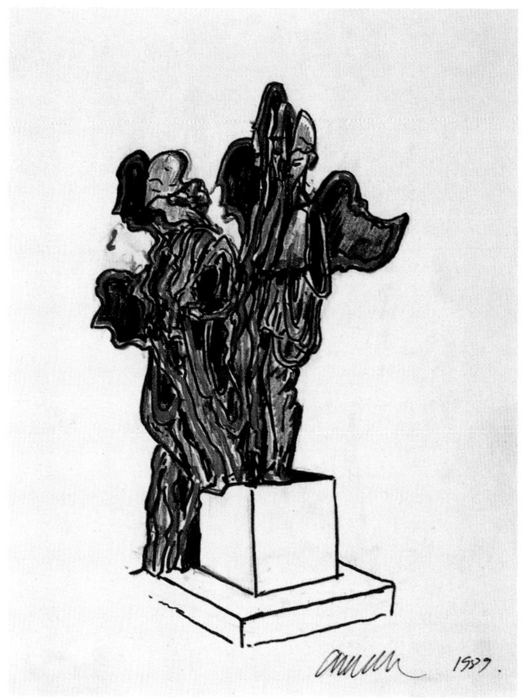

Embarasse, 1996
Feder auf Papier, Pen and ink on paper, 21 x 28 cm

Statues (Variation), 1989
Farbstift und Filzstift auf Papier,
Colored pencil and marker on paper, 30 x 21 cm

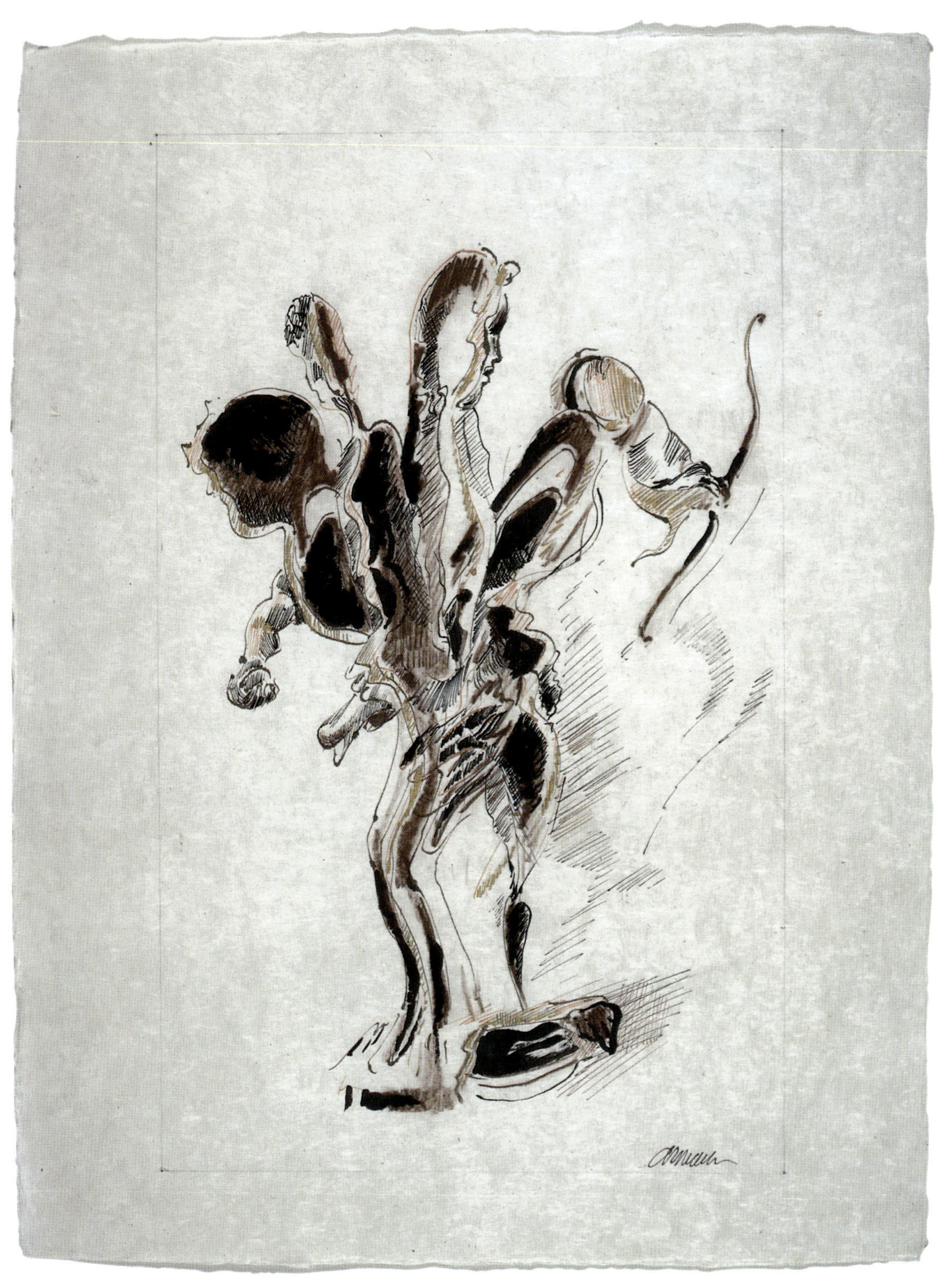

Classical drawing, 1990
Braune Tusche und Farbstift auf Papier,
Brown india ink and coloured pencil on paper, 66 x 52 cm

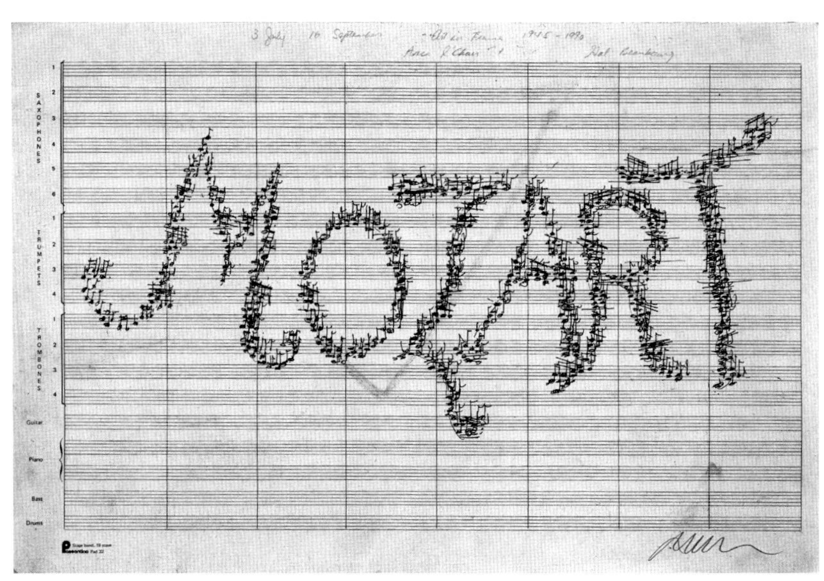

Wolfgang, 1991
Feder auf Notenpapier,
Pen and ink on music paper, 46 x 31 cm

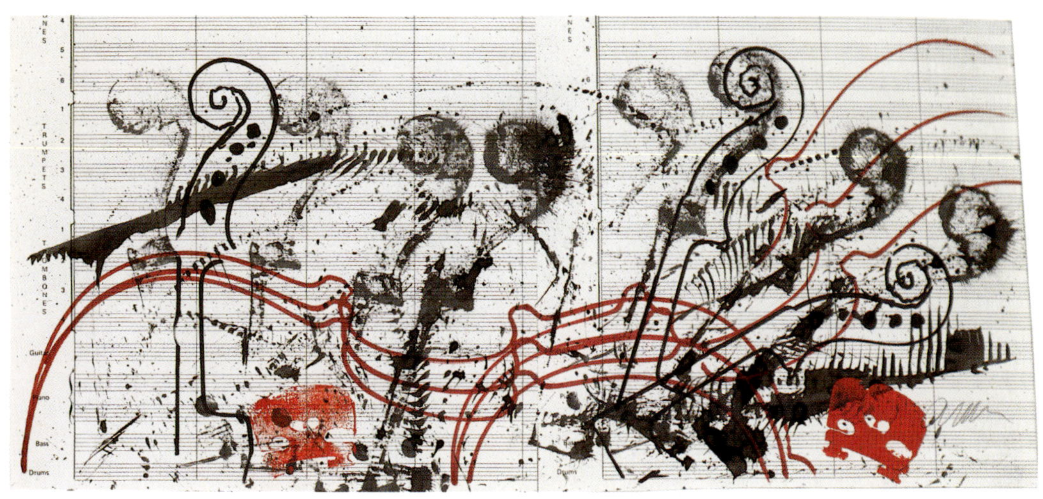

Extended, 1989
Abdruck, Gouache auf Notenpapier,
Imprint, gouache on music paper, 49 x 22 cm

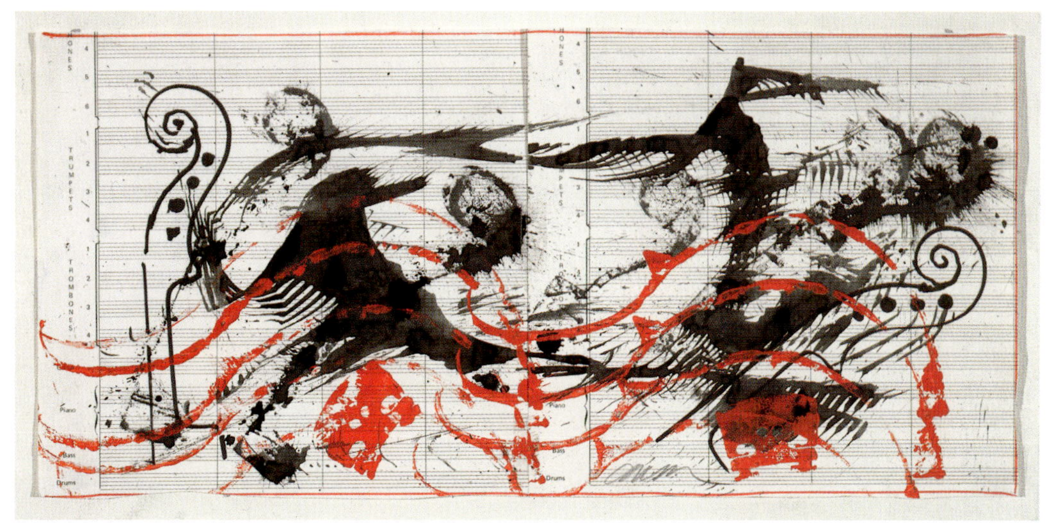

Sentinelle, 1989
Abdruck und Gouache, Tusche und Farbe auf Notenpapier,
Imprint and gouache, india ink and paint on music paper, 49 x 22 cm

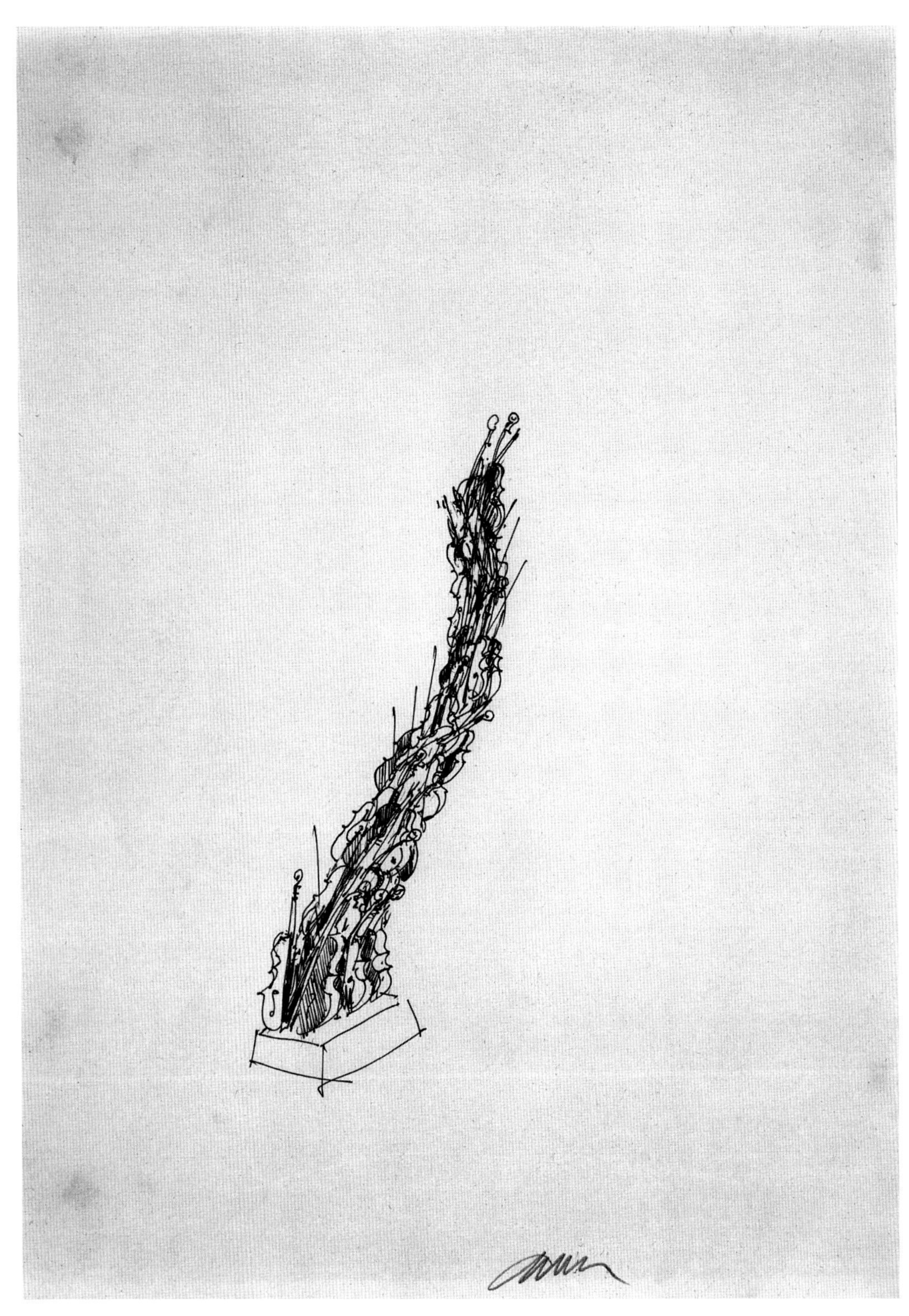

Sinuosité, 1990
Feder auf Papier,
Pen and ink on paper, 28,5 x 40 cm

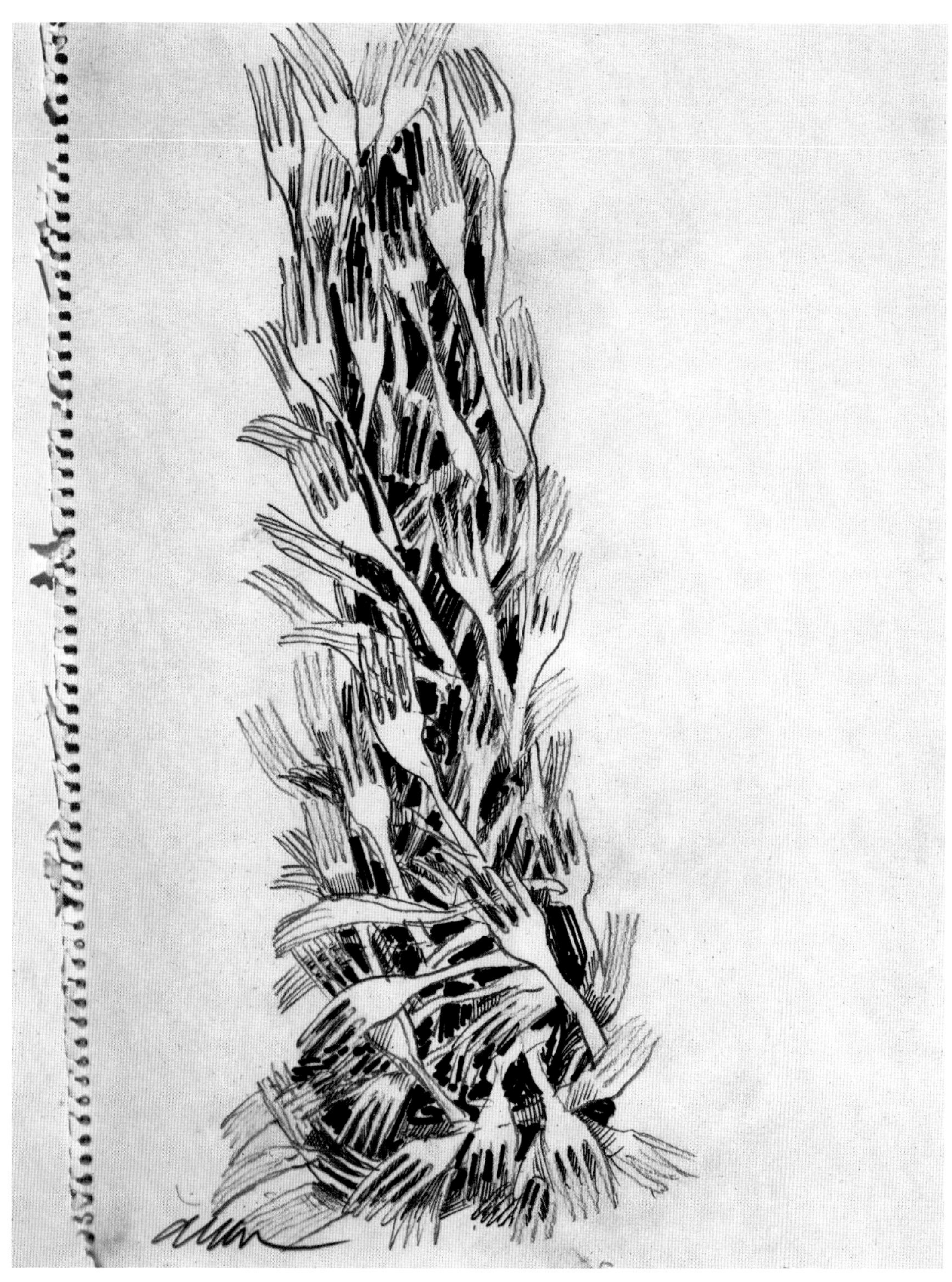

Les Gourmandes, 1991
Bleistift und Feder auf Einlageblatt,
Pencil, pen and ink on loose leaf paper, 32 x 23 cm

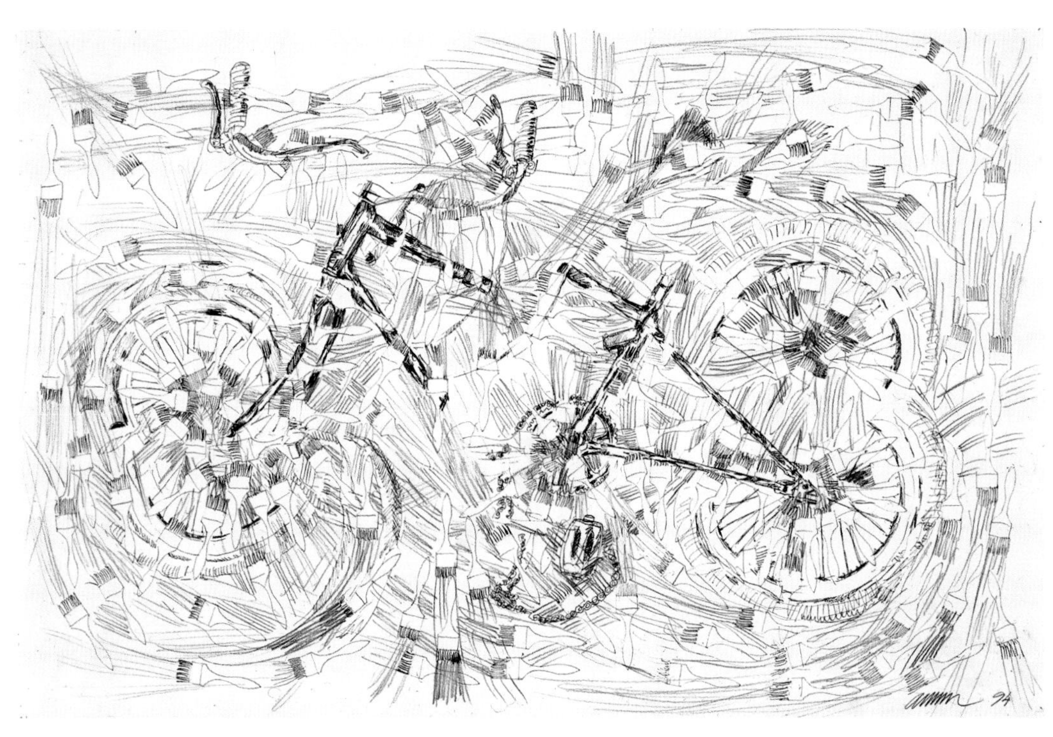

Before the race, 1994
Bleistift und Feder auf Papier,
Pencil, pen and ink on paper, 102 x 66 cm

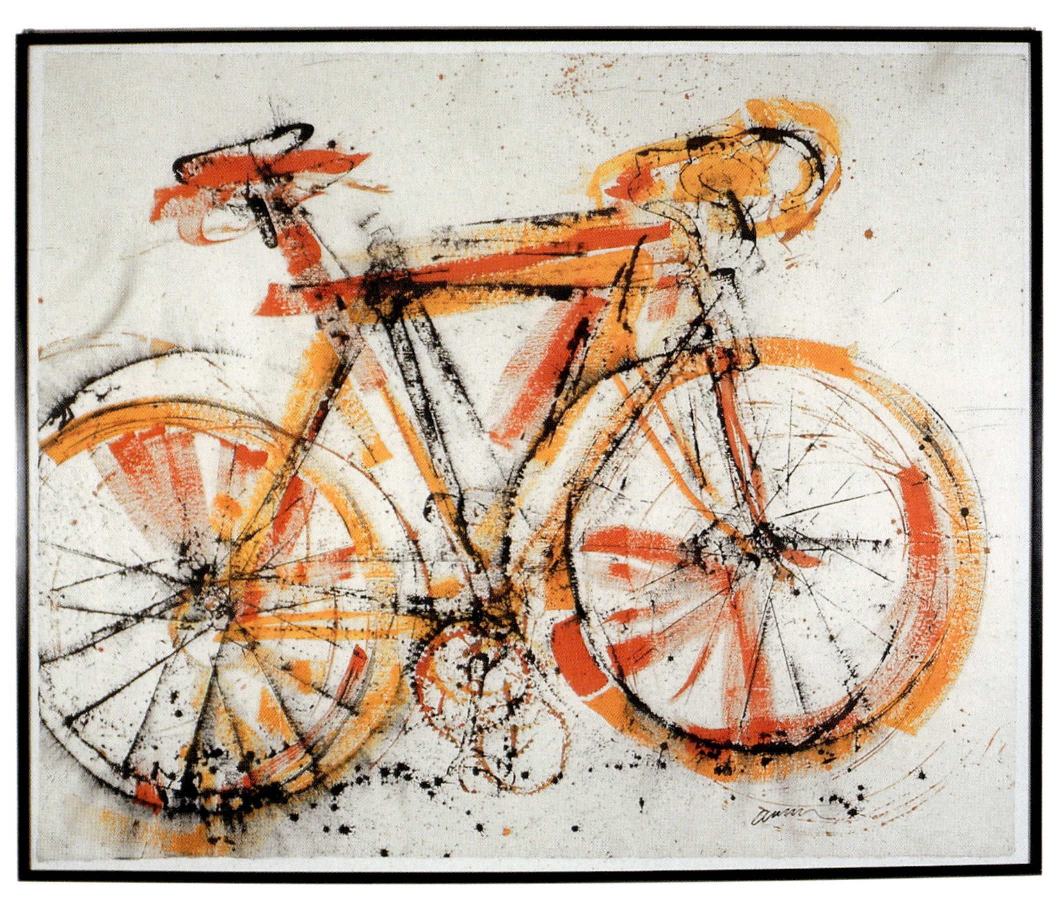

Decoupée, 1991/92
Gouache auf Papier,
Gouache on paper, 132 x 165 cm
Privatsammlung

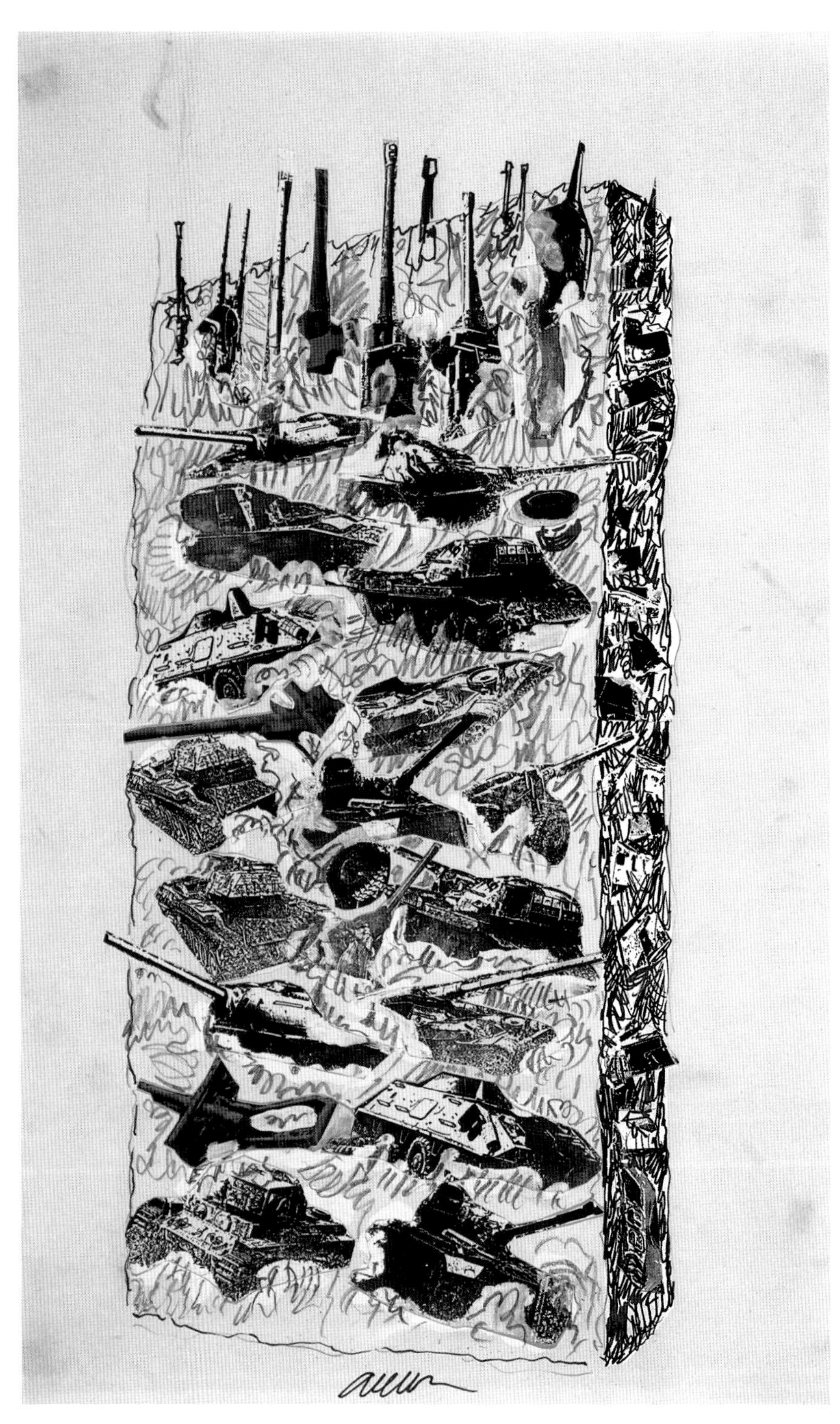

Hope for peace prospect I, 1994
Collage, Tusche und Filzstift auf Papier,
Collage, india ink and marker on paper, 35,5 x 21,5 cm

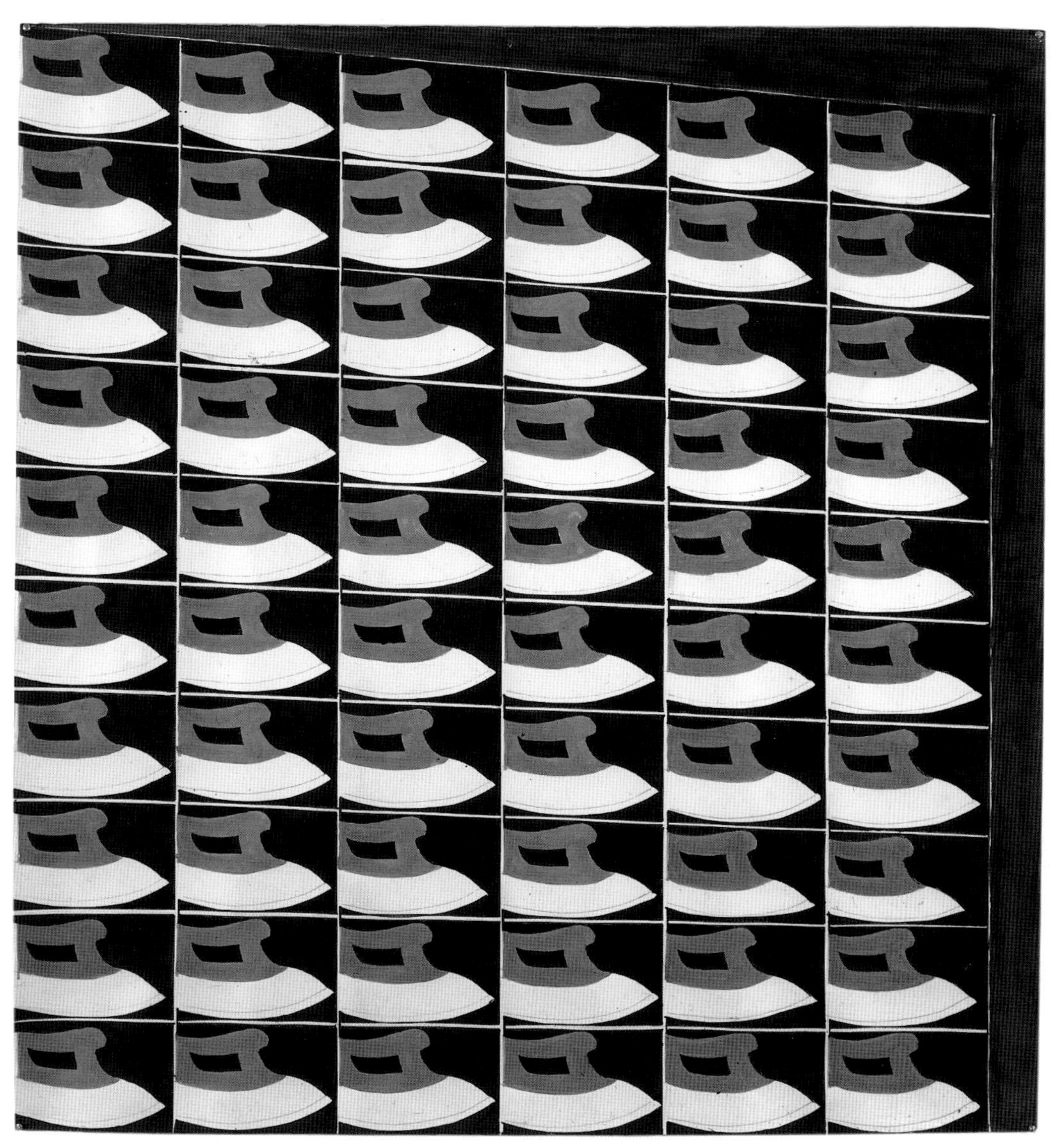

ohne Titel (untitled), 1992
Gouache, Kohle und Bleistift auf Mulberry-Papier,
Gouache, charcoal and pencil on mulberry paper, 151 x 144,8 cm

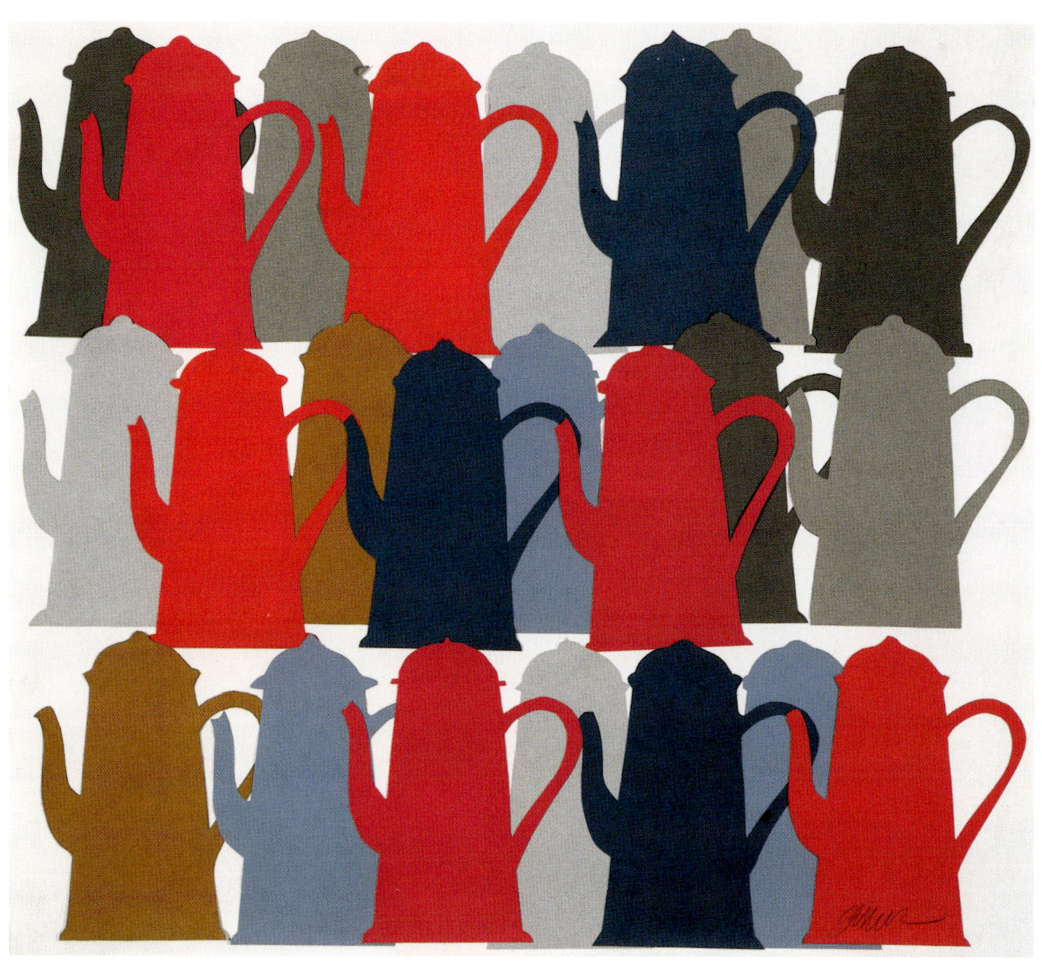

À la queue leu leu, 1994
Collage auf farbigem Millimeterpapier,
Collage on coloured construction paper, 84 x 74 cm

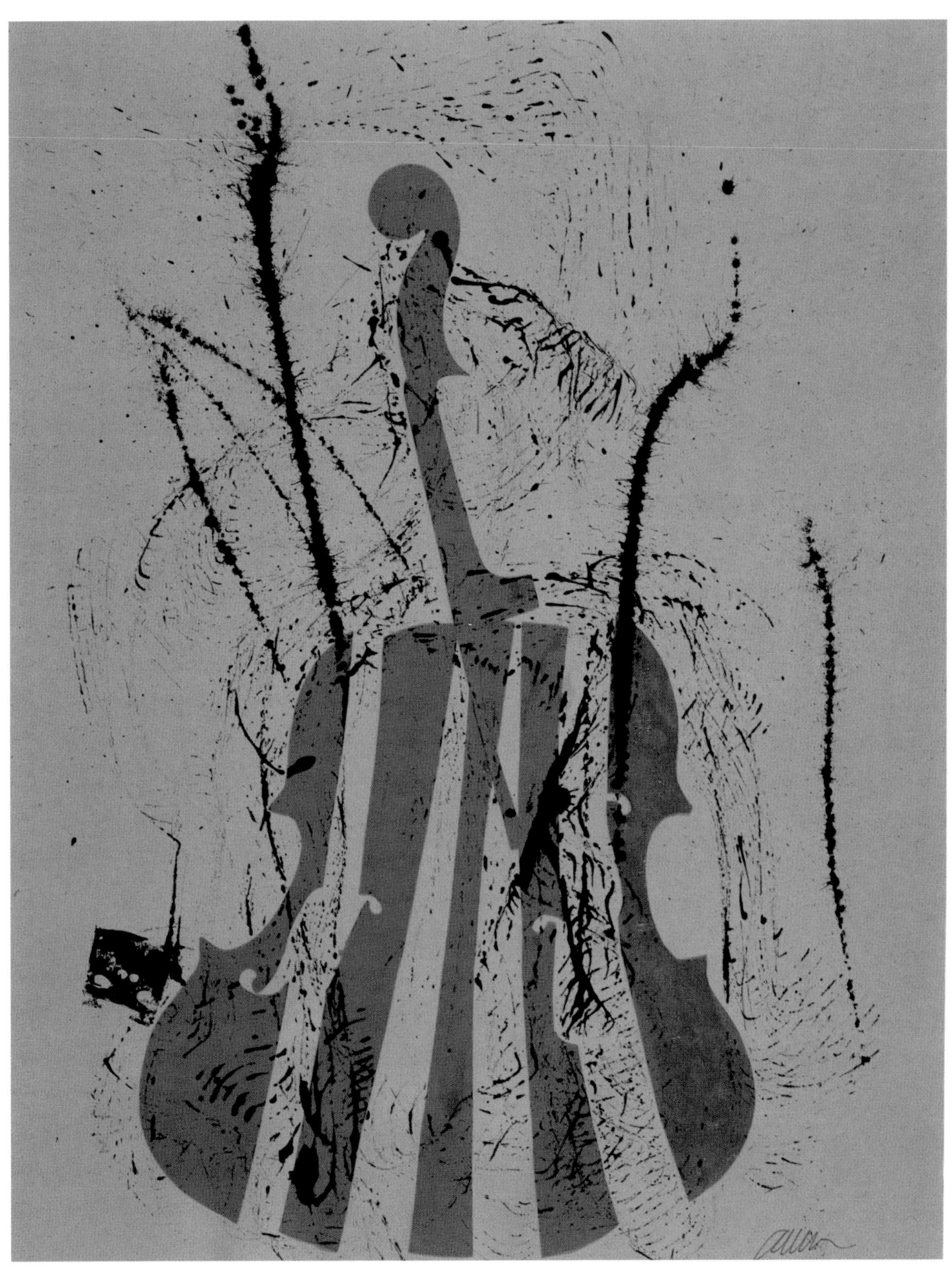

Slices, 1994
Collage und Tusche auf farbigem Papier,
Collage and india ink on colored paper, 65 x 50 cm

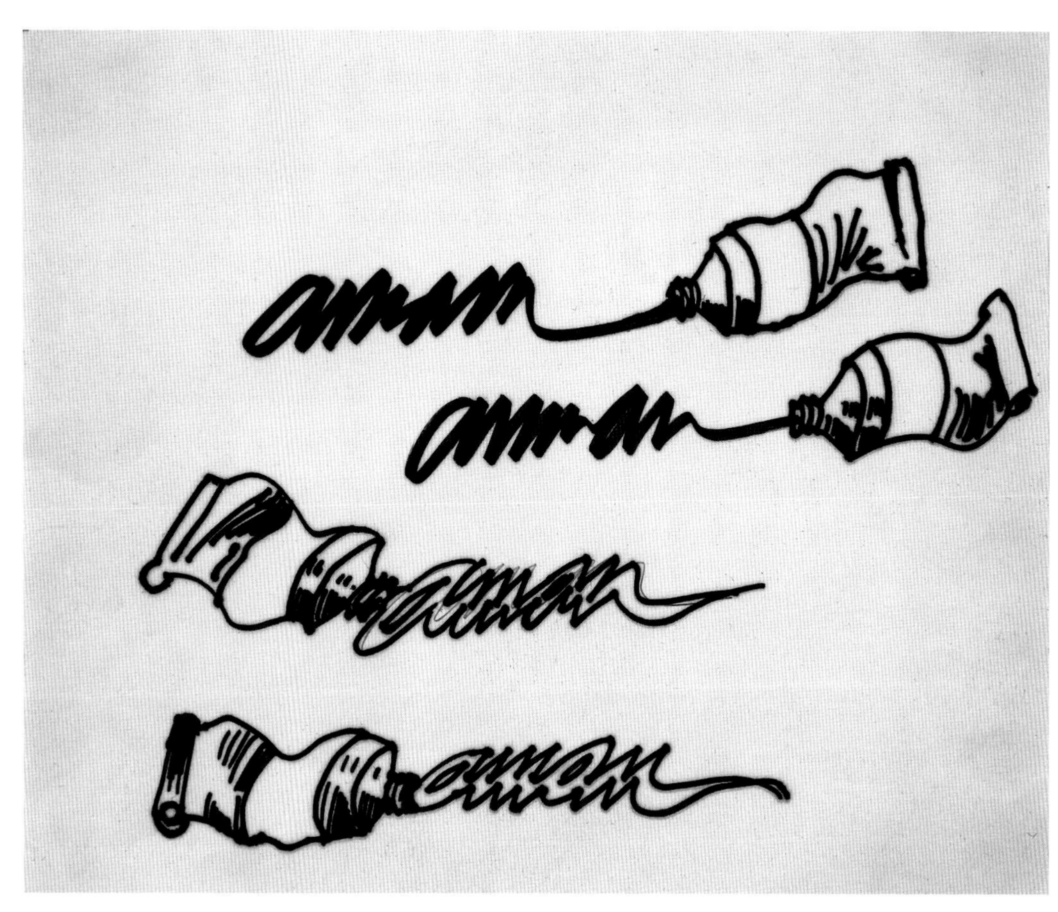

sans titre (painttubes), 1991
Marker und Feder auf Papier,
Marker and pen on paper, 43 x 35,5 cm

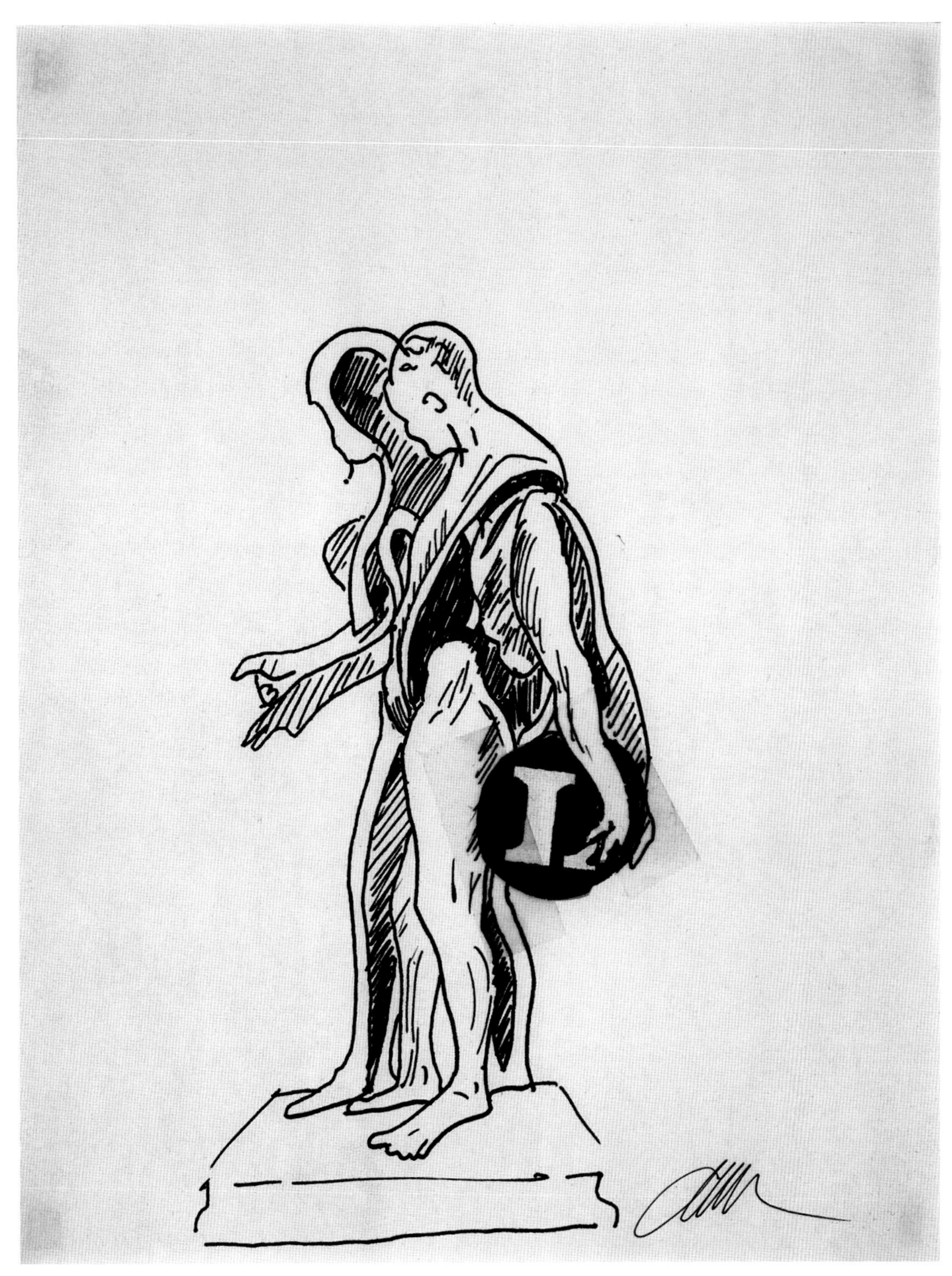

Leclebol, 1994
Tusche auf Papier,
India ink on paper, 28 x 21,5 cm

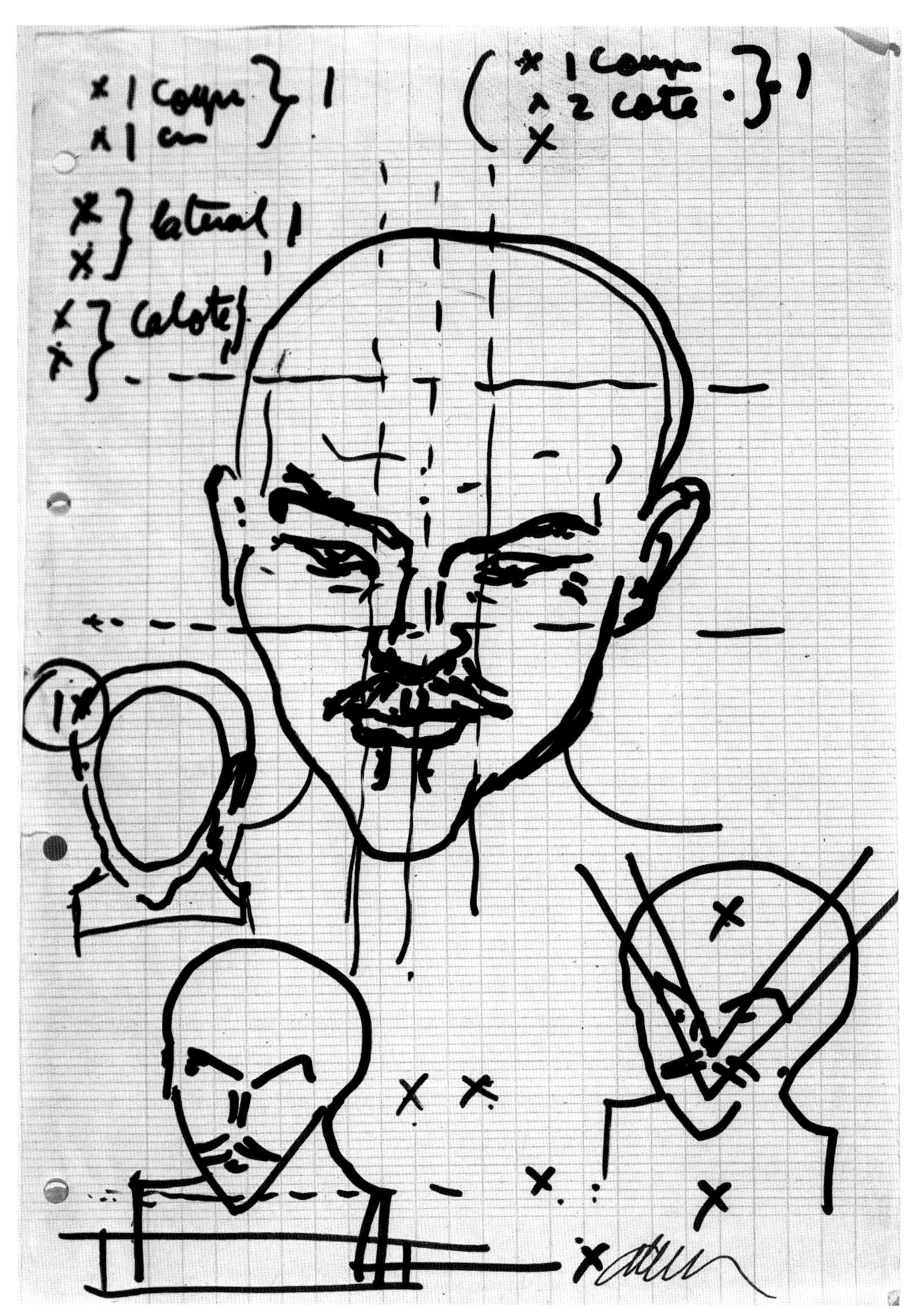

Plan for dialectic variations, 1992
Tusche auf Papier,
India ink on paper, 28 x 21,5 cm

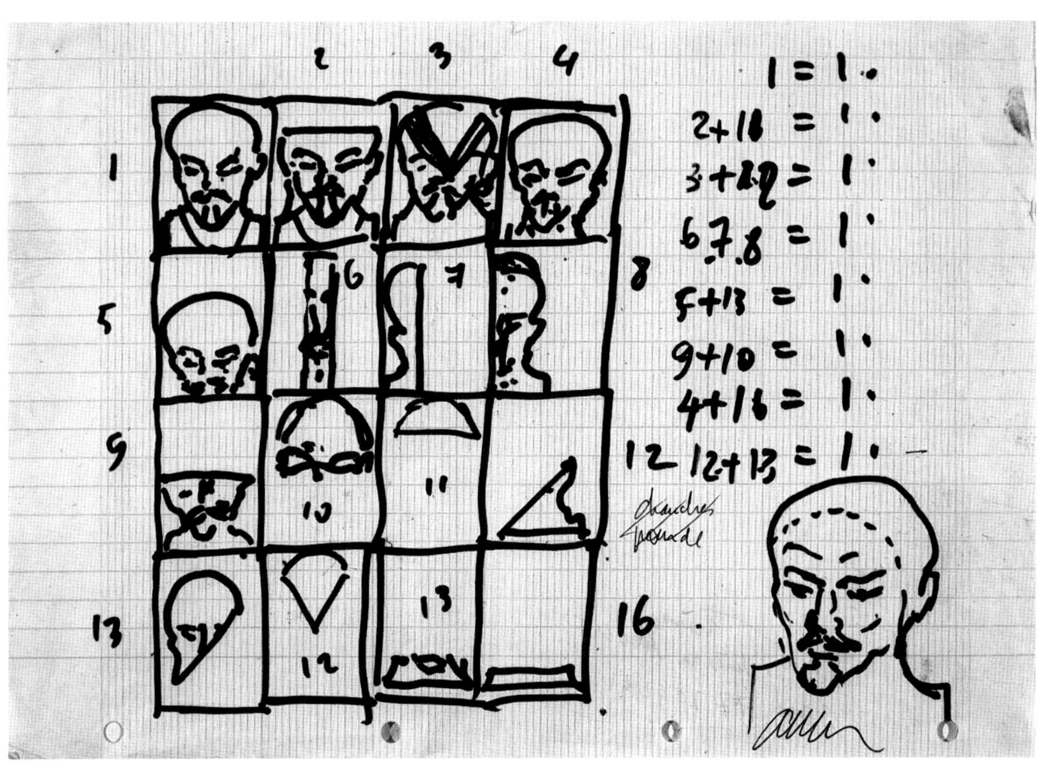

Plan for dialectic variations, 1992
Tusche auf Papier,
India ink on paper, 28 x 21,5 cm

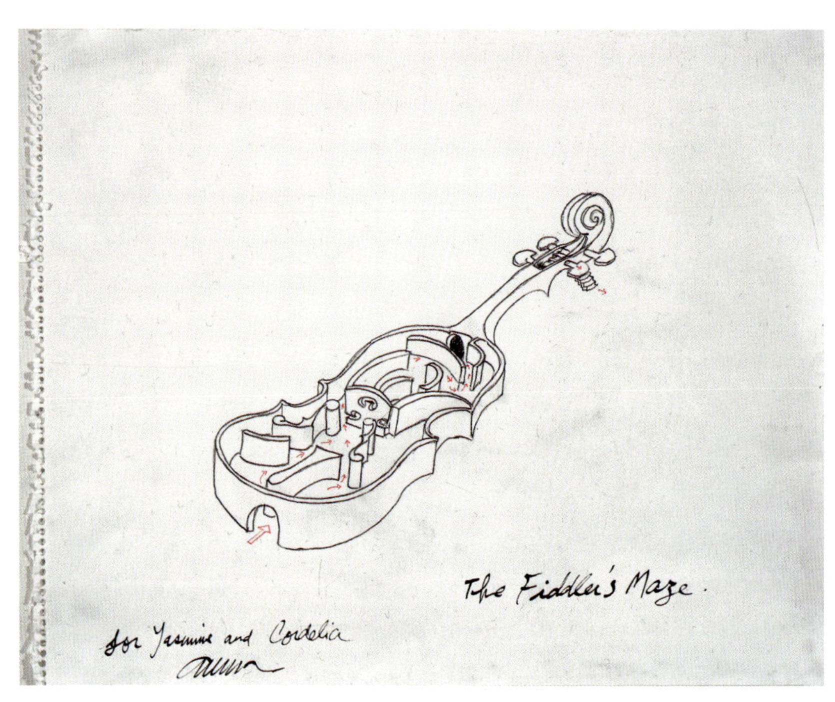

The fiddlers maze, 1992
Feder, Bleistift und Filzstift auf Papier,
Pen and ink, pencil and red marker on paper, 40 x 32,5 cm

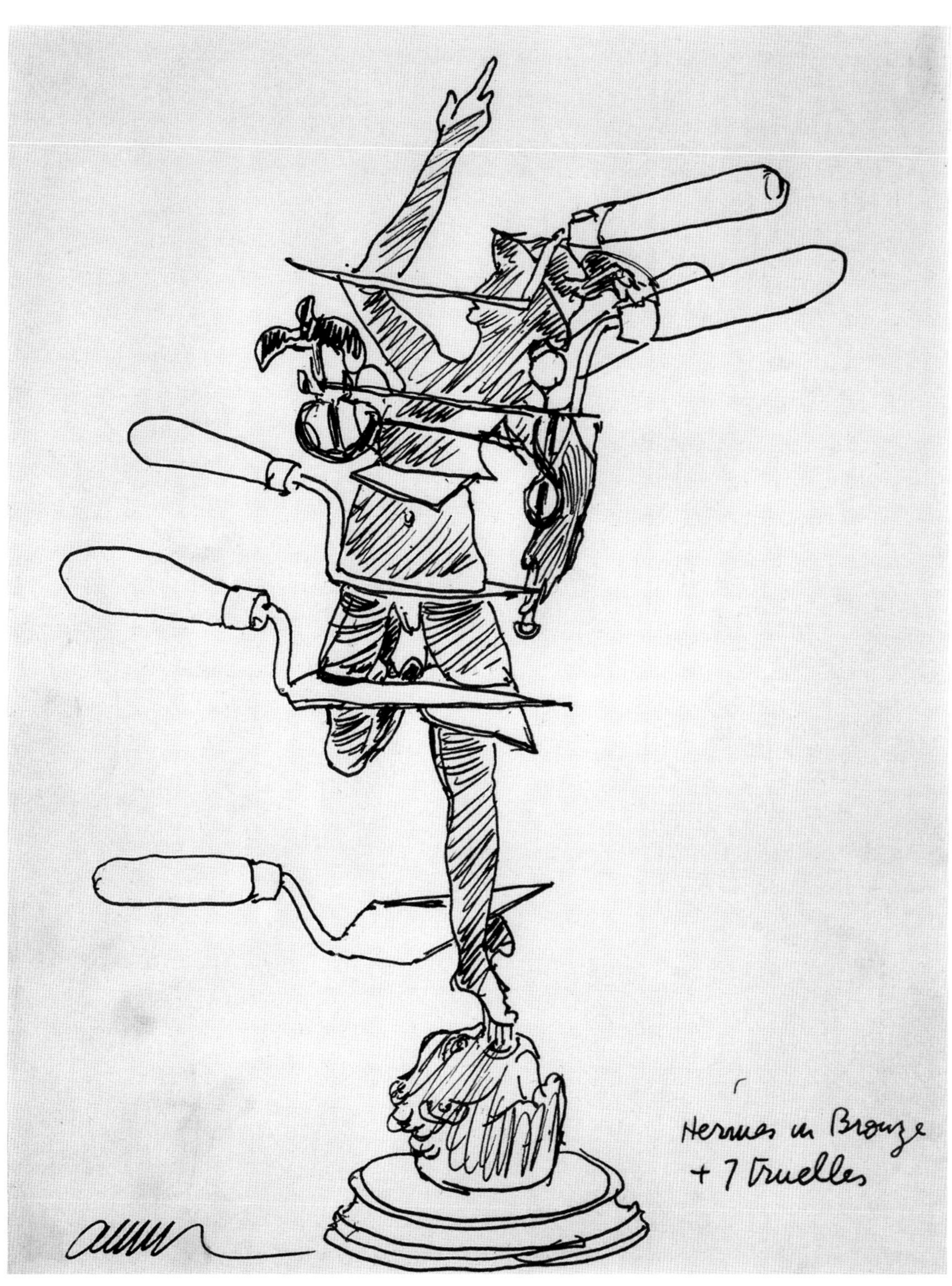

Hermes en bronze, 1996
Feder auf Papier,
Pen and ink on paper, 28 x 21,5 cm

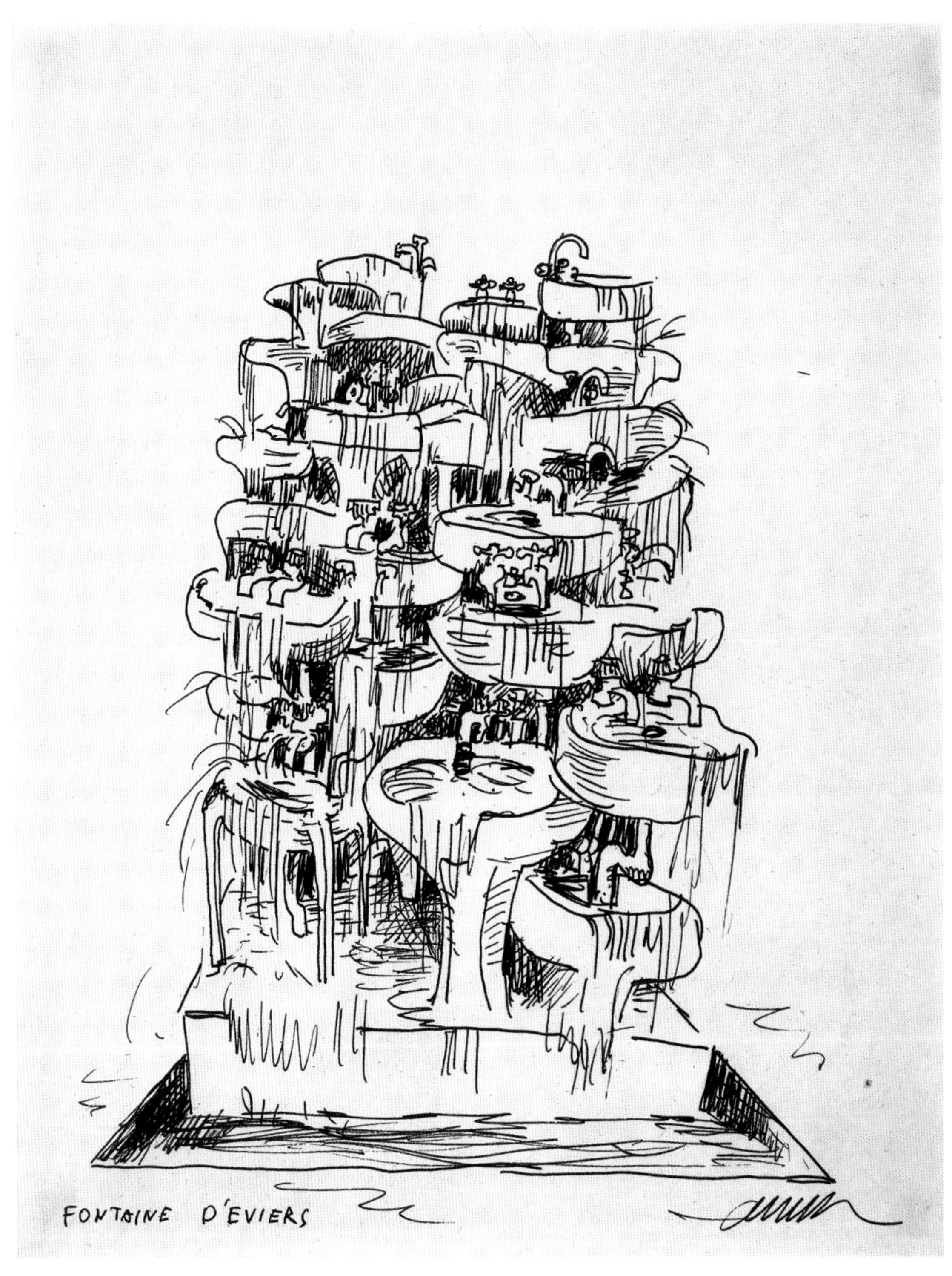

Fontaine Toto, 1996
Tusche auf Papier,
India ink on paper, 28 x 21,5 cm

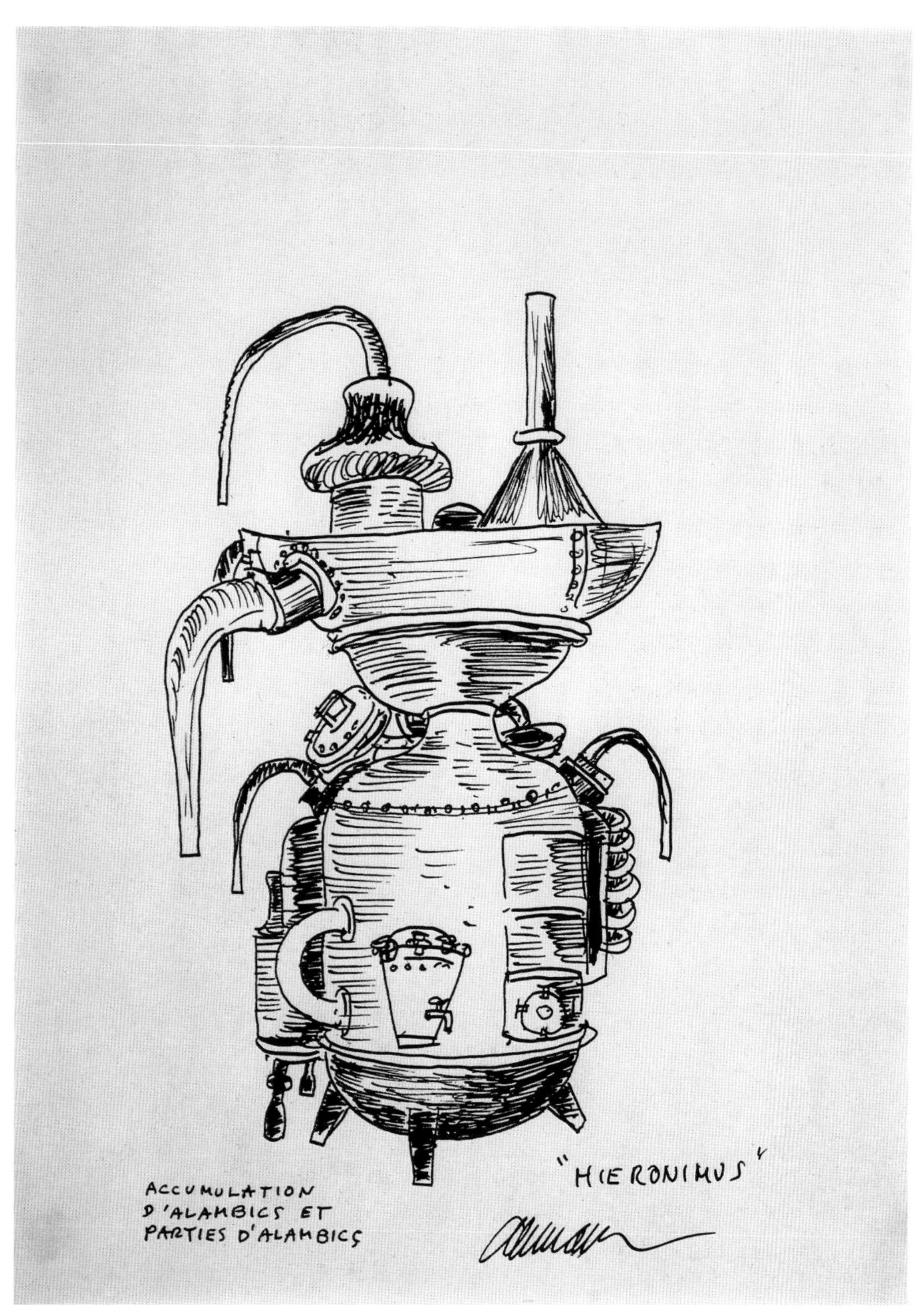

Captain Nemo, 1996
Tusche auf Papier,
India ink on paper, 28 x 21,5 cm

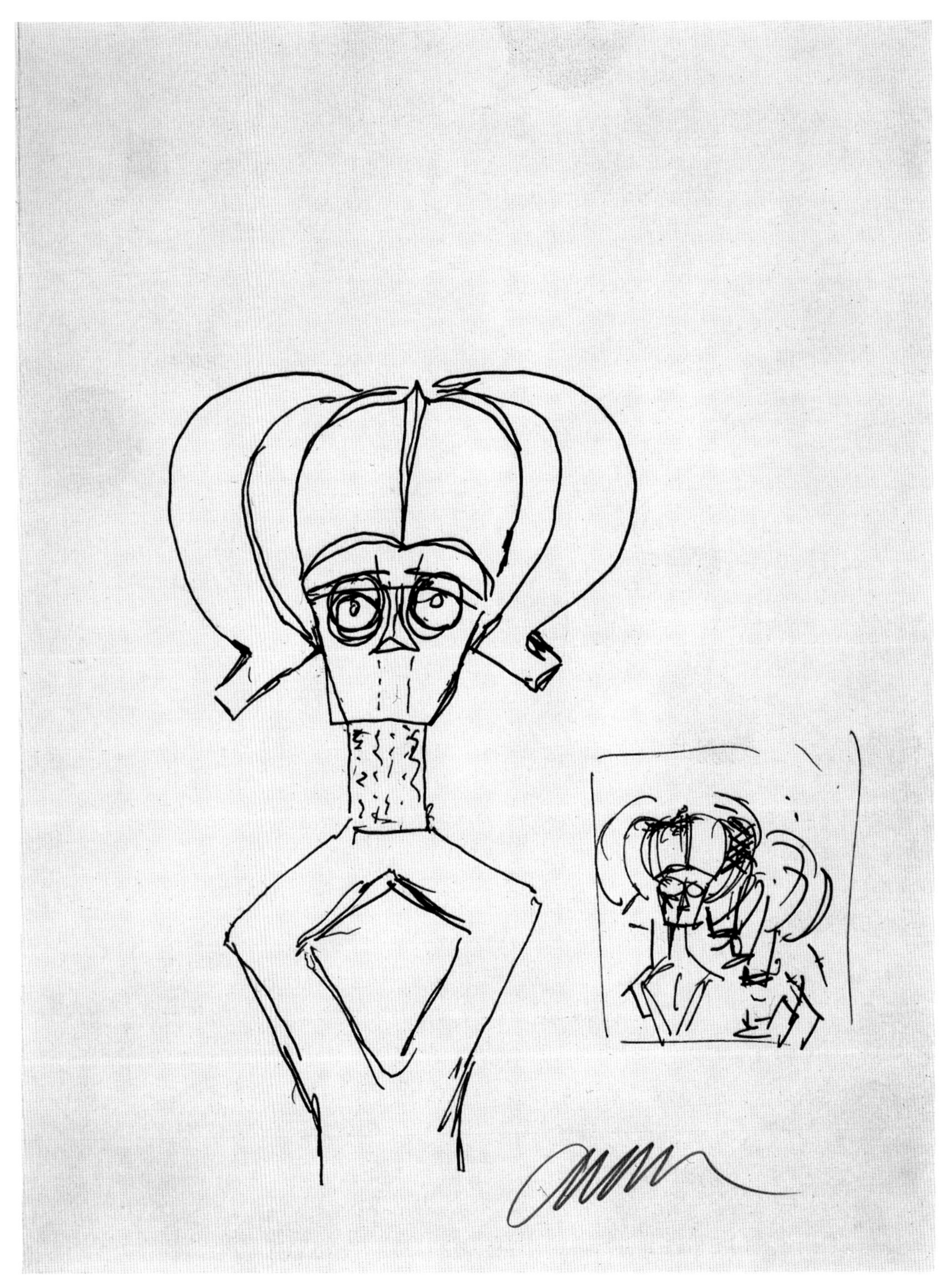

Etude, 1997
Tusche auf Papier,
India ink on paper, 32 x 24 cm

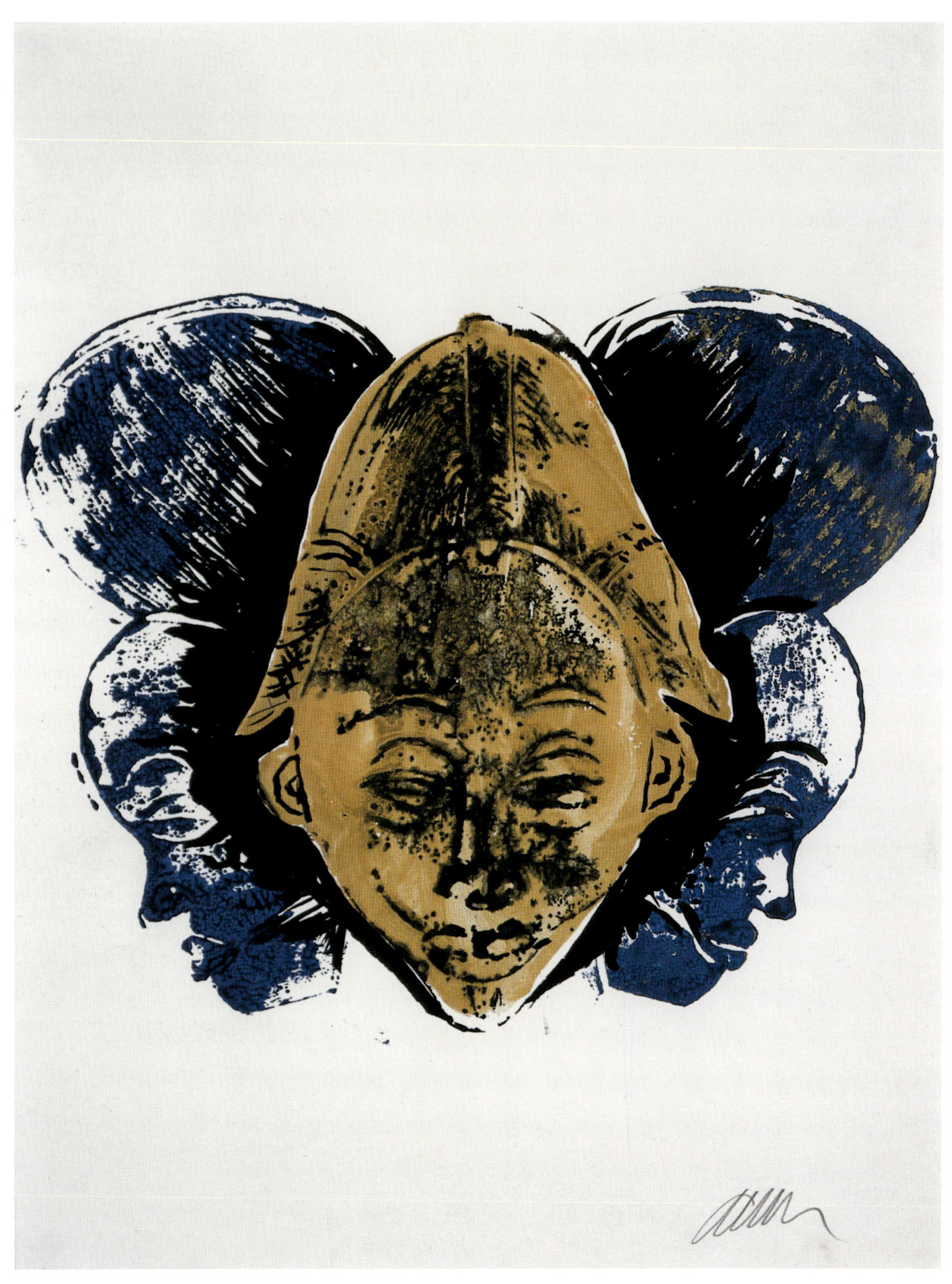

Punu mania, 1998
Farbe und Tusche auf Papier,
Paint and india ink on paper, 40 x 30 cm

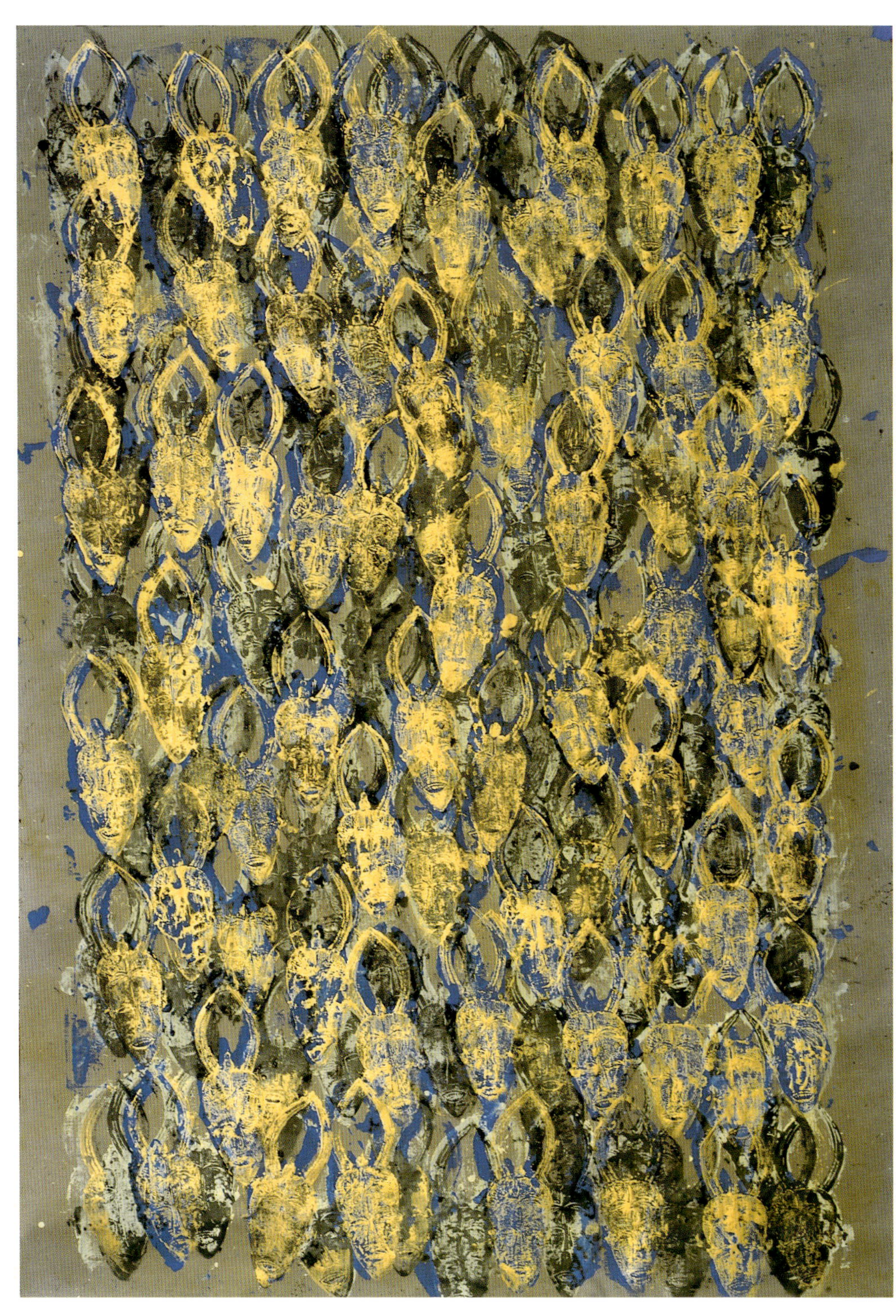

Urhobo Nigeria (face mask), 1997
Acryl auf Papier gestempelt,
Imprint with paint on paper, 233,5 x 165 cm

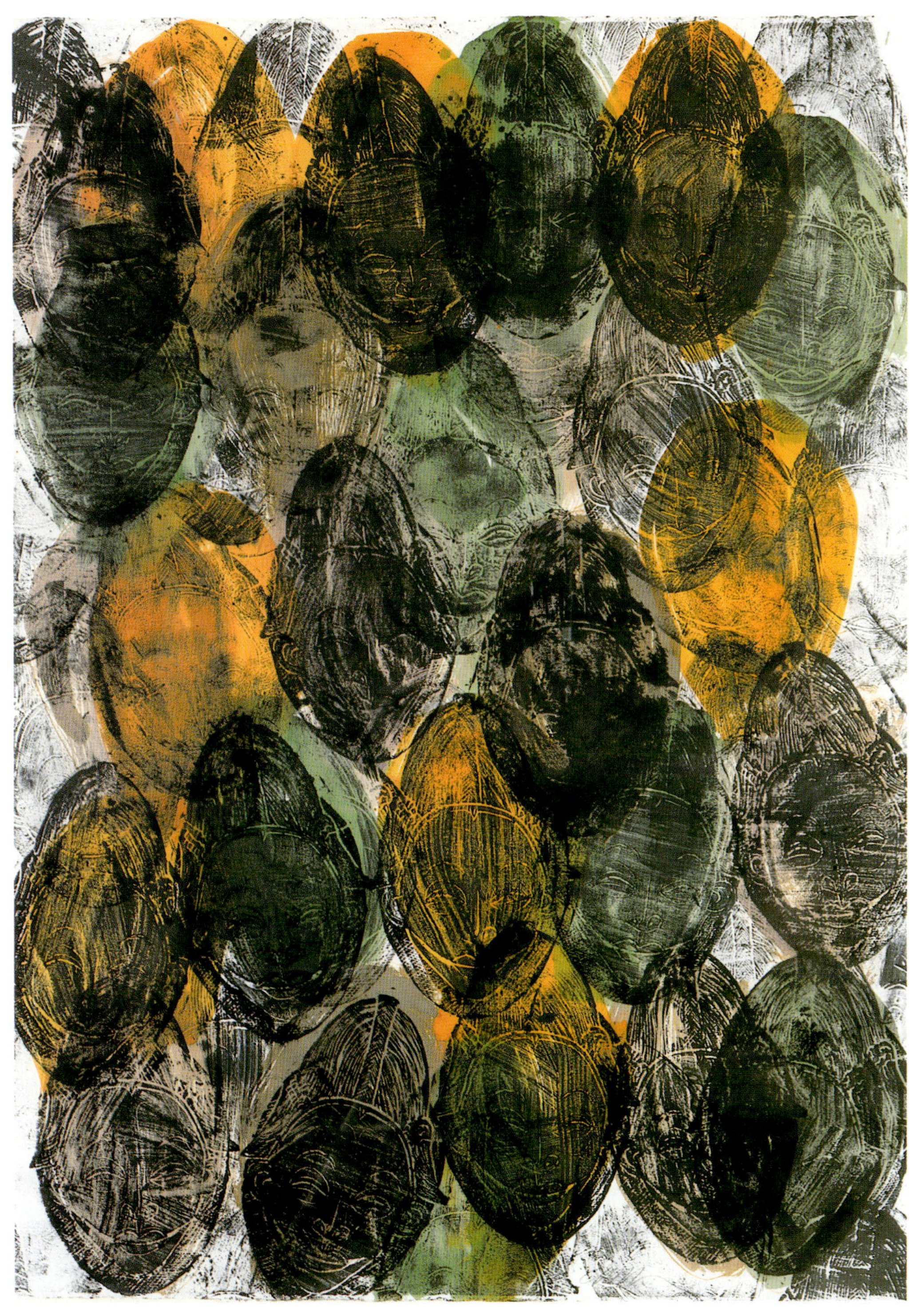

Pounou Gabon (face mask), 1997
Acryl auf Papier gestempelt,
Imprint with acrylic paint on paper, 102 x 76 cm

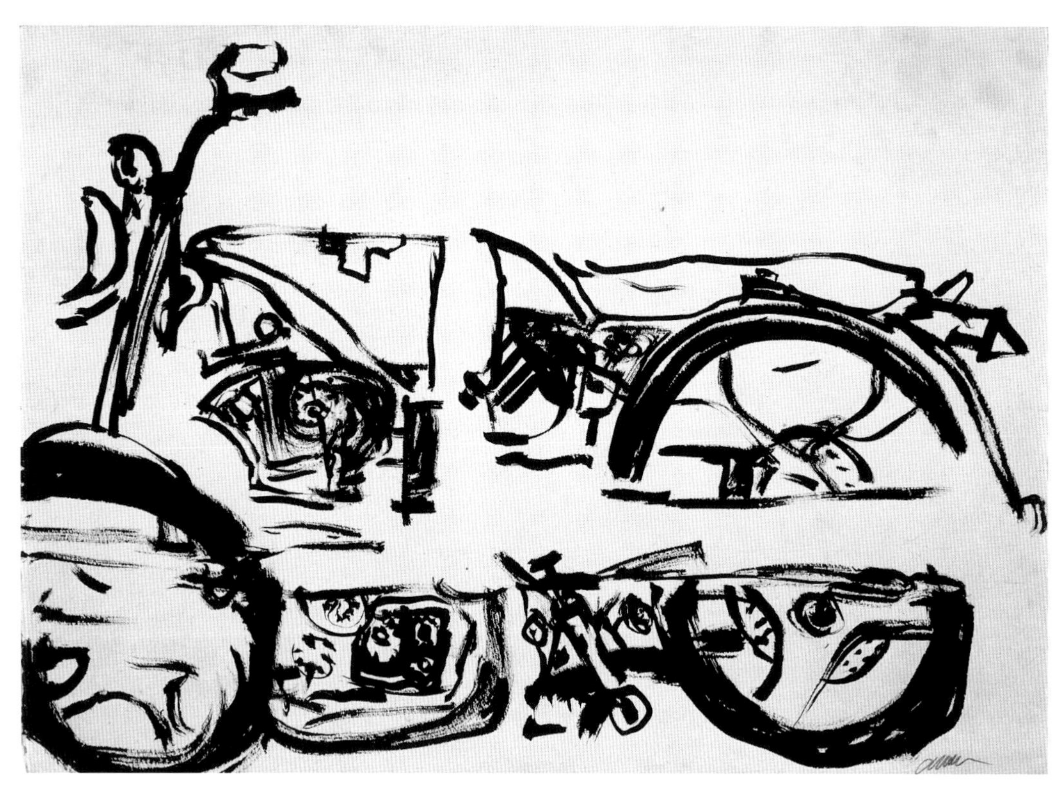

Fragmentation 2, 2000
Feder und Tusche auf Papier,
Pen and ink on paper, 101 x 67 cm

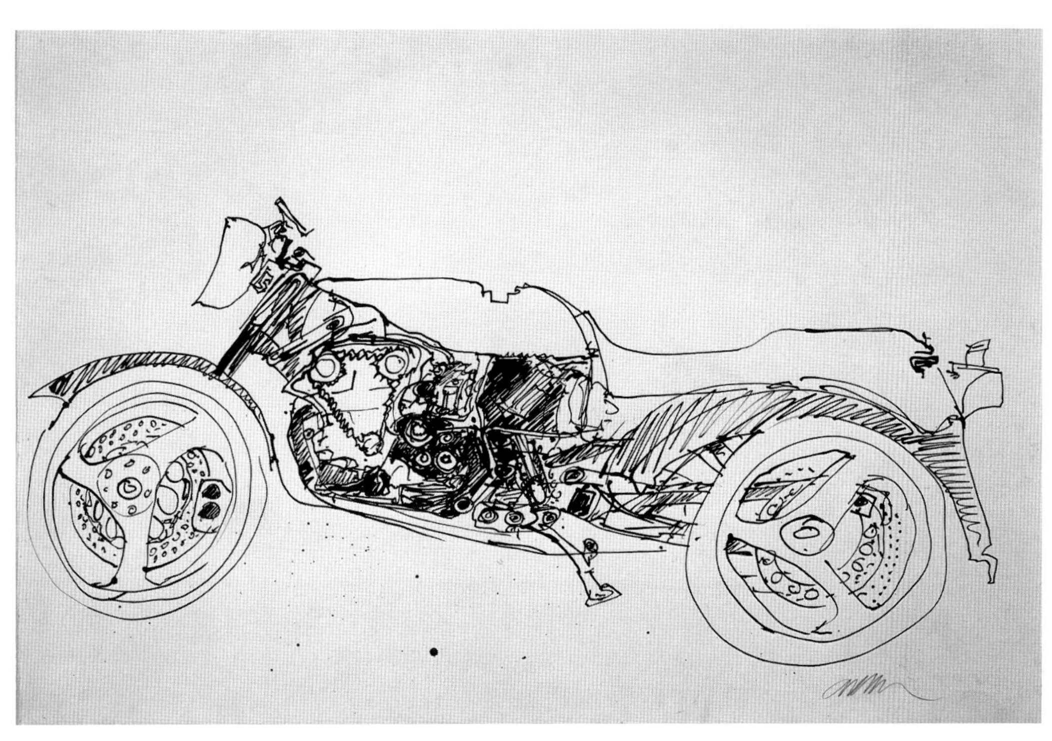

Fragmentation 4, 2000
Tusche auf Papier,
India ink on paper, 107 x 76 cm

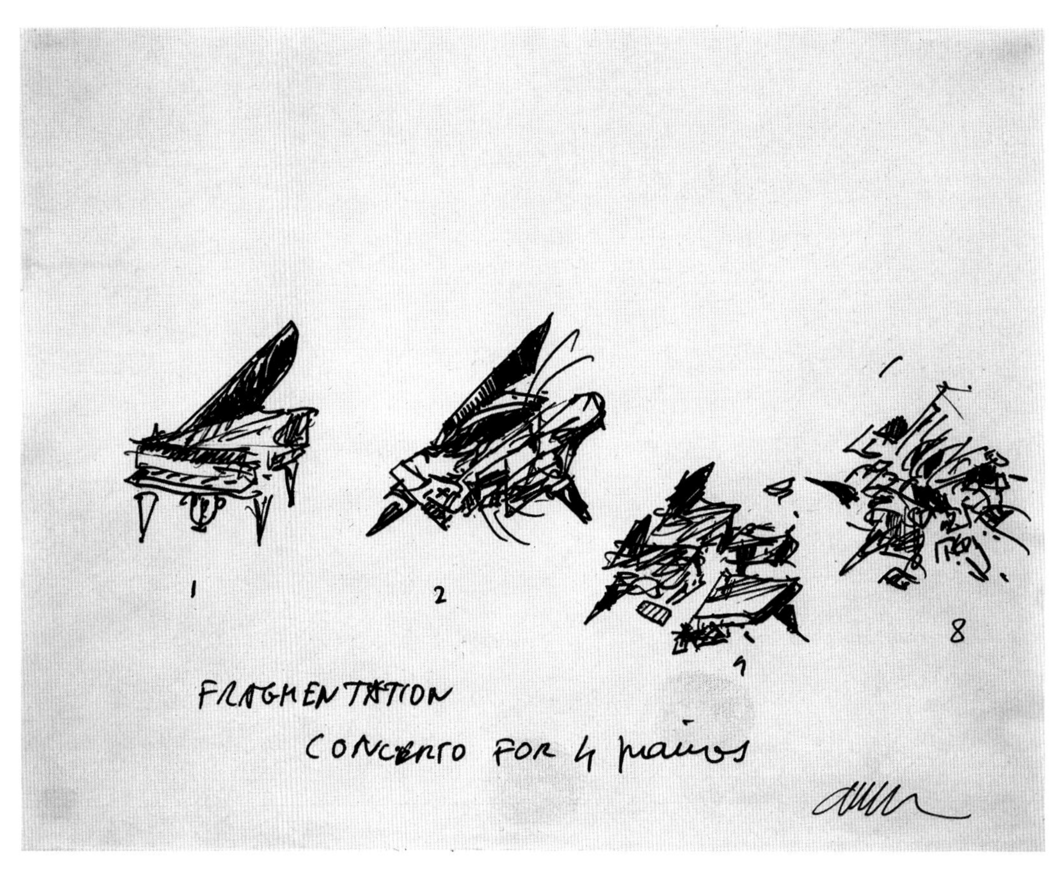

Fragmentation. Concerto for four pianos, 1998
Tusche auf Papier,
India ink on paper, 27 x 21,5 cm, 27 x 8 cm

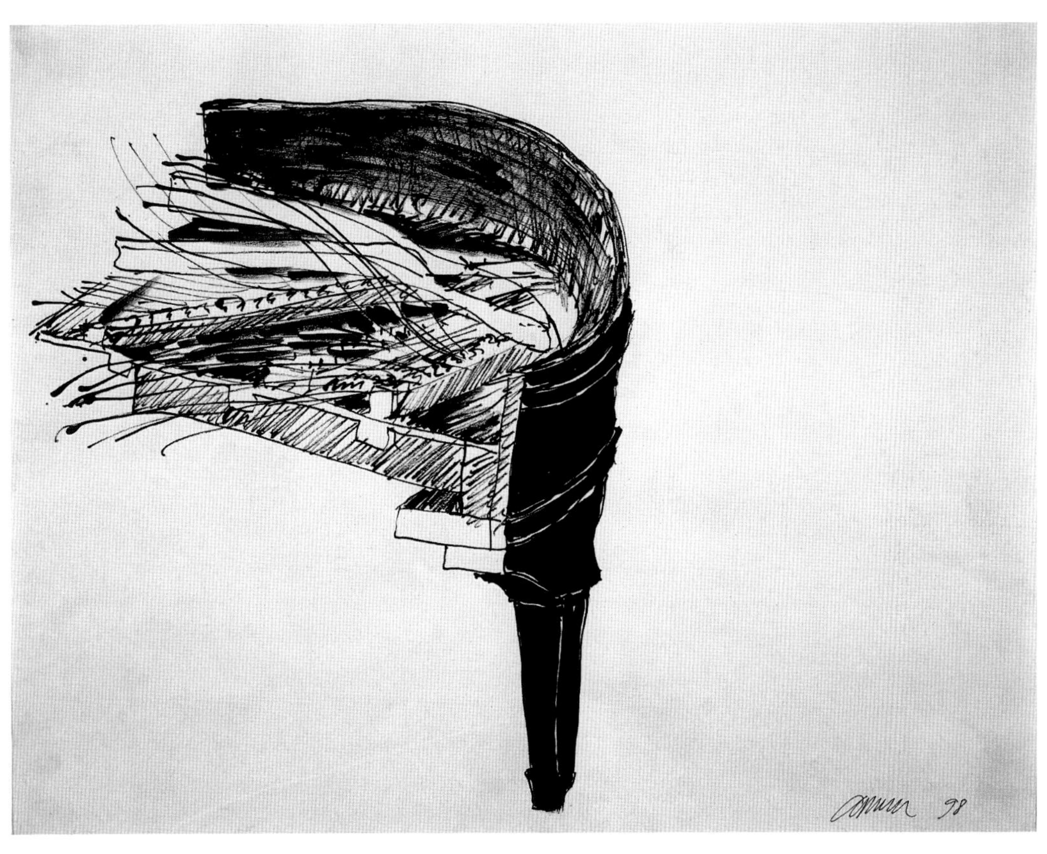

Fragment of fragmentation, 1998
Tusche auf Papier,
India ink on paper, 65 x 50 cm

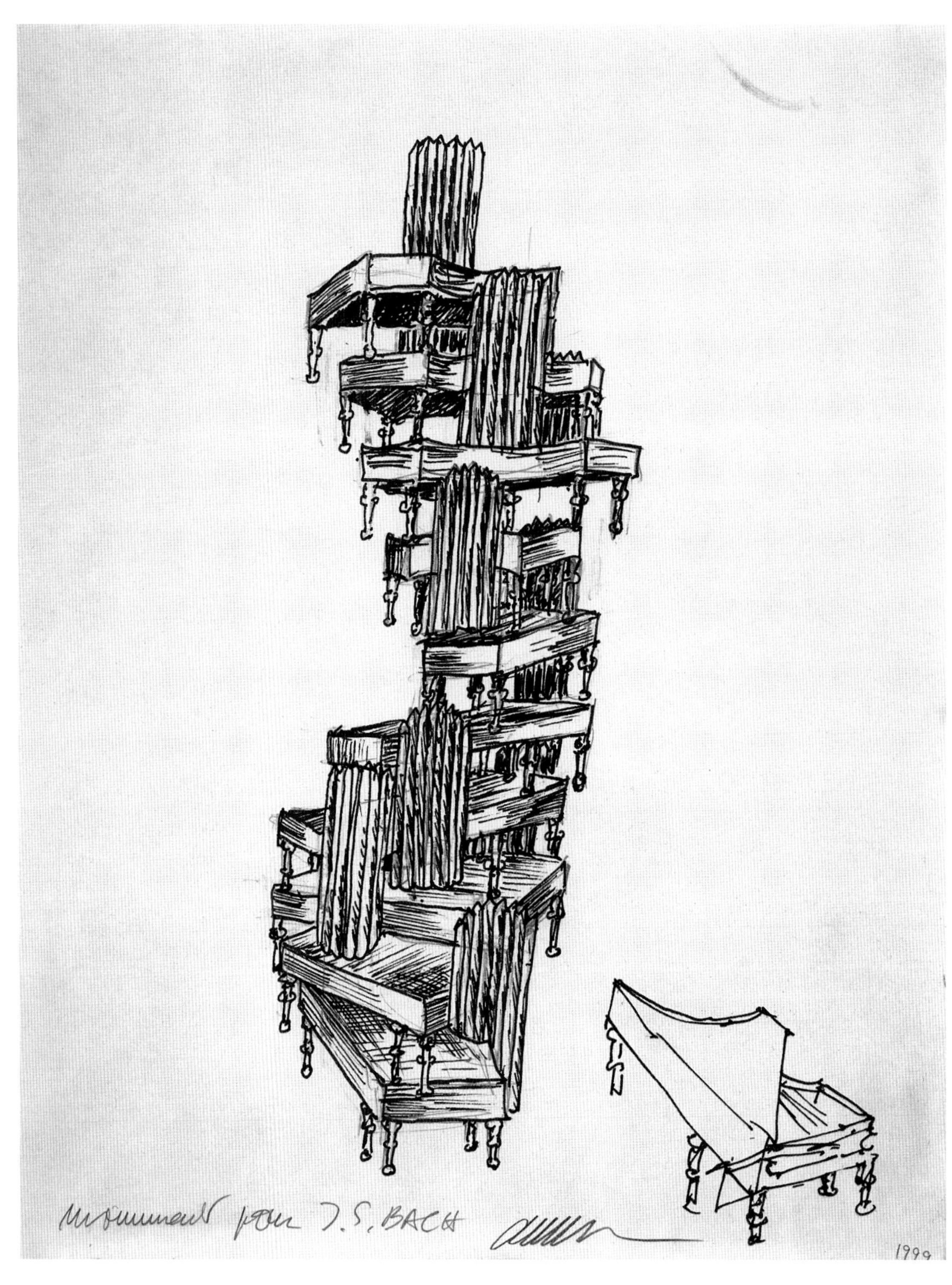

Premier étude J. S. Bach, 1999
Bleistift und Tusche auf Papier,
Pencil and india ink on paper, 34,5 x 27 cm

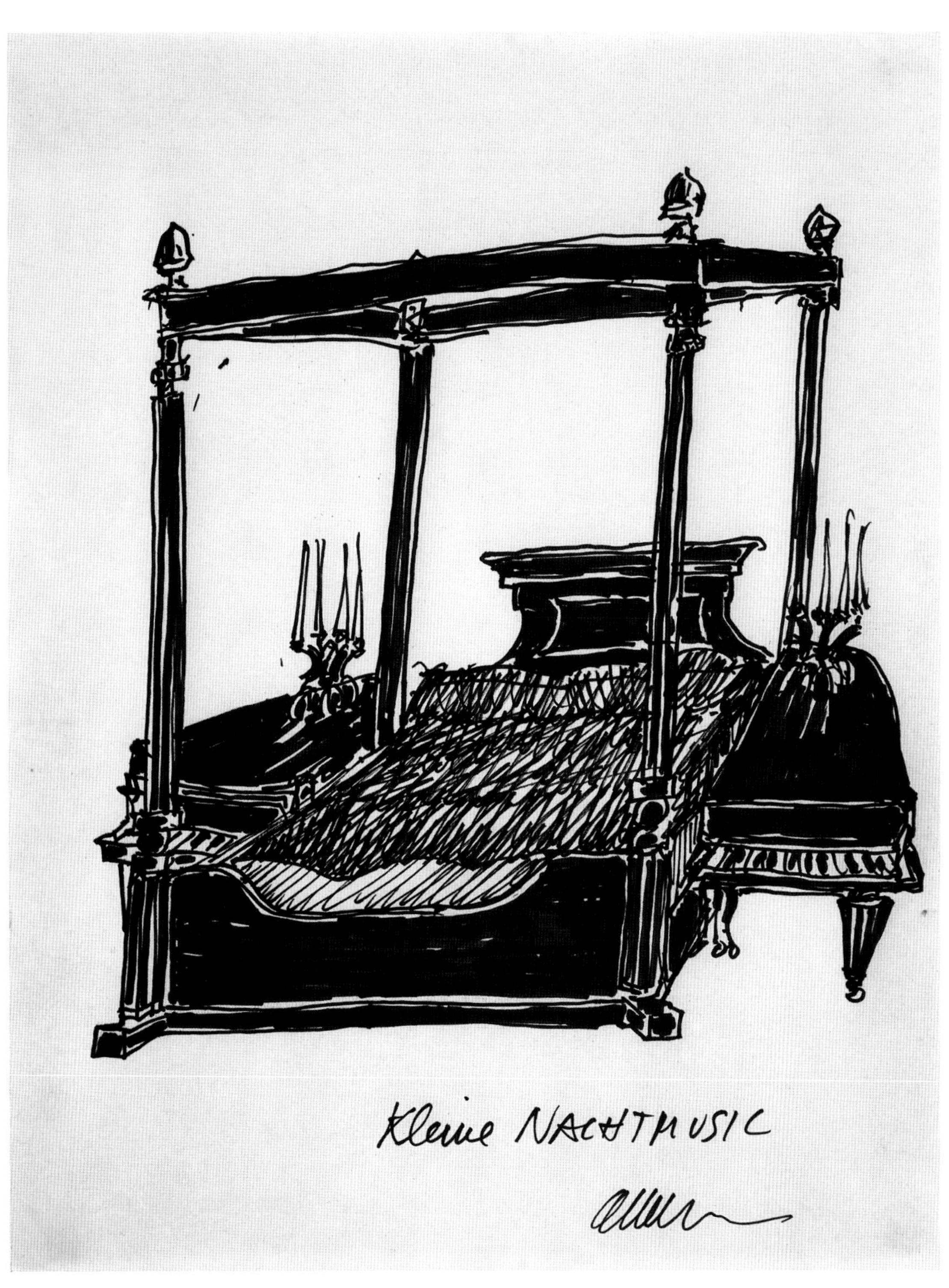

Kleine Nachtmusik, 2000
Tusche und Filzstift auf Papier,
Ink and marker on paper, 28 x 21,5 cm

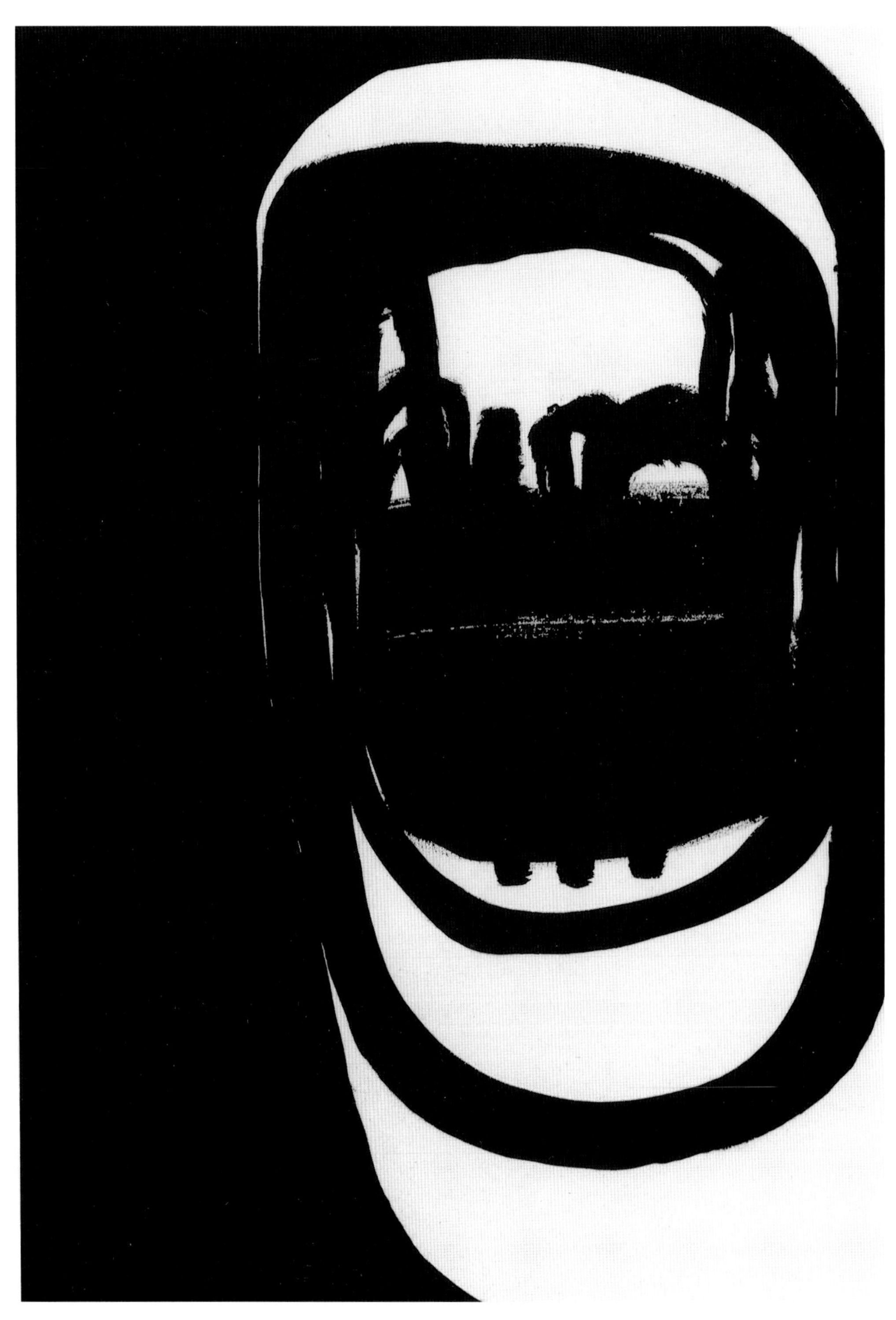

Corcoupé, 1998
Tusche auf Papier,
India ink on paper, 152 x 103 cm

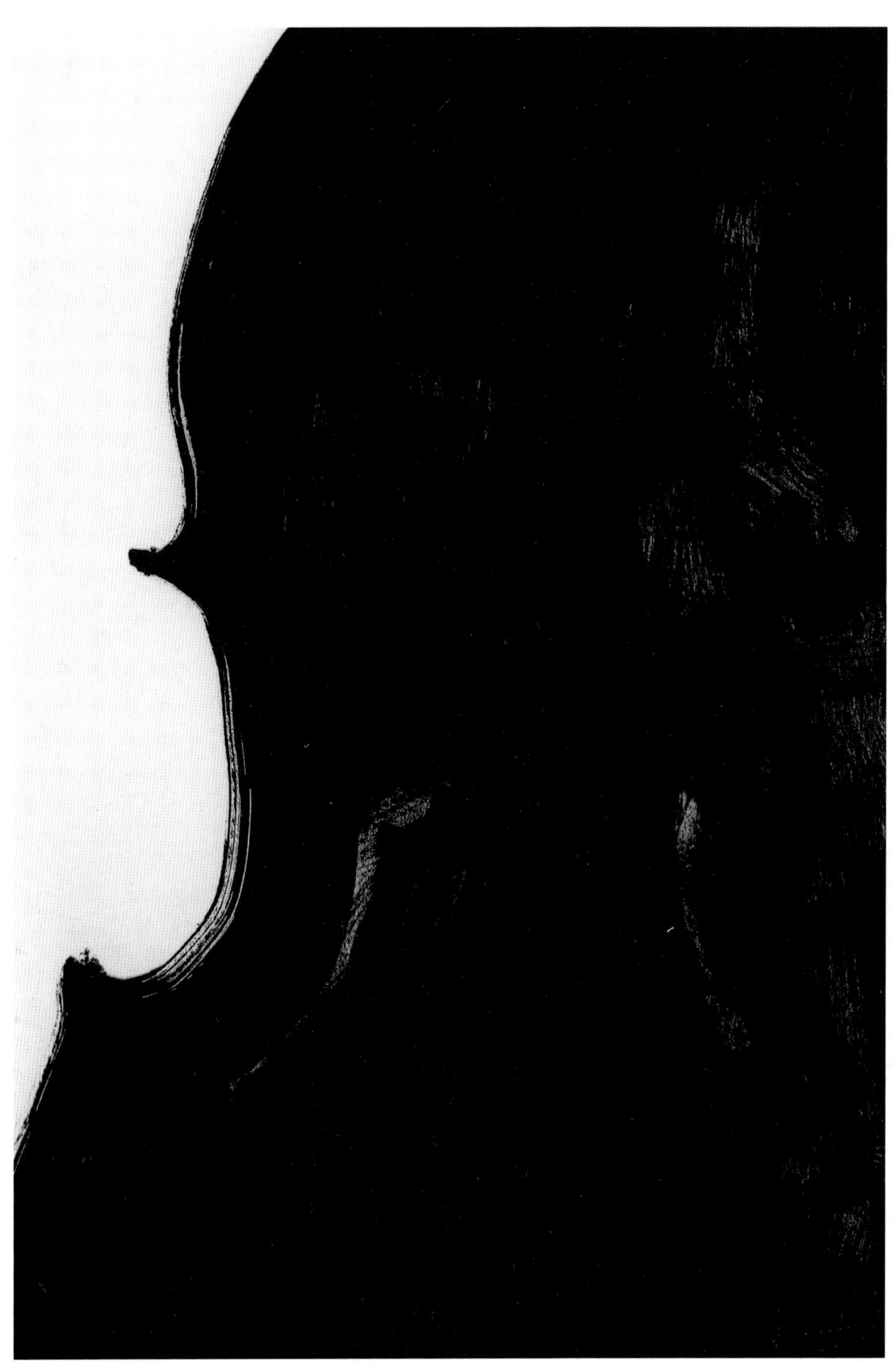

Octuor of Beauvais, 1998
Tusche auf Papier, laviert,
India ink and wash on paper, 152 x 103 cm

Part cross, 1999
Tusche auf Papier,
India ink on paper, 152 x 103 cm

Druckgraphik
Prints

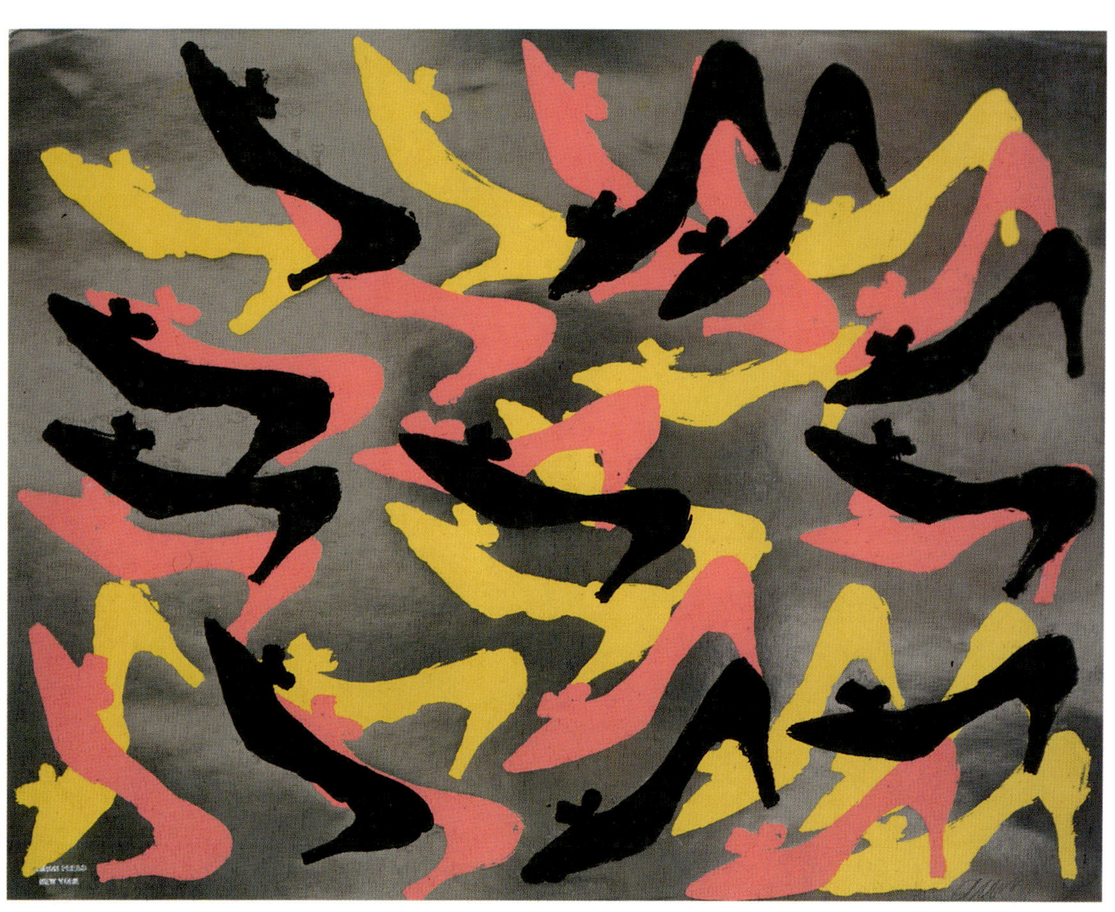

Les chaussures, 1964
Siebdruck, dreifarbig,
Silk screen print in three colors, 17 x 22 cm

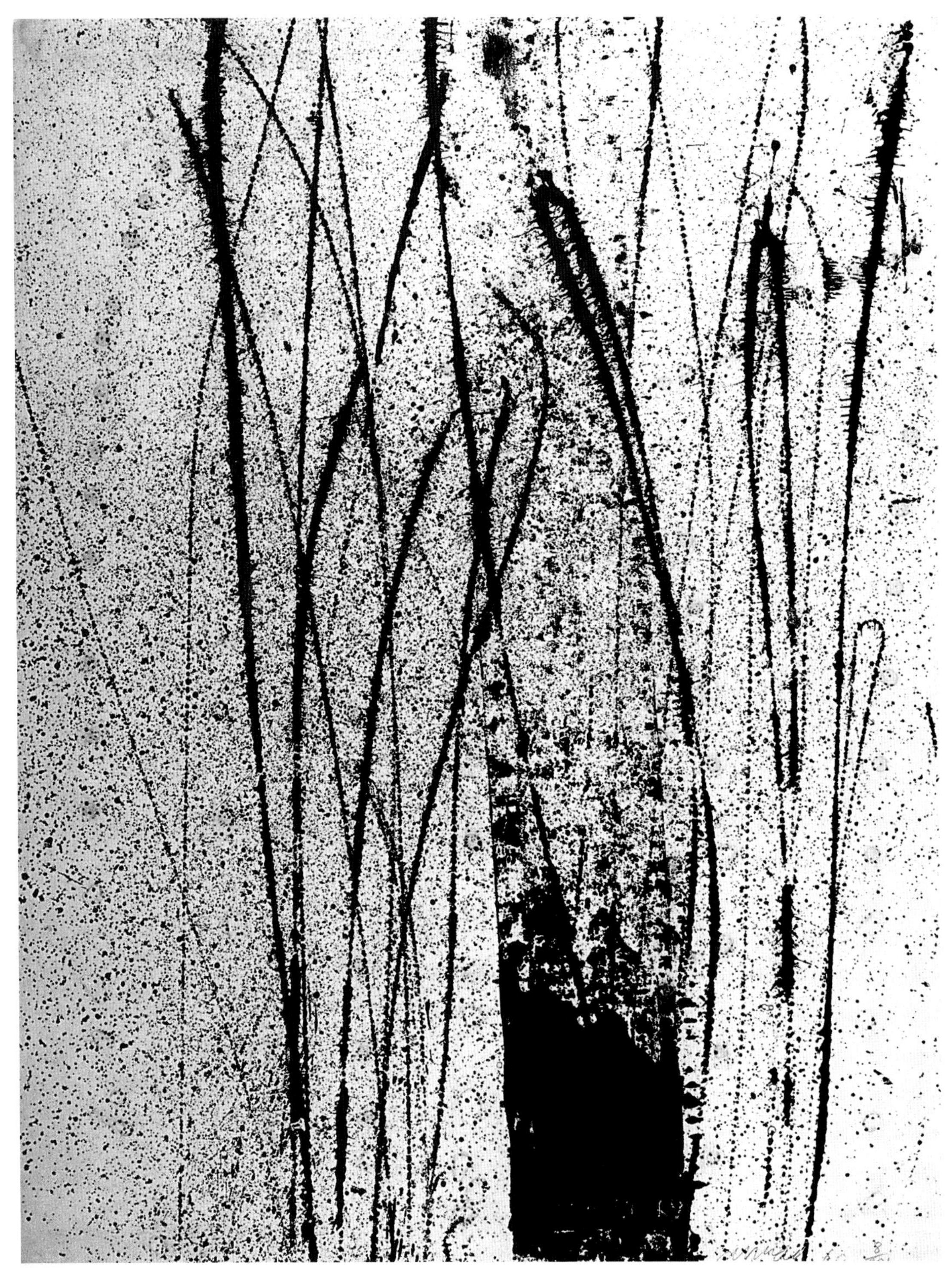

ohne Titel (untitled), 1960
Lithographie, 65,5 x 50 cm,
Musée du Dessin et de l'Estampe Originale, Gravelines

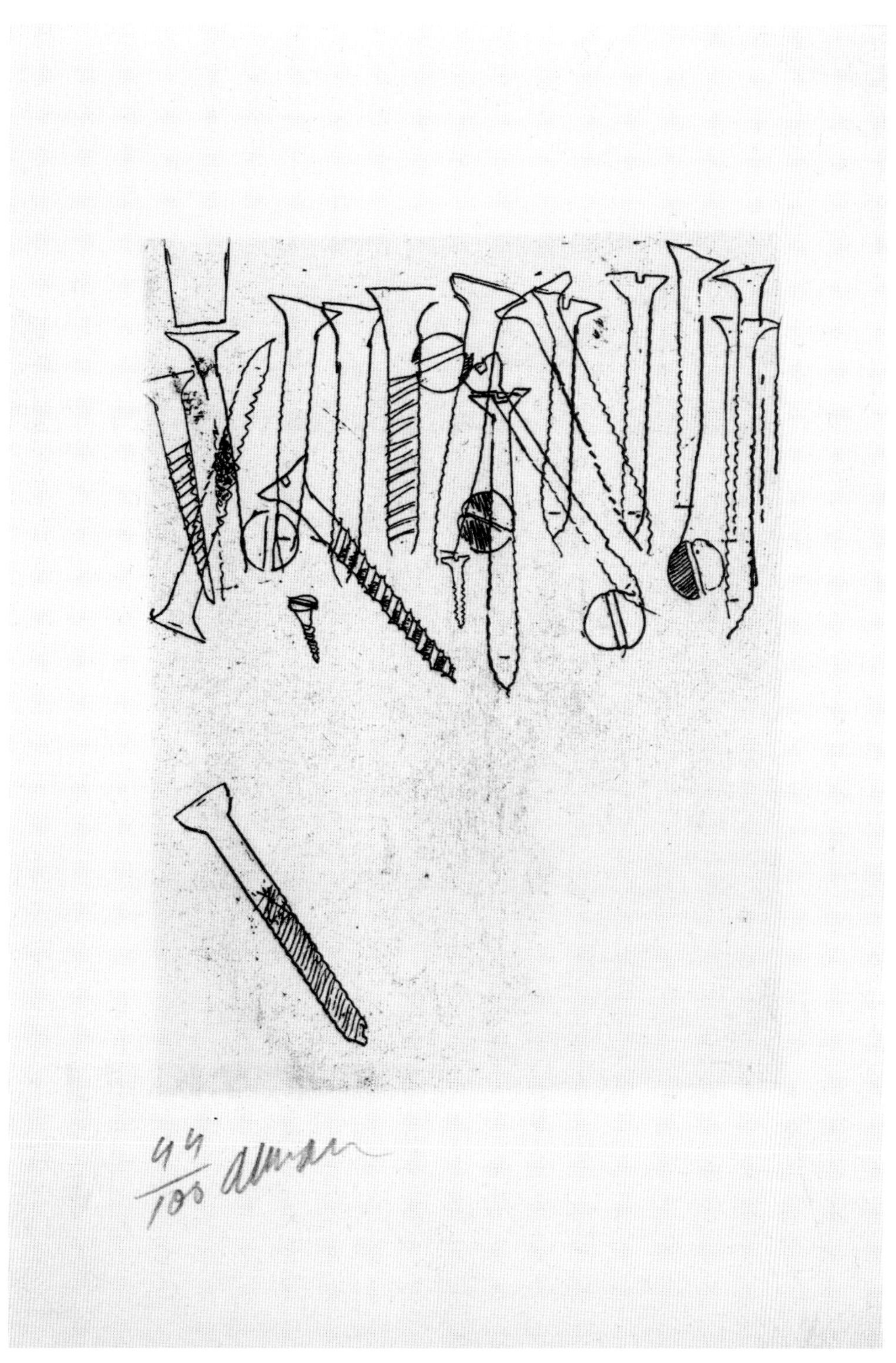

ohne Titel (untitled), 1965
Radierung, Etching, 25 x 19,5 cm,
Studio Arman, Vence

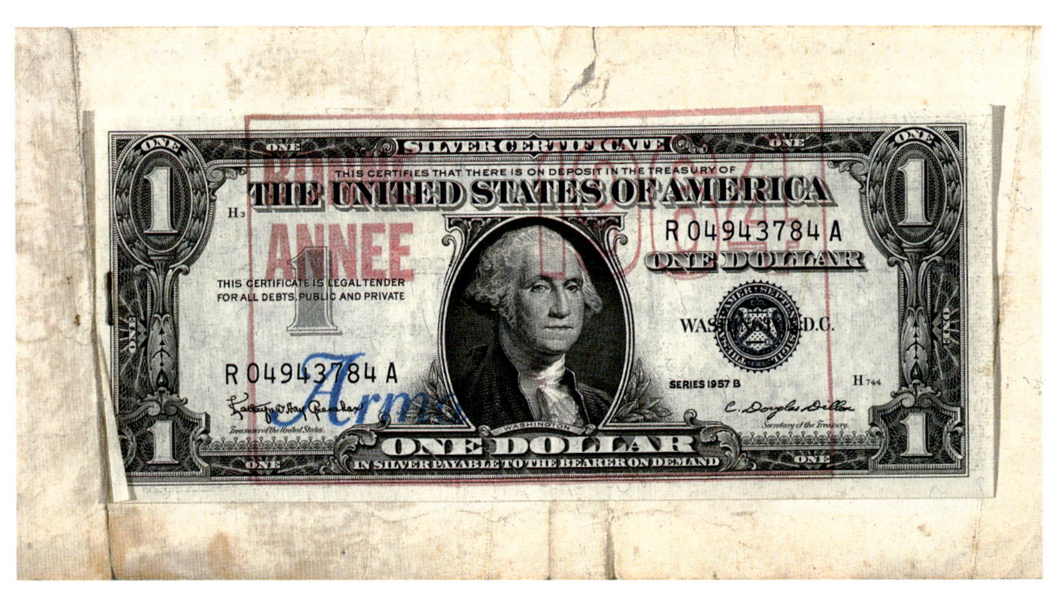

Bonne Année, 1963
Dollarnote und Stempeldruck auf Papier,
Rubber stamp and dollar bill collage on paper, 21,5 x 9 cm

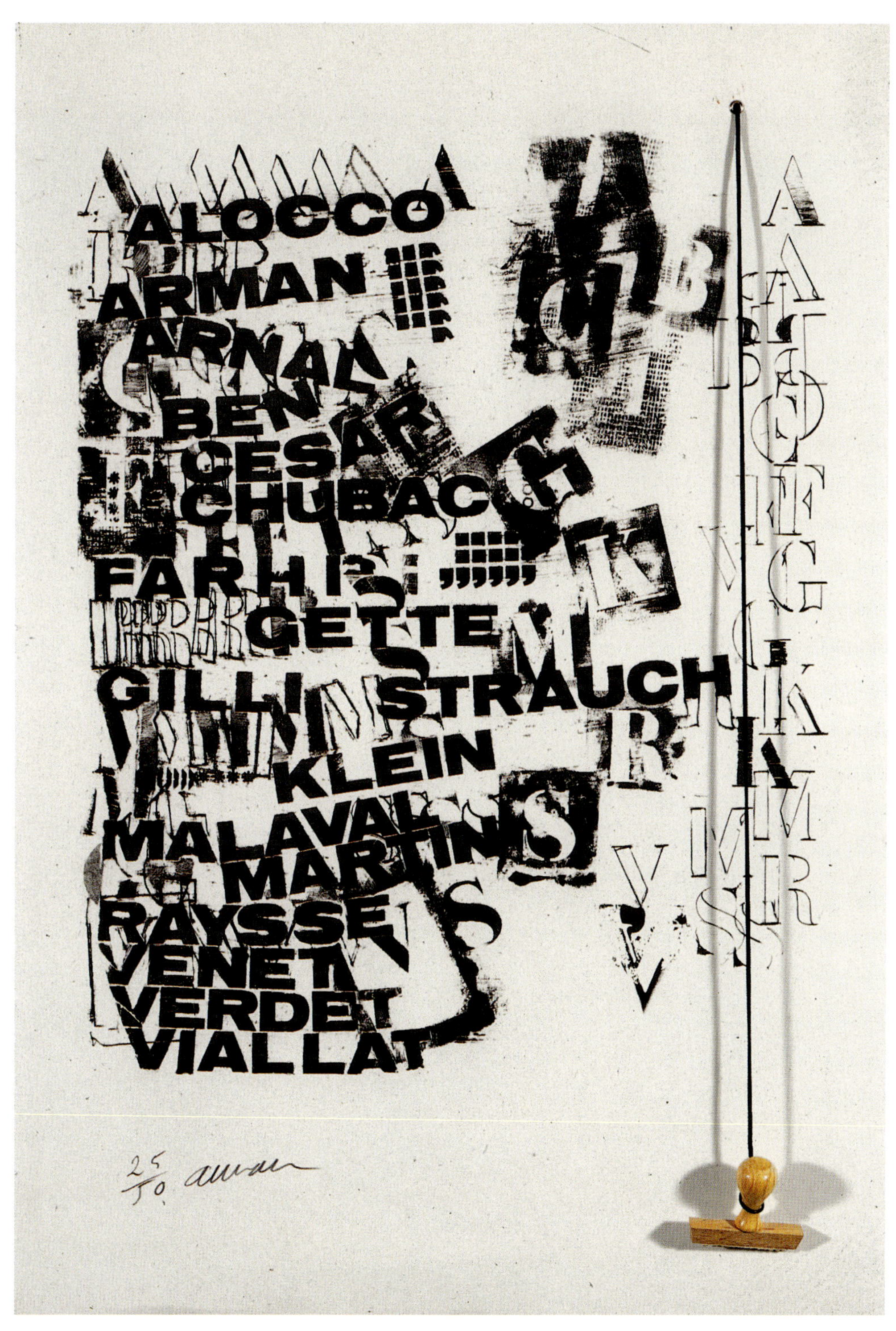

École de Nice I, 1967
Lithographie und Objekt, Lithograph and object, 72 x 51 cm,
Studio Arman, Vence

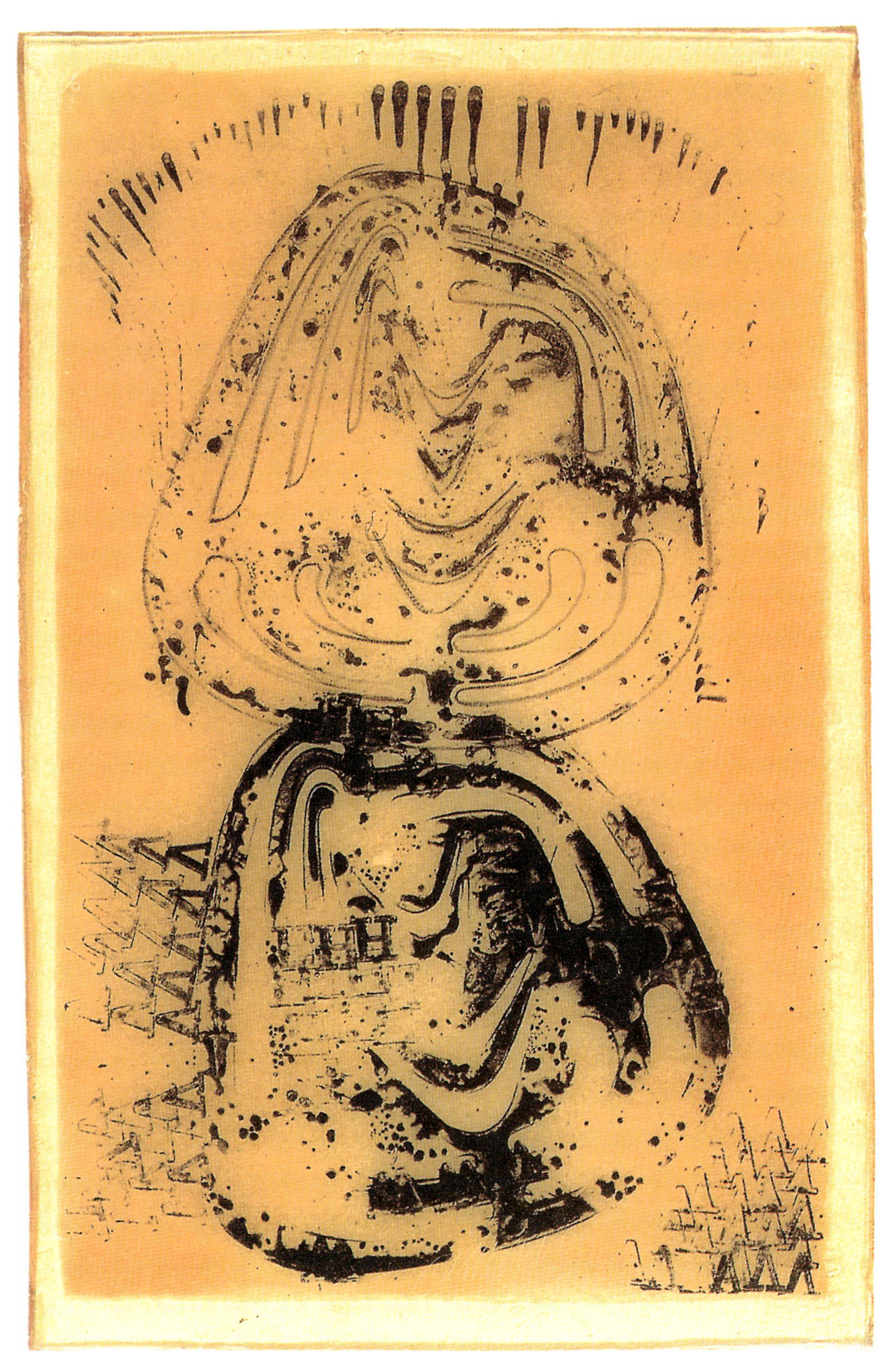

ohne Titel (untitled), 1965
Lithographie in Polyester, Lithograph in polyester, 47 x 32 cm
Sammlung Helmut Dudé, Basel

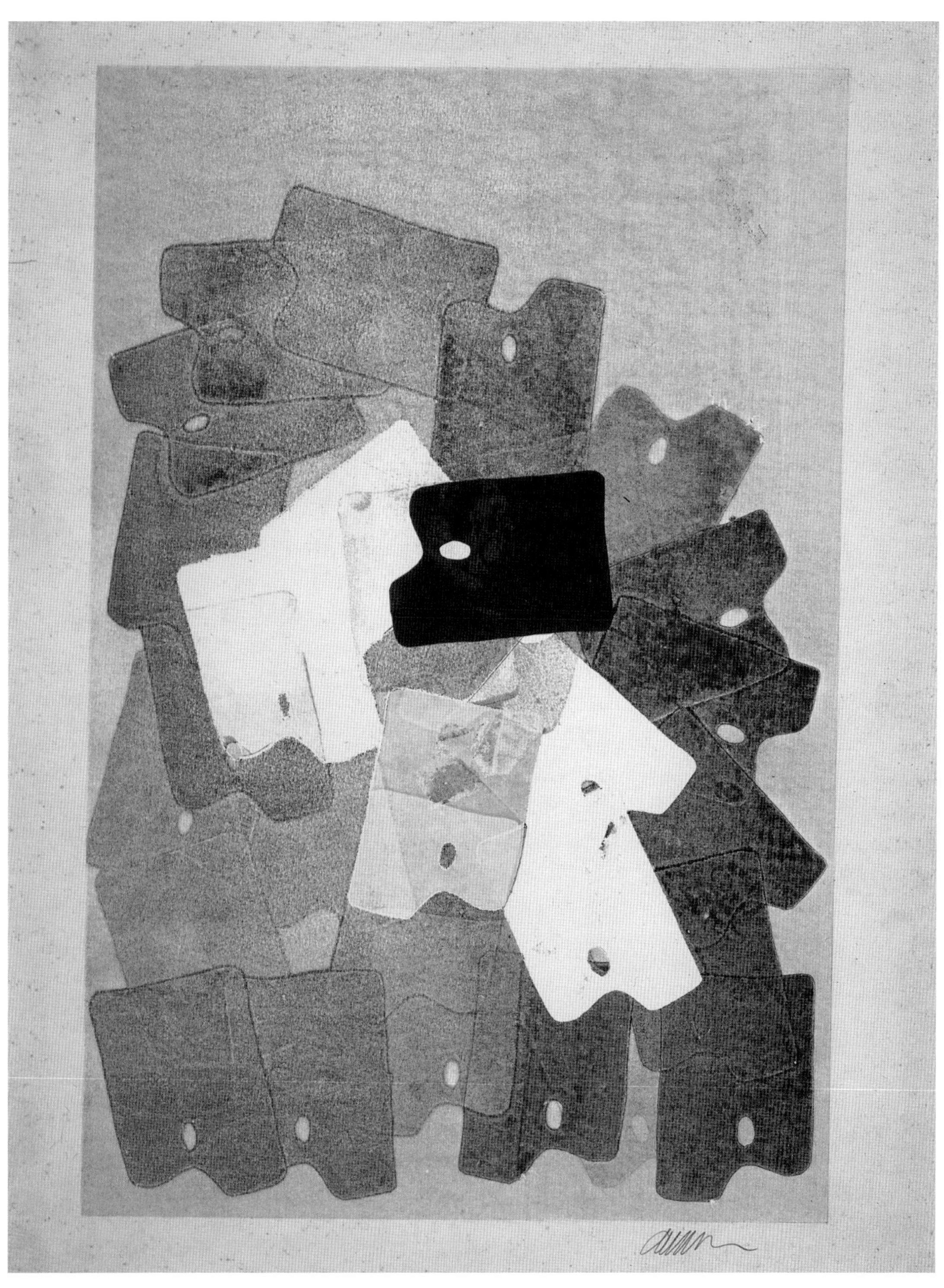

Les palettes de Viallat, 1966
Gouache-Abdruck auf schwarzem Papier,
Gouache imprint on black paper, 50 x 65 cm

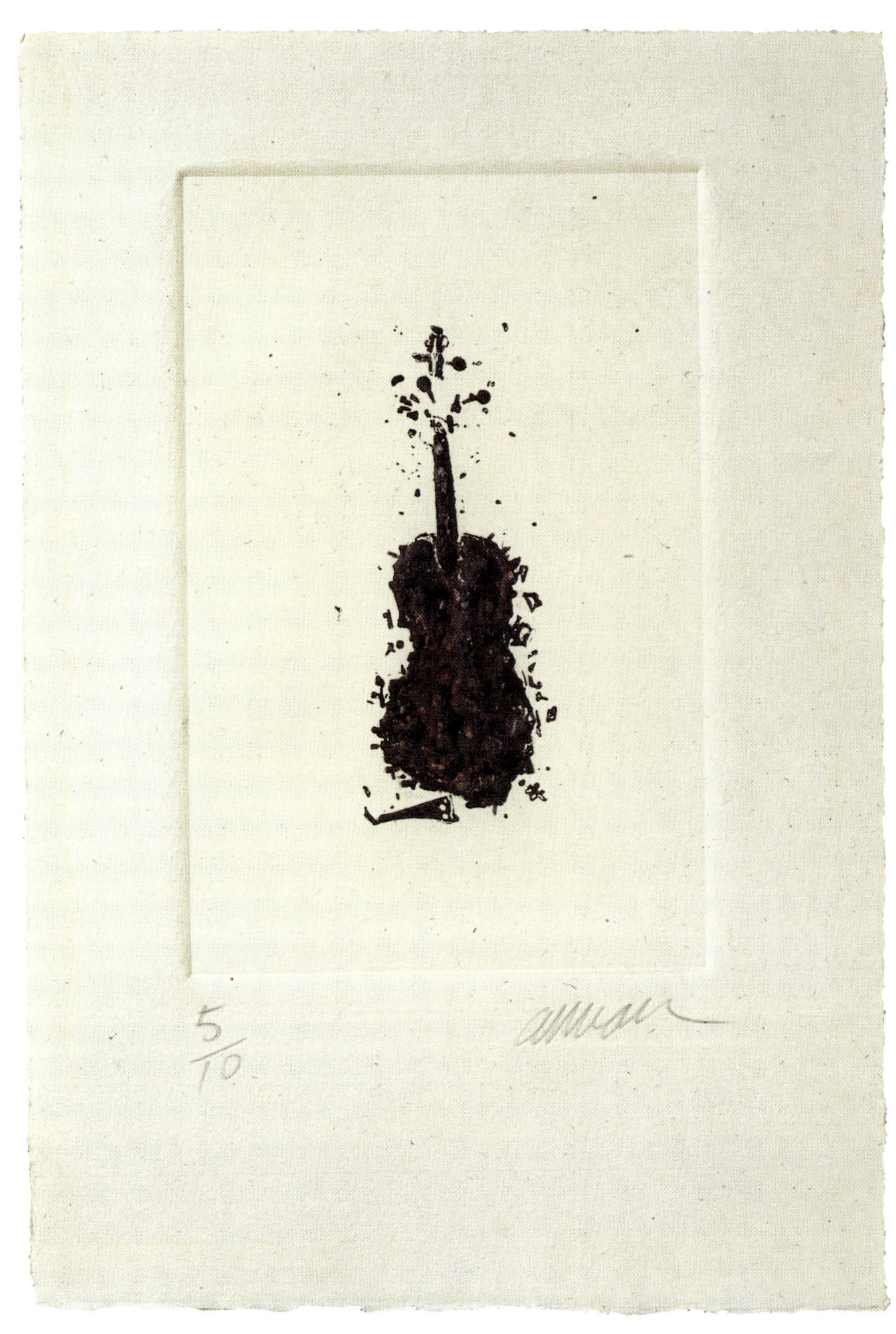

ohne Titel (untitled), 1968
Engraving on material in black, 25,5 x 18 cm,
Sammlung Eliane Radigue, Paris

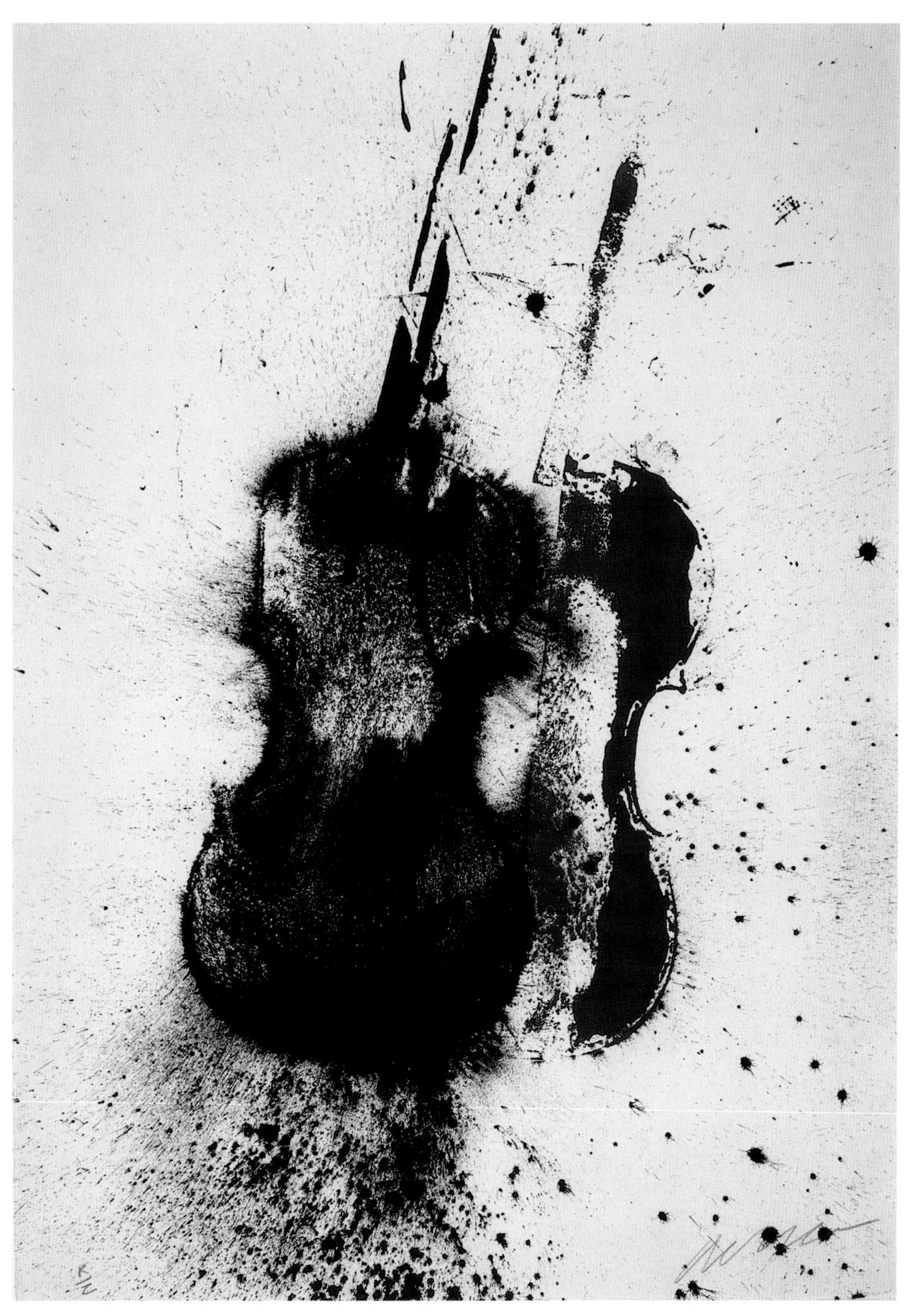

Bleu et noir, 1970
Lithographie, zweifarbig,
Lithograph in two colors, 76 x 56 cm

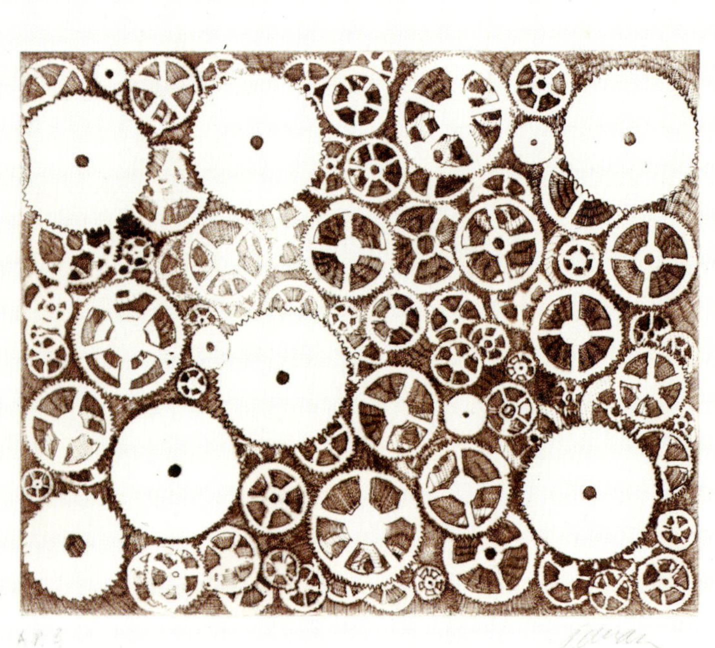

Les sept rouages, 1970
Kaltnadelradierung, Dry point, 45,2 x 56,5 cm,
Studio Arman, Vence

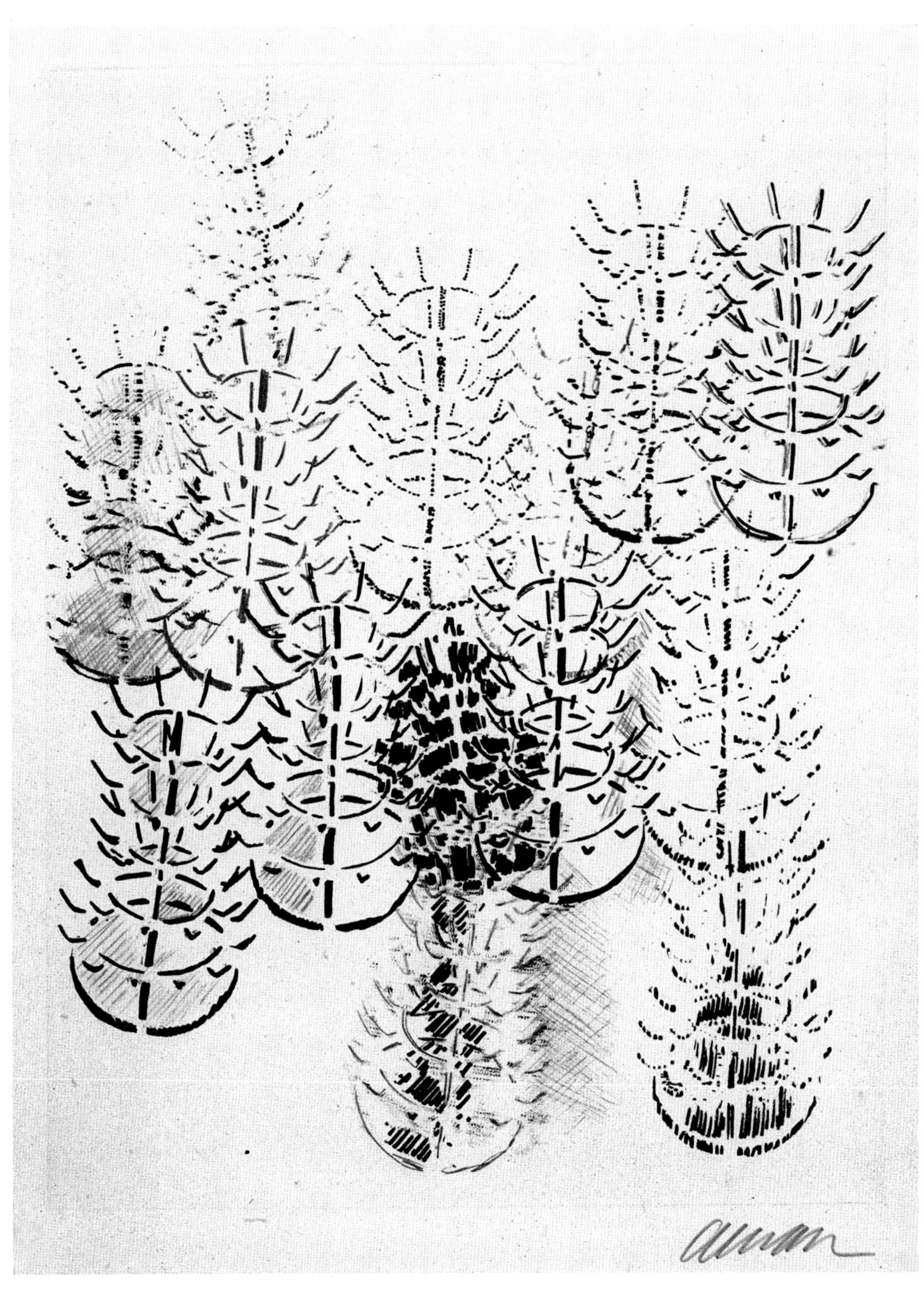

Hommage à Marcel Duchamp, 1971
Vernis mou für das Album „Hommage à Marcel Duchamp“,
Soft ground etching and enhanced in pencil, 37,8 x 28,3 cm,
Studio Arman, Vence

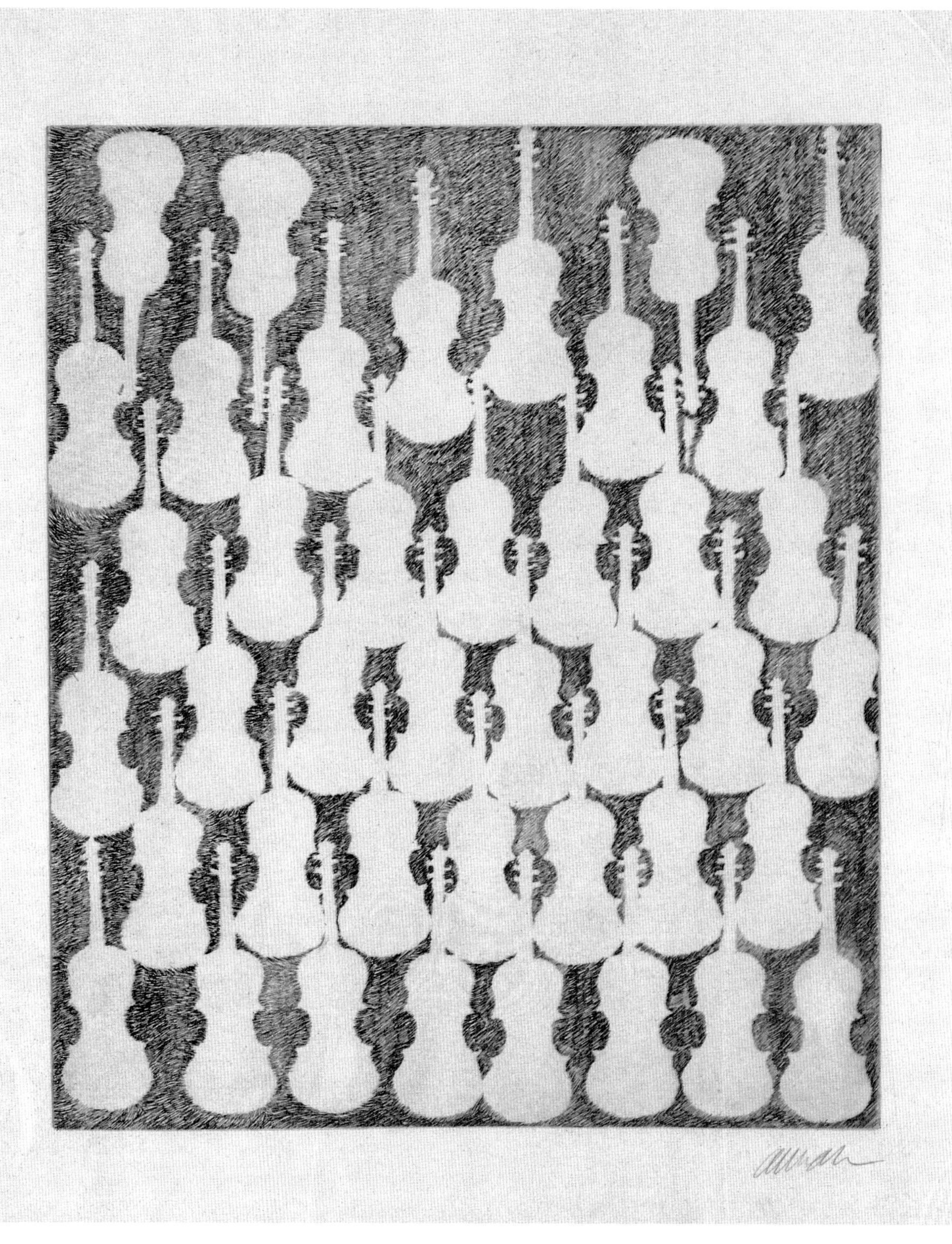

ohne Titel (untitled), 1973
Kaltnadelradierung, Dry point, 65 x 50 cm,
Studio Arman, Vence

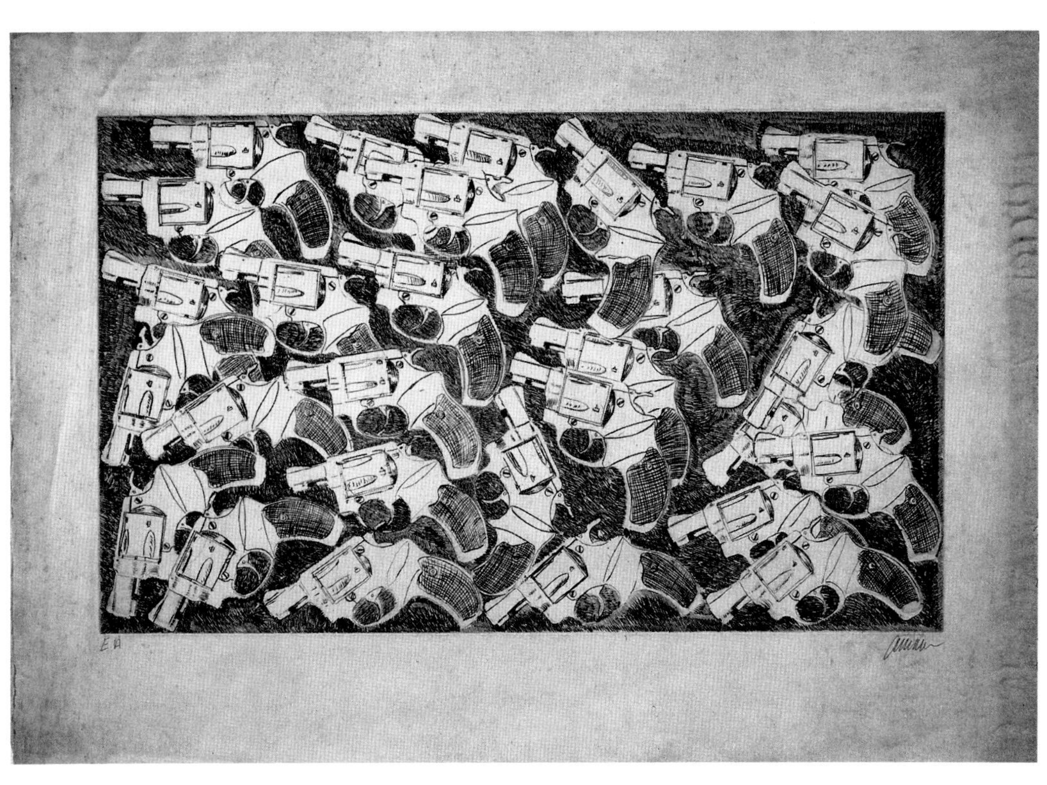

Les revolvers, 1973
Radierung, Etching, 63,5 x 90,5 cm

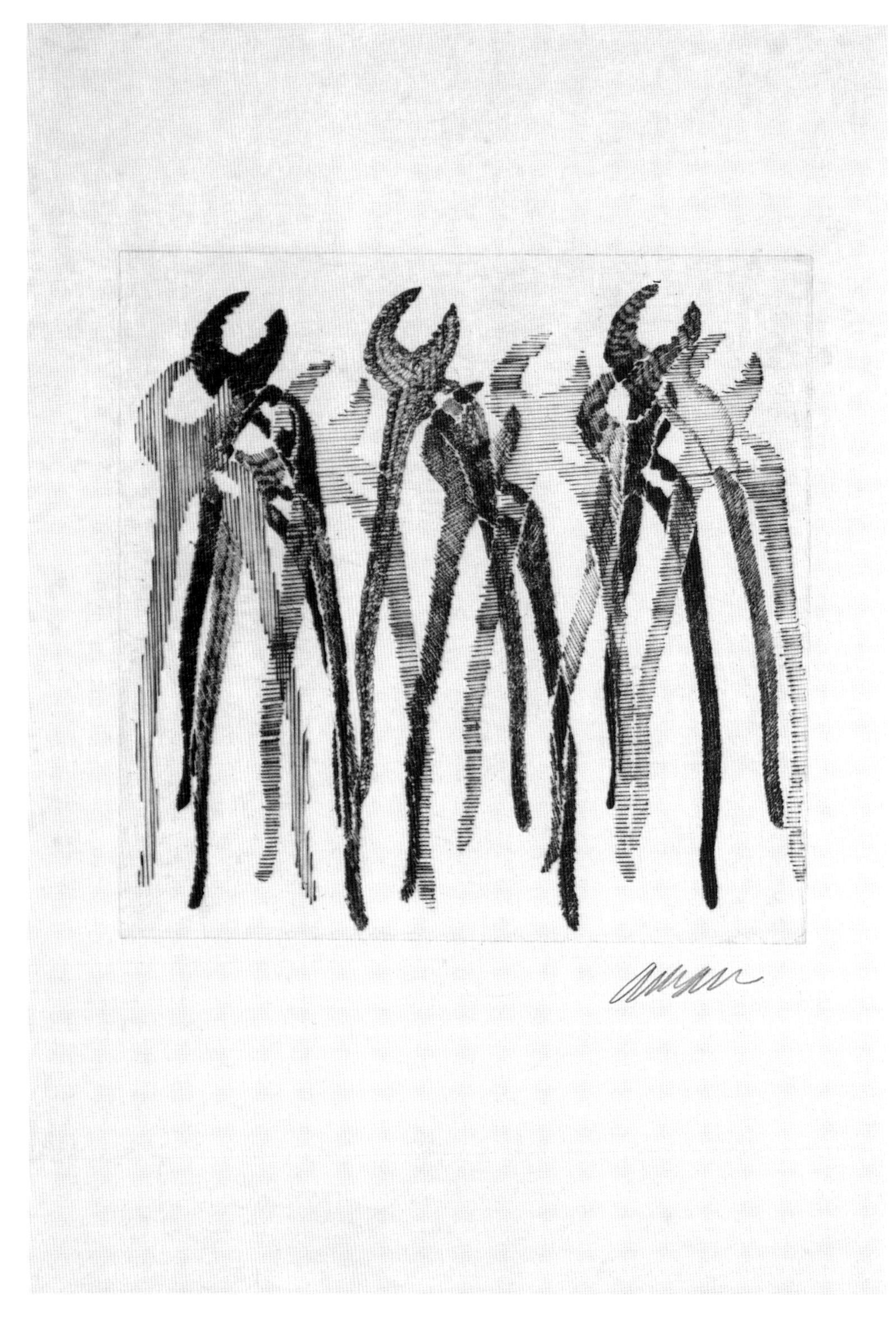

Les bouches ouvertes, 1976
Radierung, Etching, 55,8 x 42,7 cm,
Studio Arman, Vence

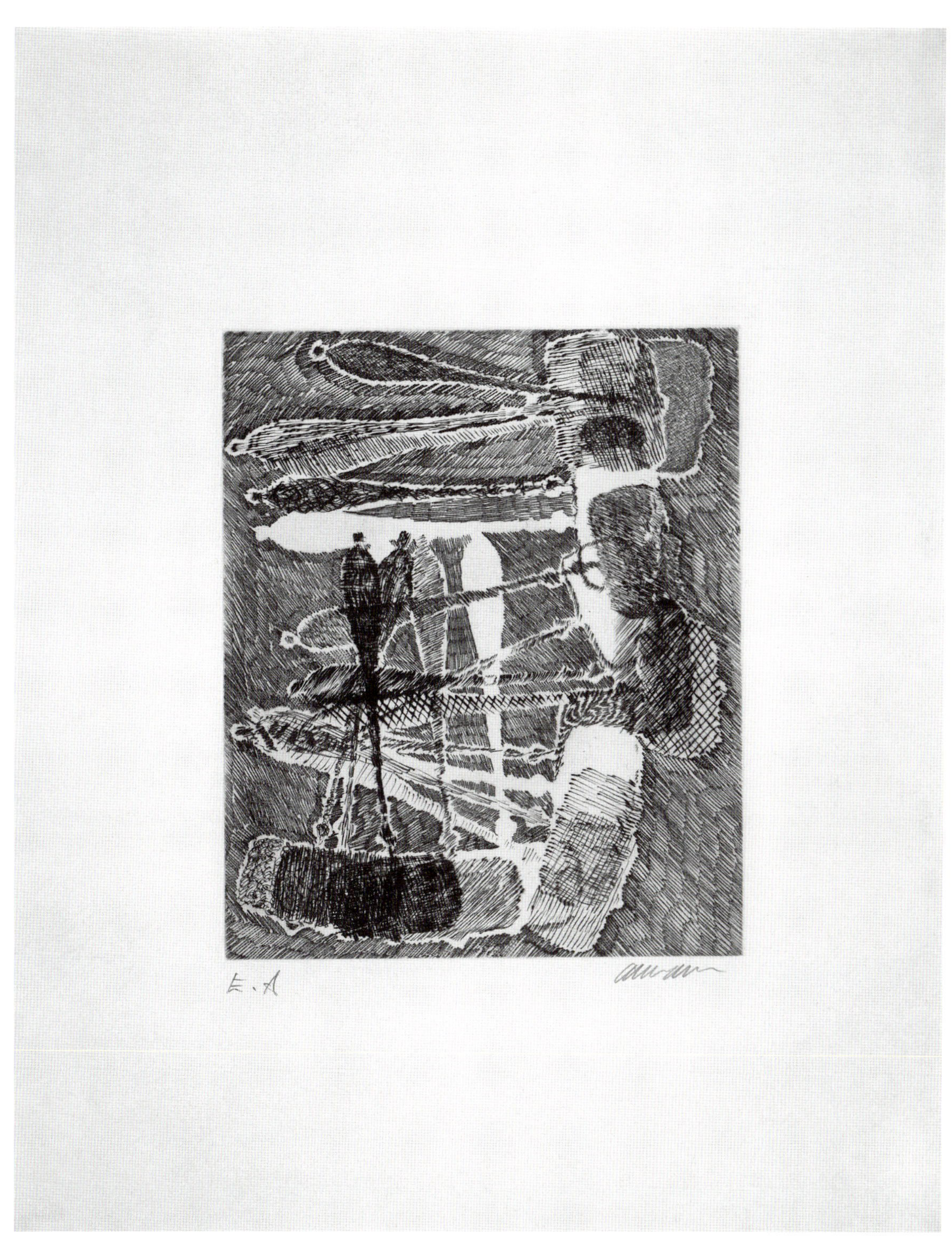

ohne Titel (untitled), 1979
Kaltnadelradierung, Dry point, 65 x 50 cm

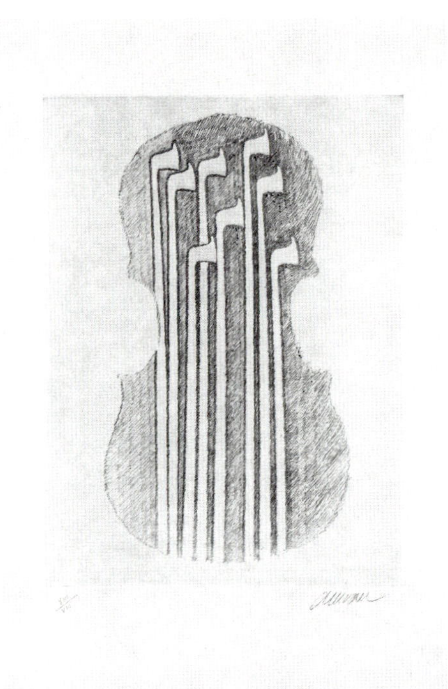
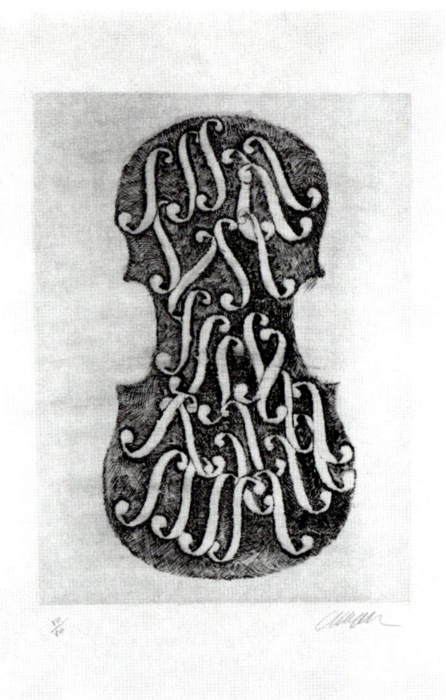
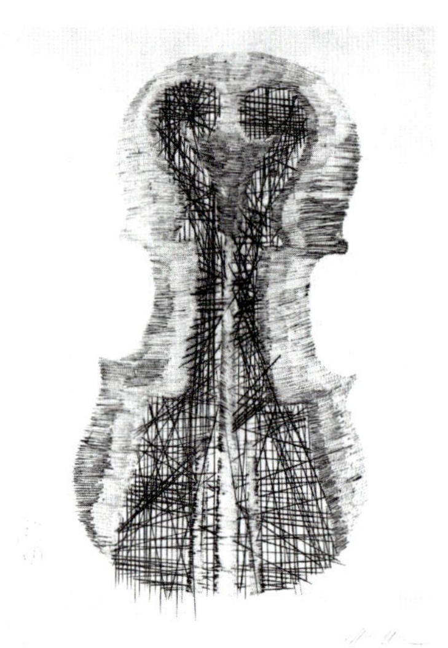
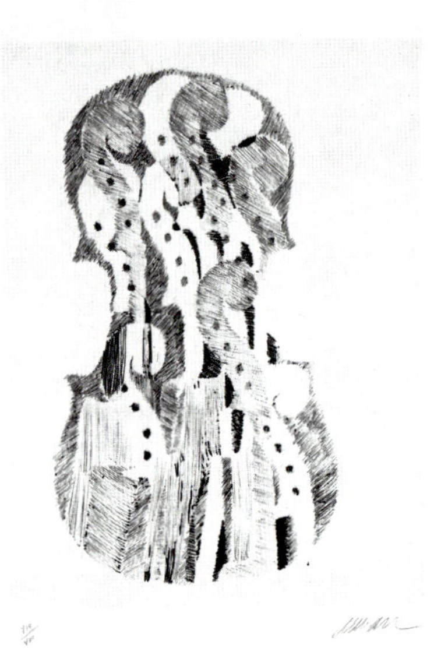

Le traité du violon, 1979
12 Lithographien und 12 Kaltnadelradierungen, jeweils 57 x 38 cm, a, b, d und f
Studio Arman, Vence

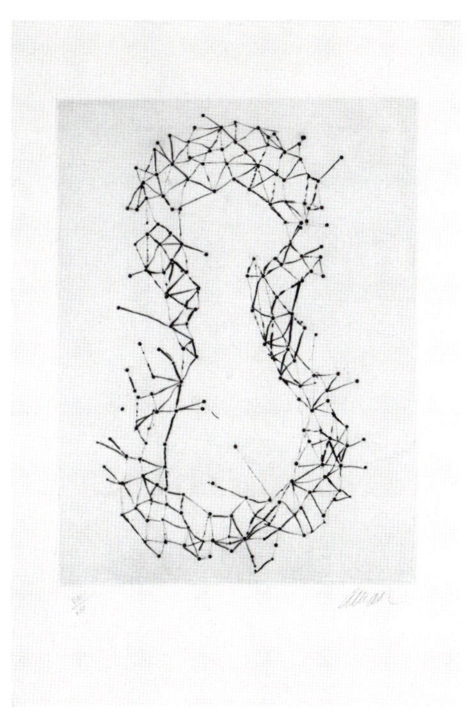

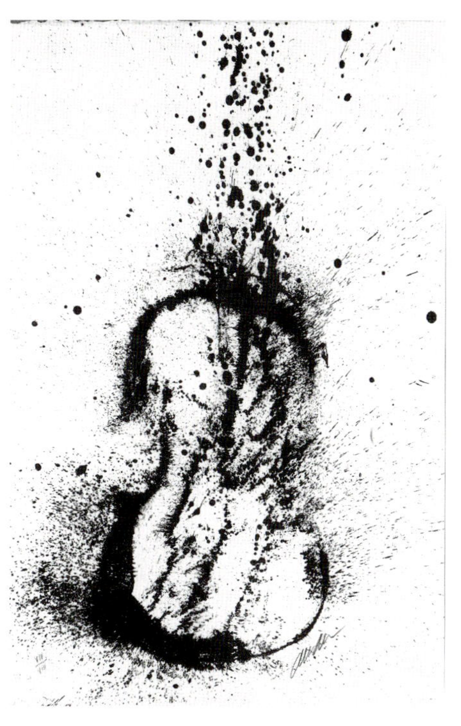

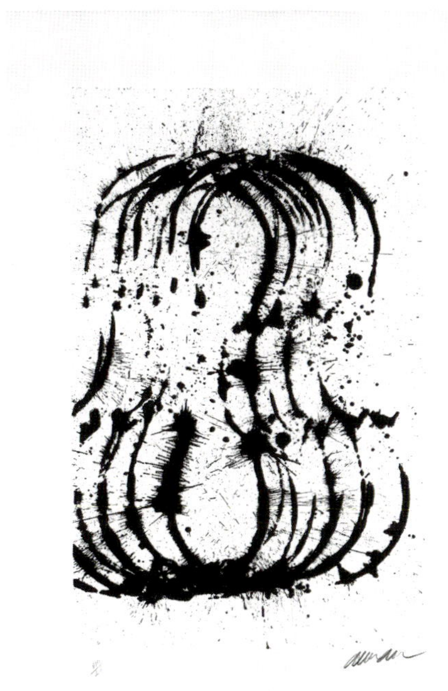

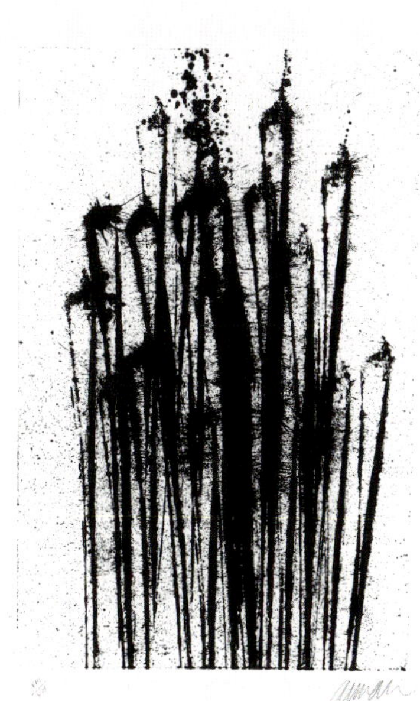

Le traité du violon, 1979
g, m, n und o

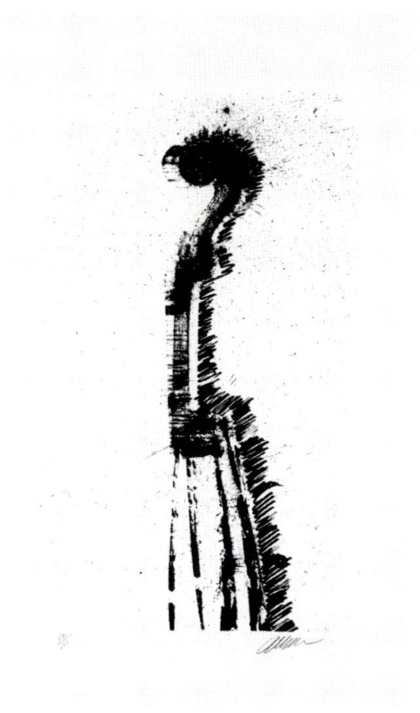
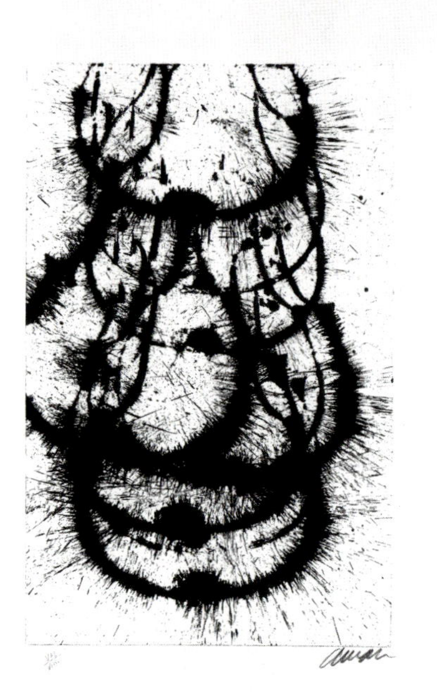
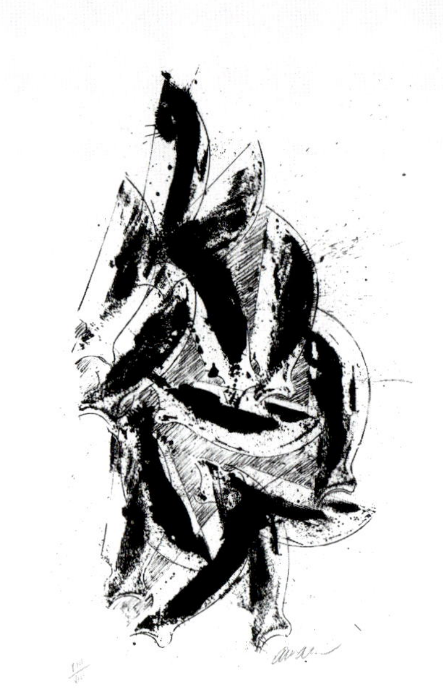
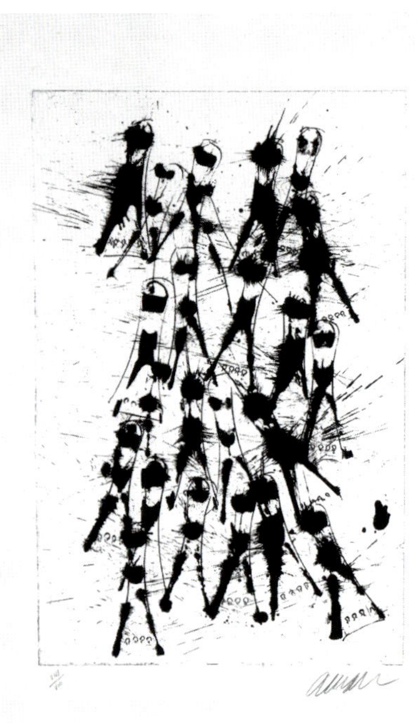

Le traité du violon, 1979
p, q, r und s

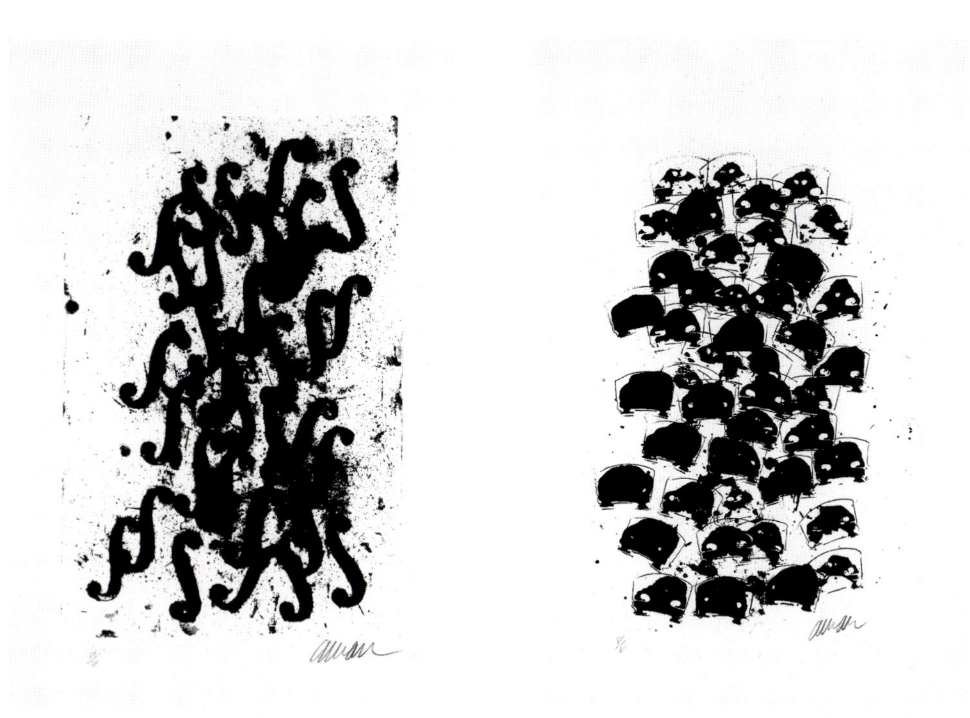

Le traité du violon, 1979
u und v

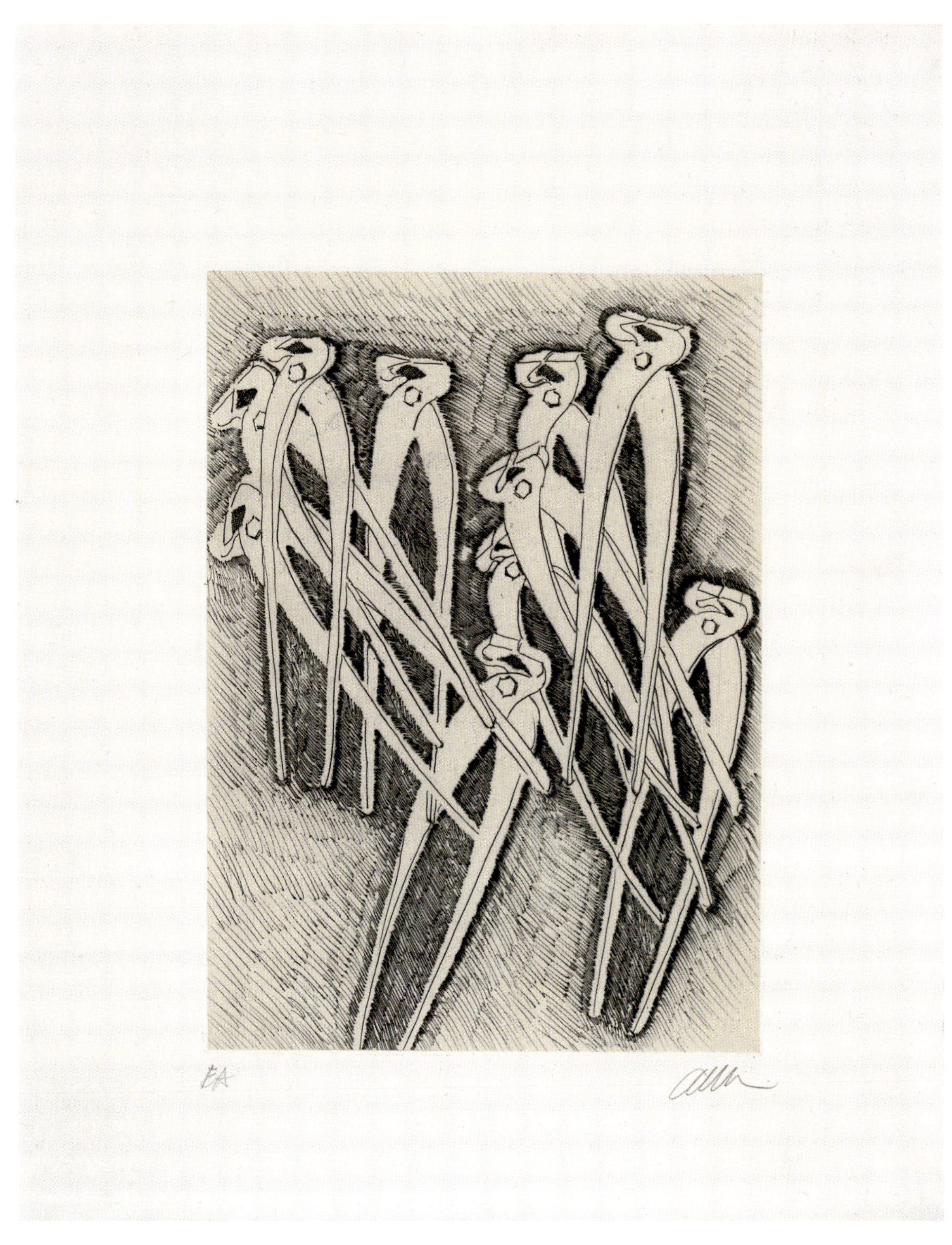

Prey Mantis, 1980
Kaltnadelradierung, Dry point, 57,6 x 45,4 cm

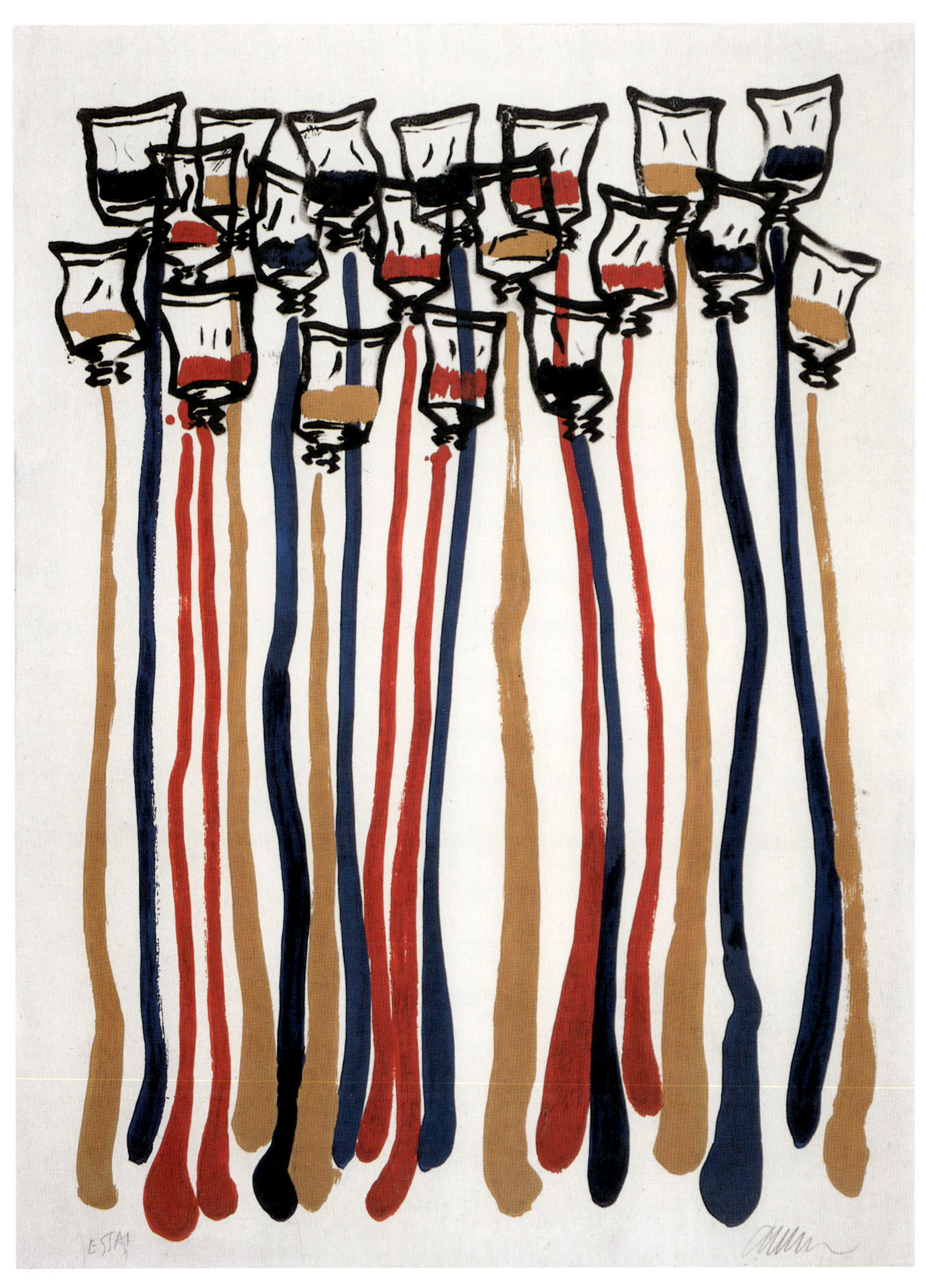

Pouring, ca. 1979
Siebdruck, Silk screen, 76 x 56 cm

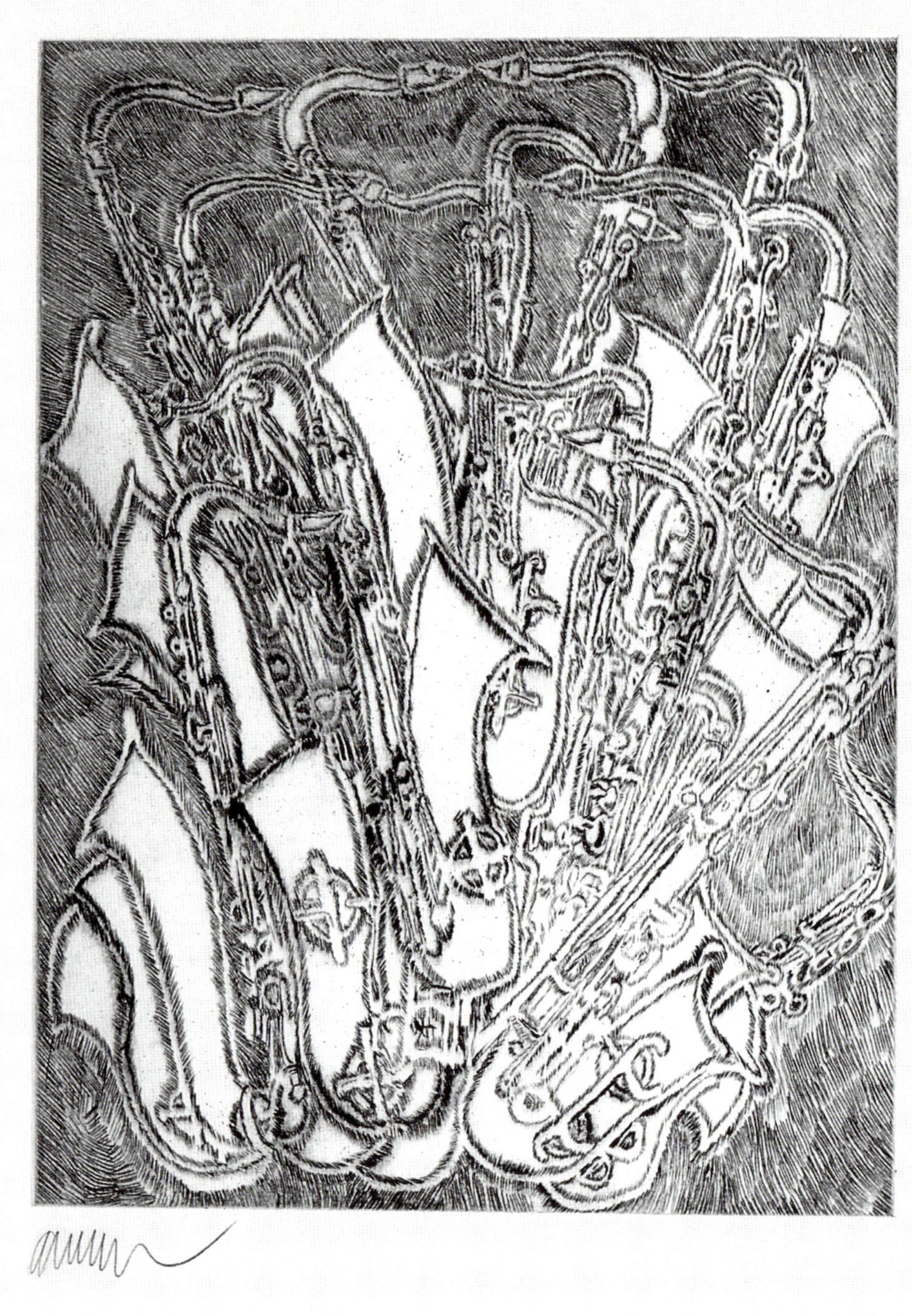

ohne Titel, 1985
Kaltnadelradierung, Dry point, 56,4 x 38,5 cm,
Musée du Dessin et de l'Estampe Originale, Gravelines

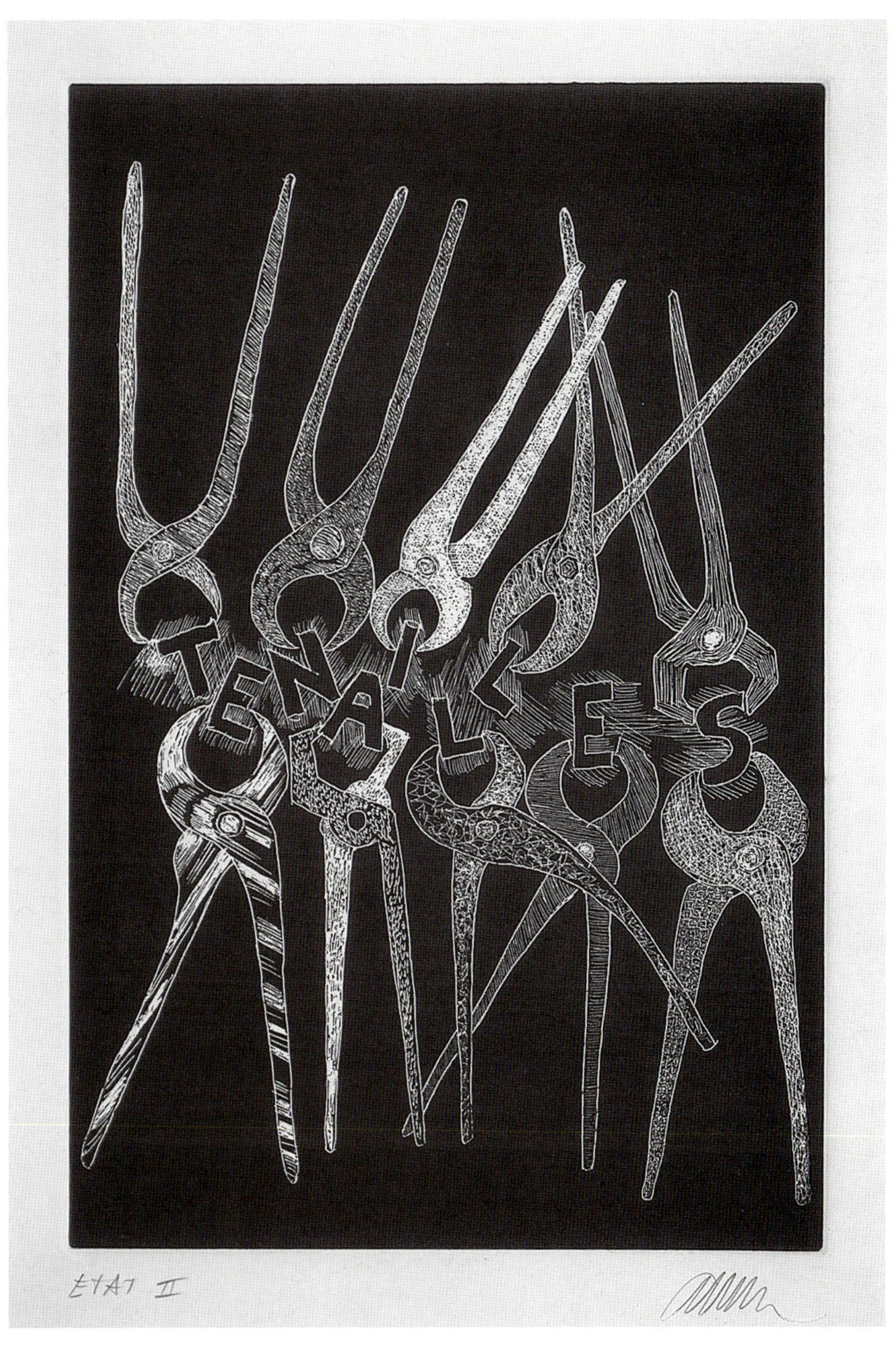

Vice ou vis caché (zweiter Zustand / second state),
Kaltnadelradierung, Dry point, 56 x 38 cm

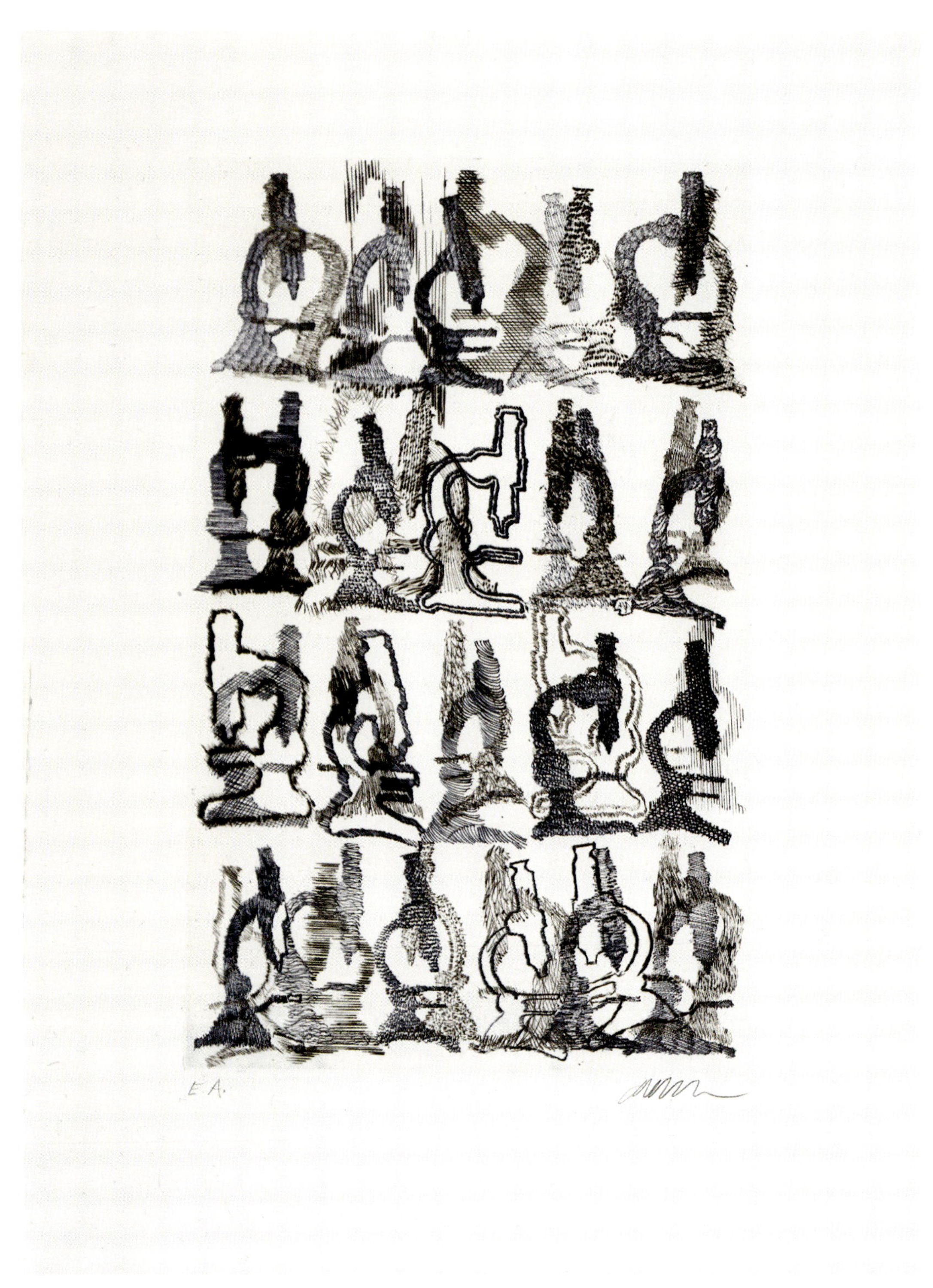

ohne Titel (untitled, the nobel prize portfolio), 1981
Kaltnadelradierung, zweifarbig, Dry point in two colors, 75,5 x 56 cm

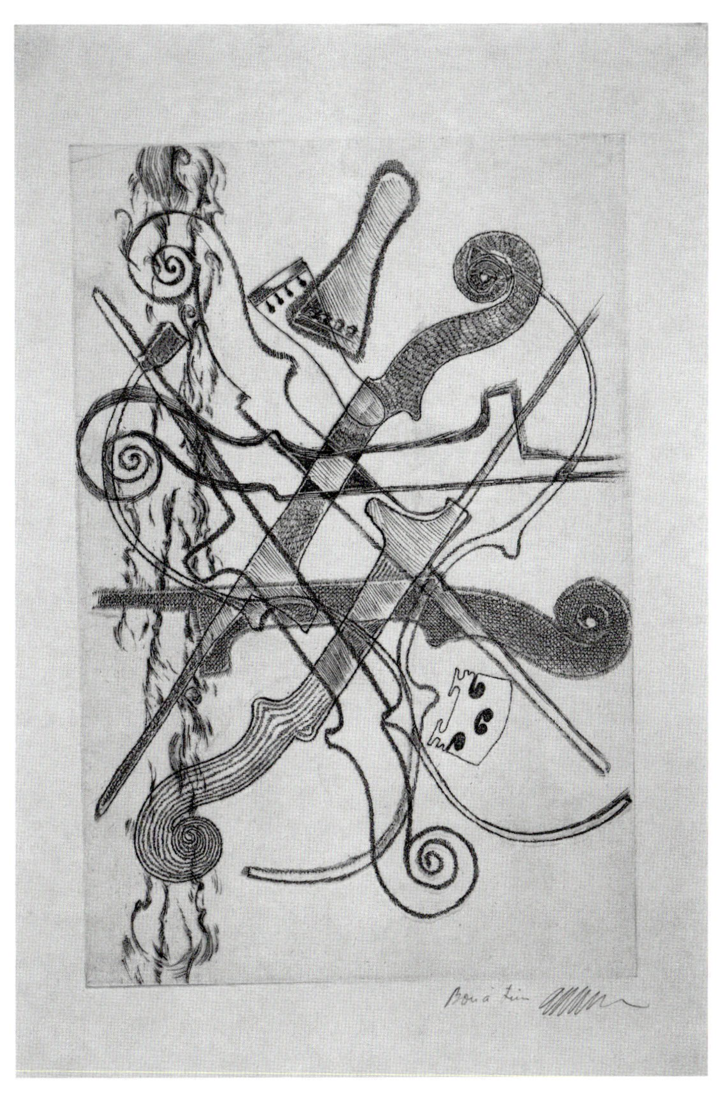

The hidden star, 1983
Kaltnadelradierung, Dry point, 56 x 76 cm

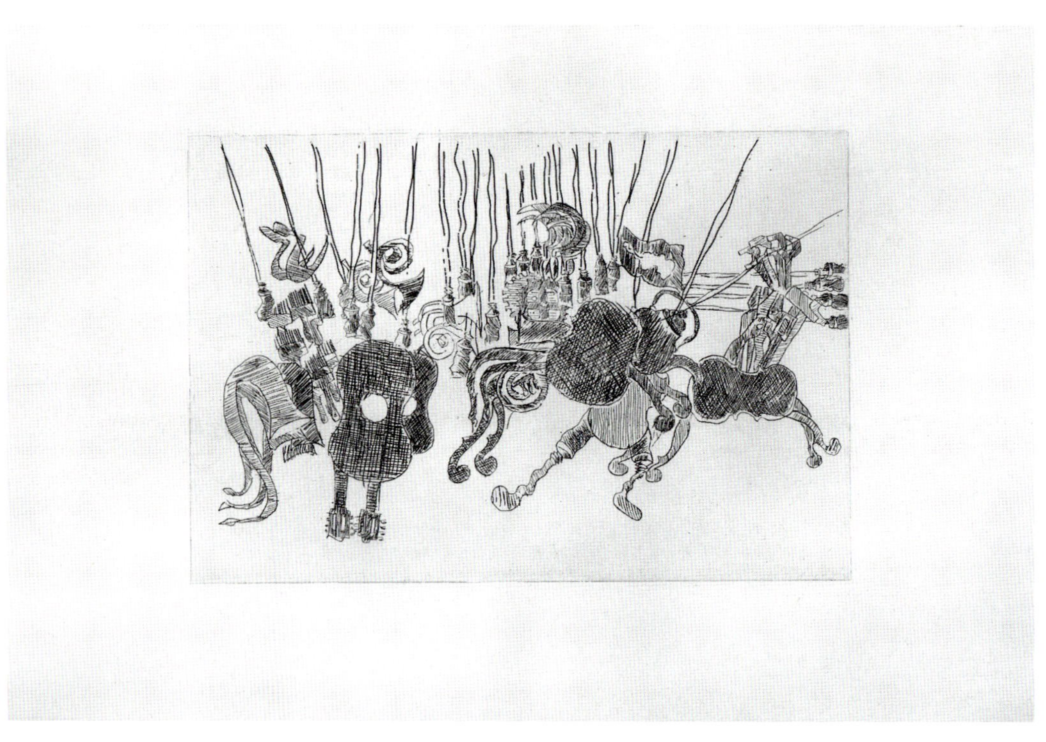

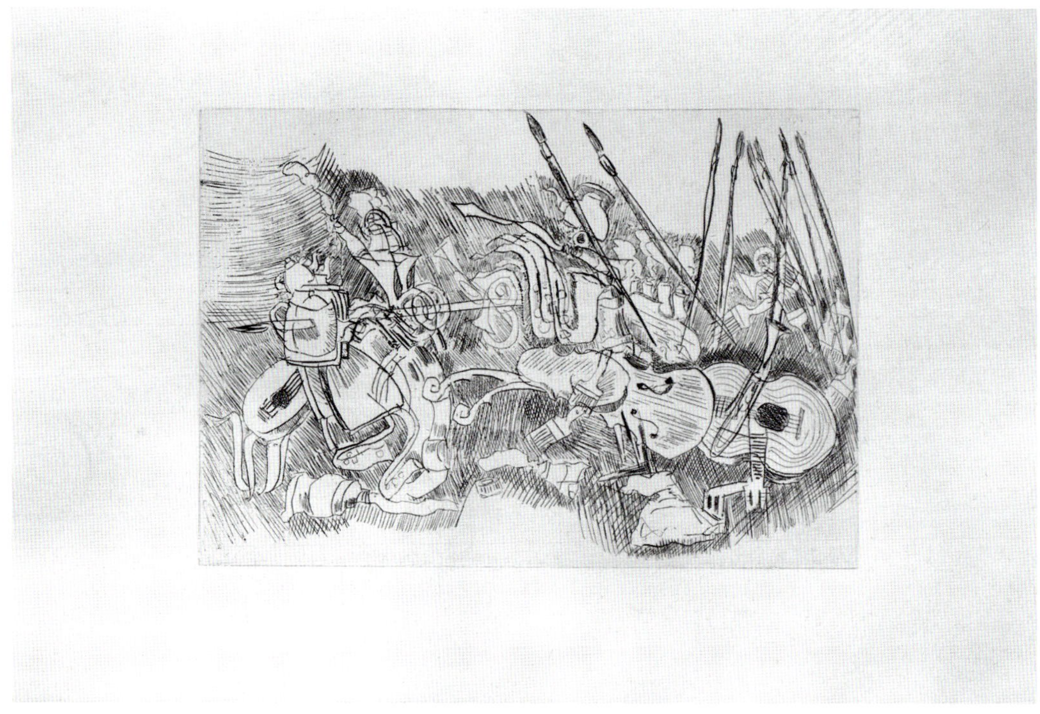

Ode profane, 1990
Zwei Radierungen, Two etchings, 33 x 50 cm, a und b
Studio Arman, Vence

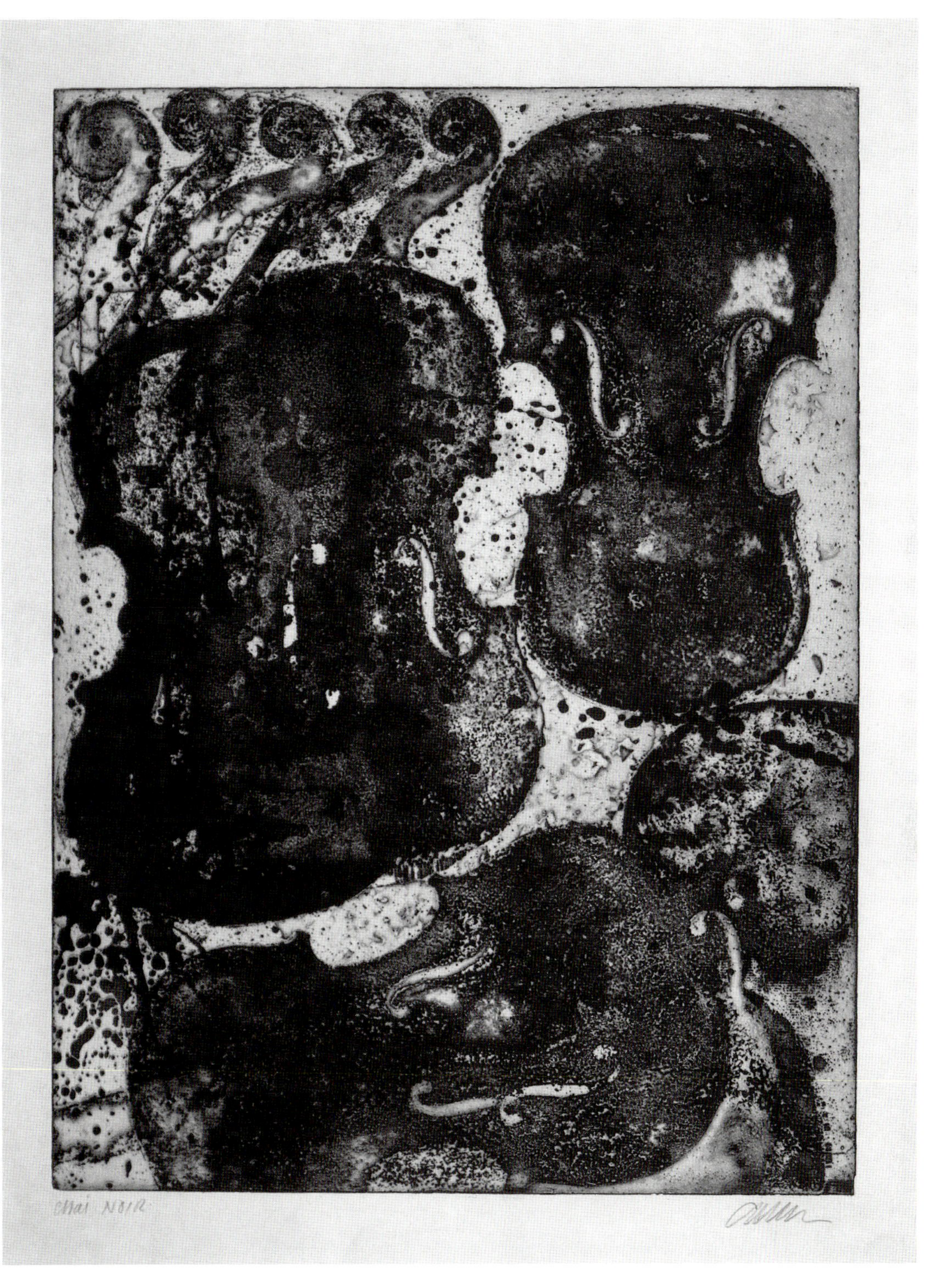

Essai noir, 1989
Aquatinta, Aquatint, 72 x 54,5 cm

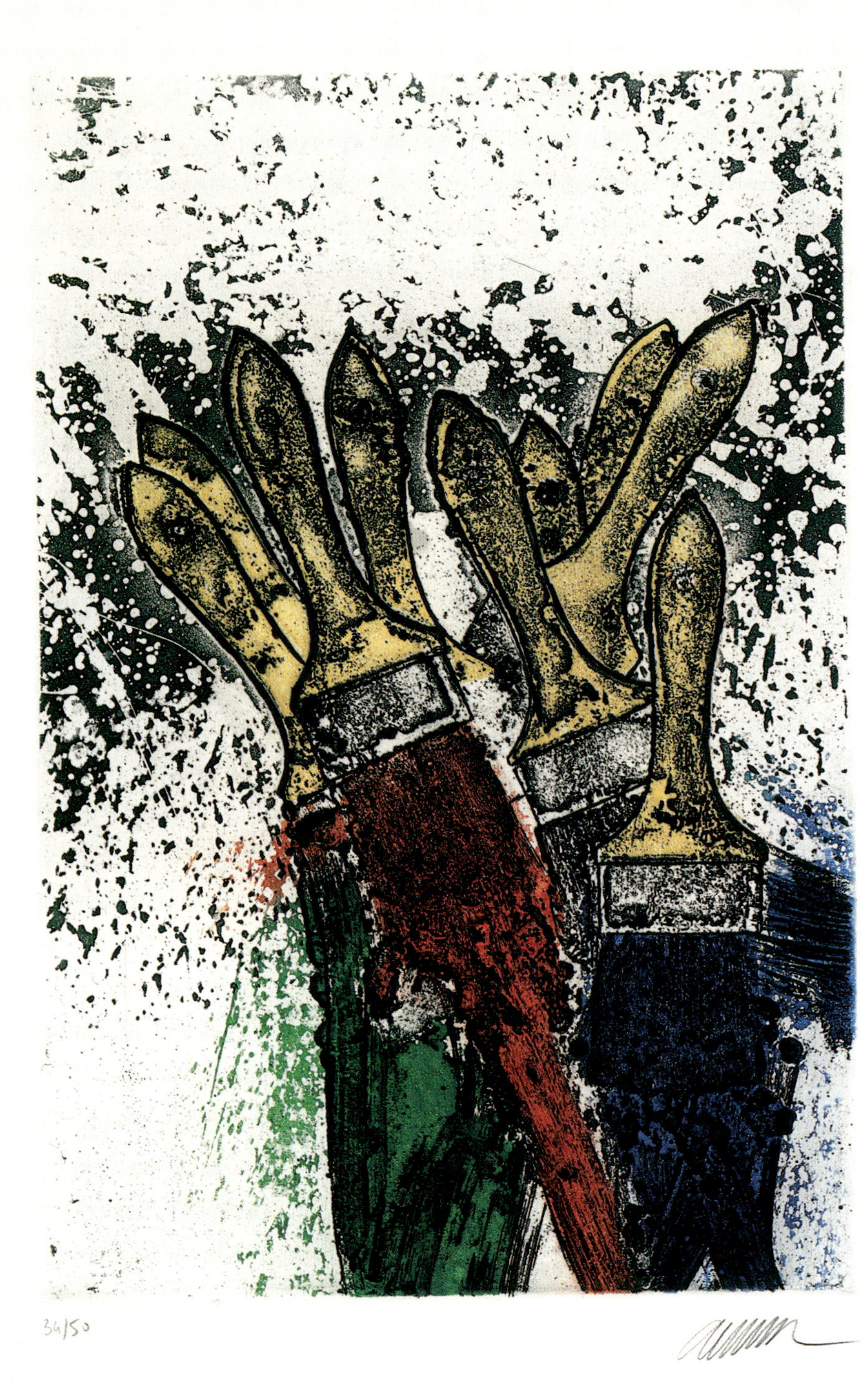

Les manches jaunes, 1989
Radierung in fünf Farben, Etching in five colours, 51 x 39,5 cm,
Studio Arman, Vence

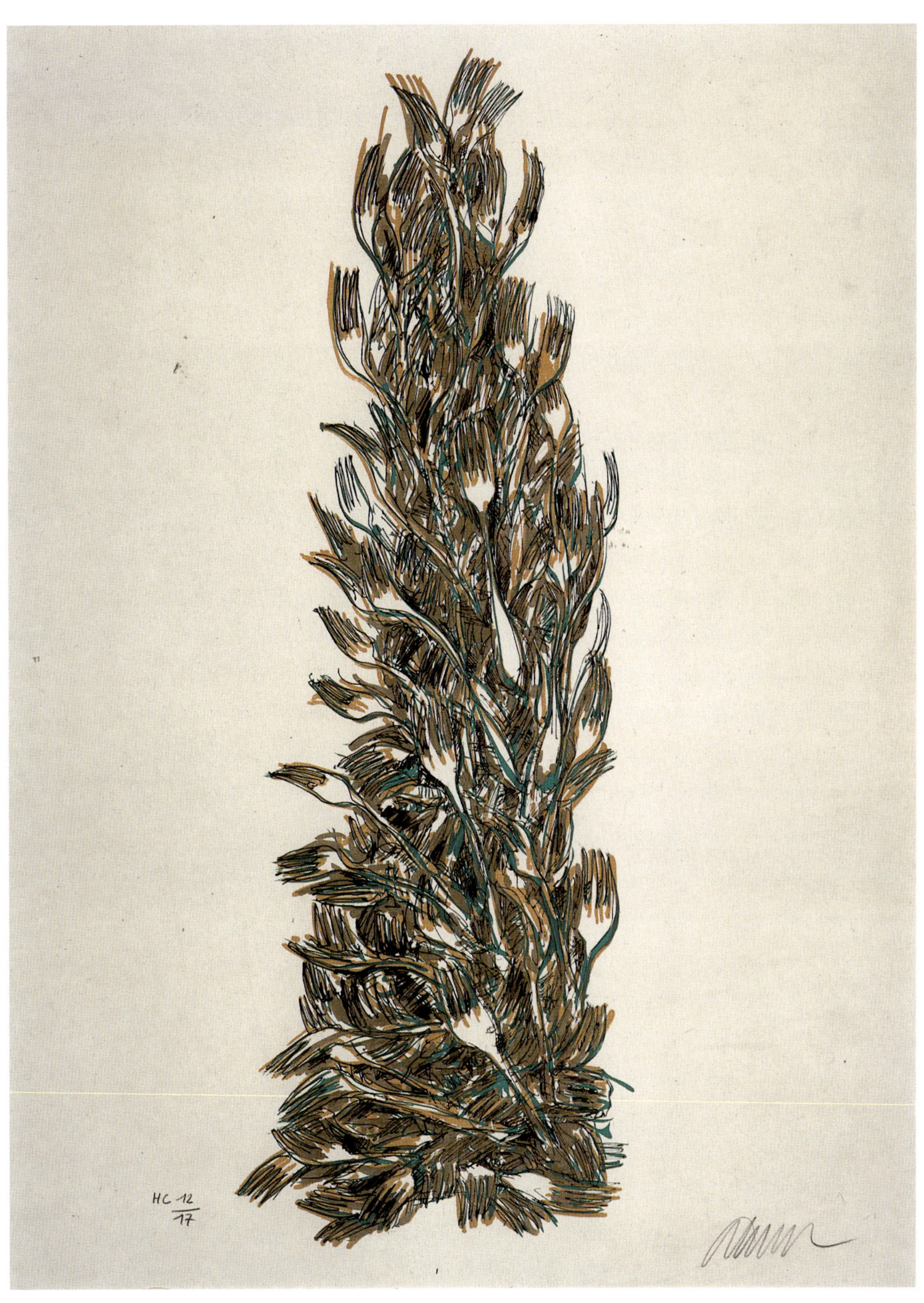

Les Gourmandes, 1992
Lithographie, Lithograph, 65,5 x 50,6 cm

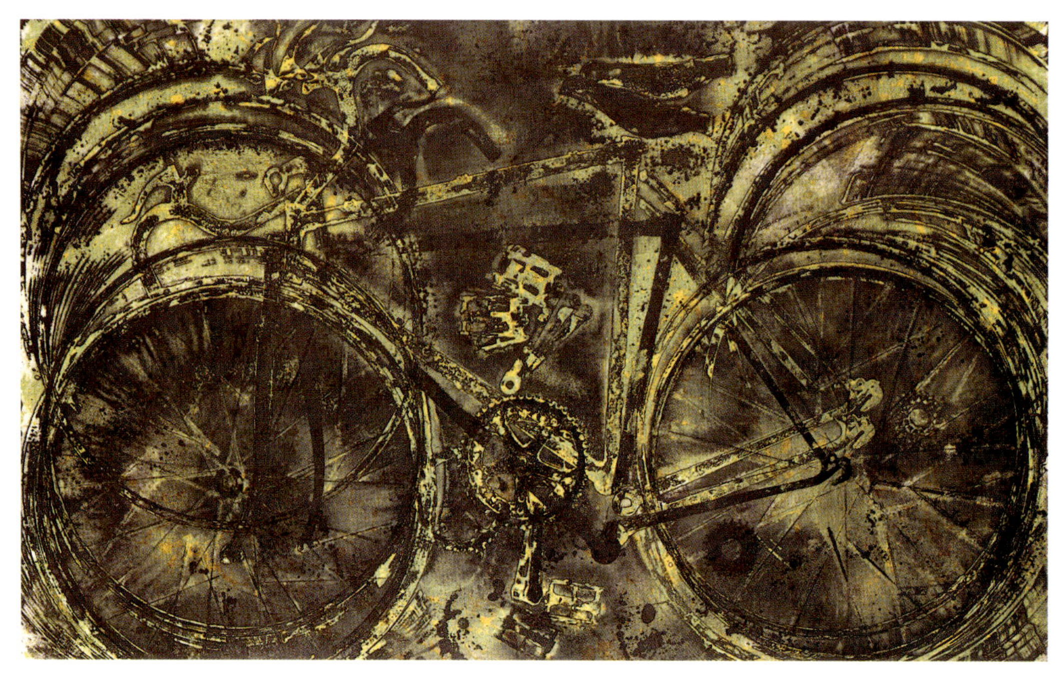

ohne Titel (untitled), 1991
Aquatinta, Aquatint, 113 x 189 cm

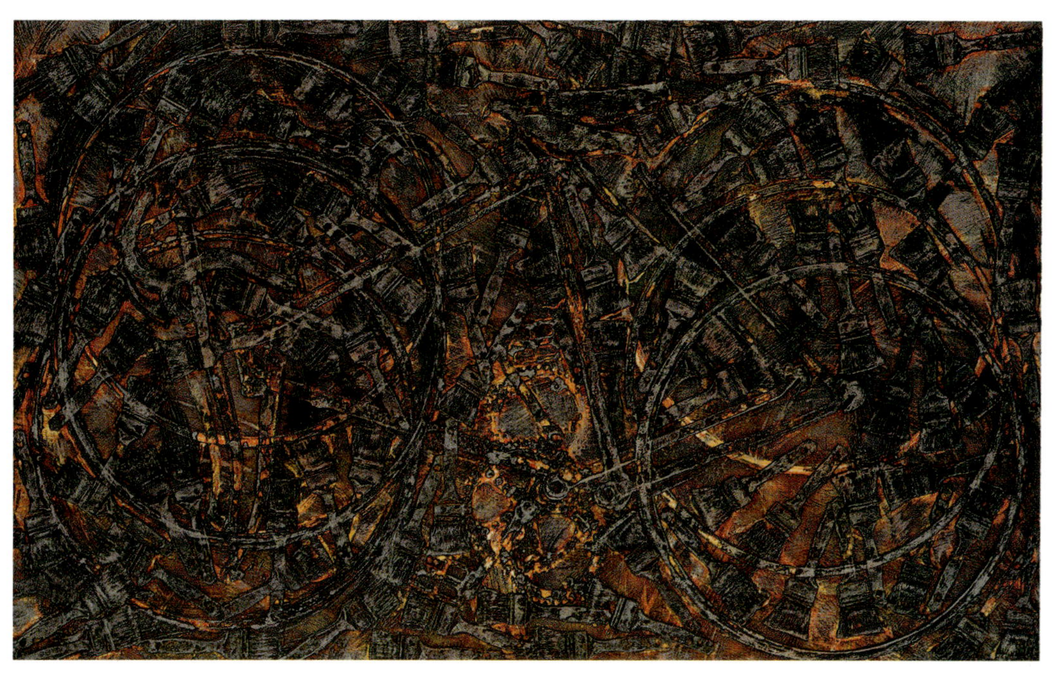

ohne Titel (untitled), 1991
Aquatinta, Aquatint, 113 x 189 cm

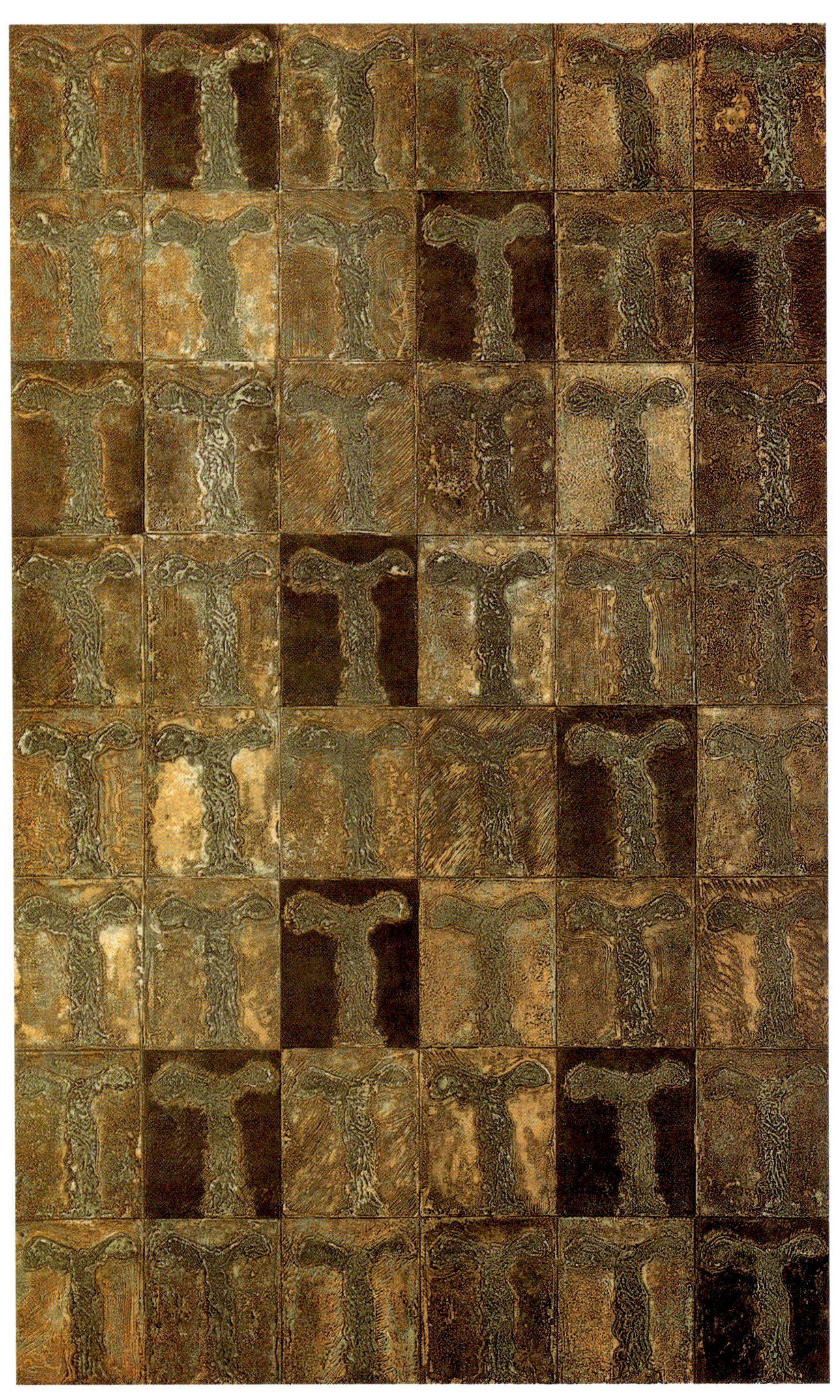

Victory of Samothrace, 1993
Aquatinta,
Aquatint, 176,3 x 110,8 cm

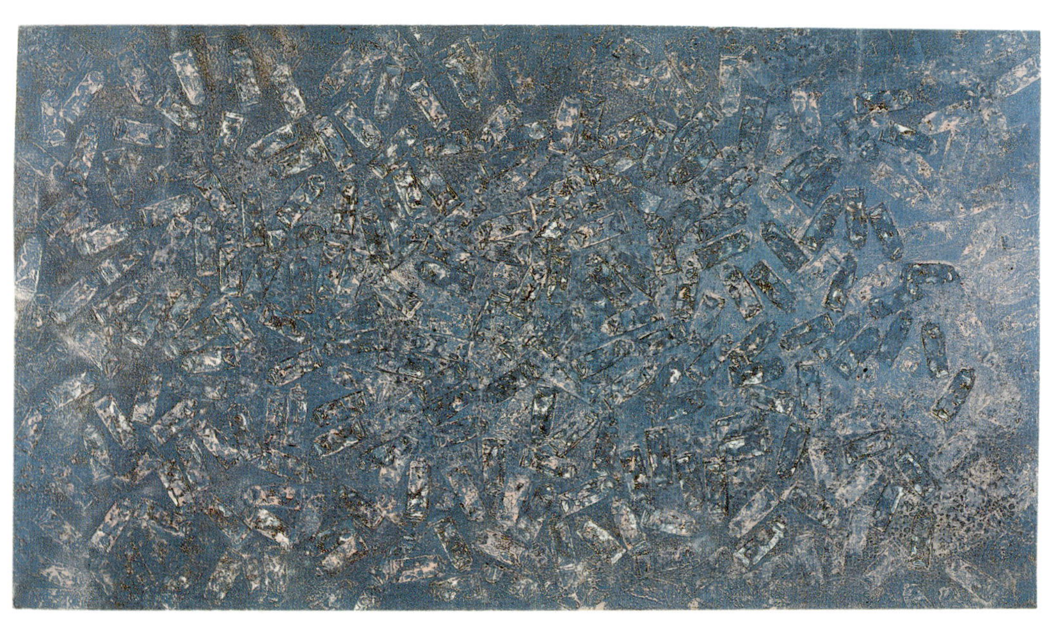

ohne Titel (untitled), 1993
Farbtuben, Aquatinta, Painttubes, Aquatint, 198 x 109,5 cm

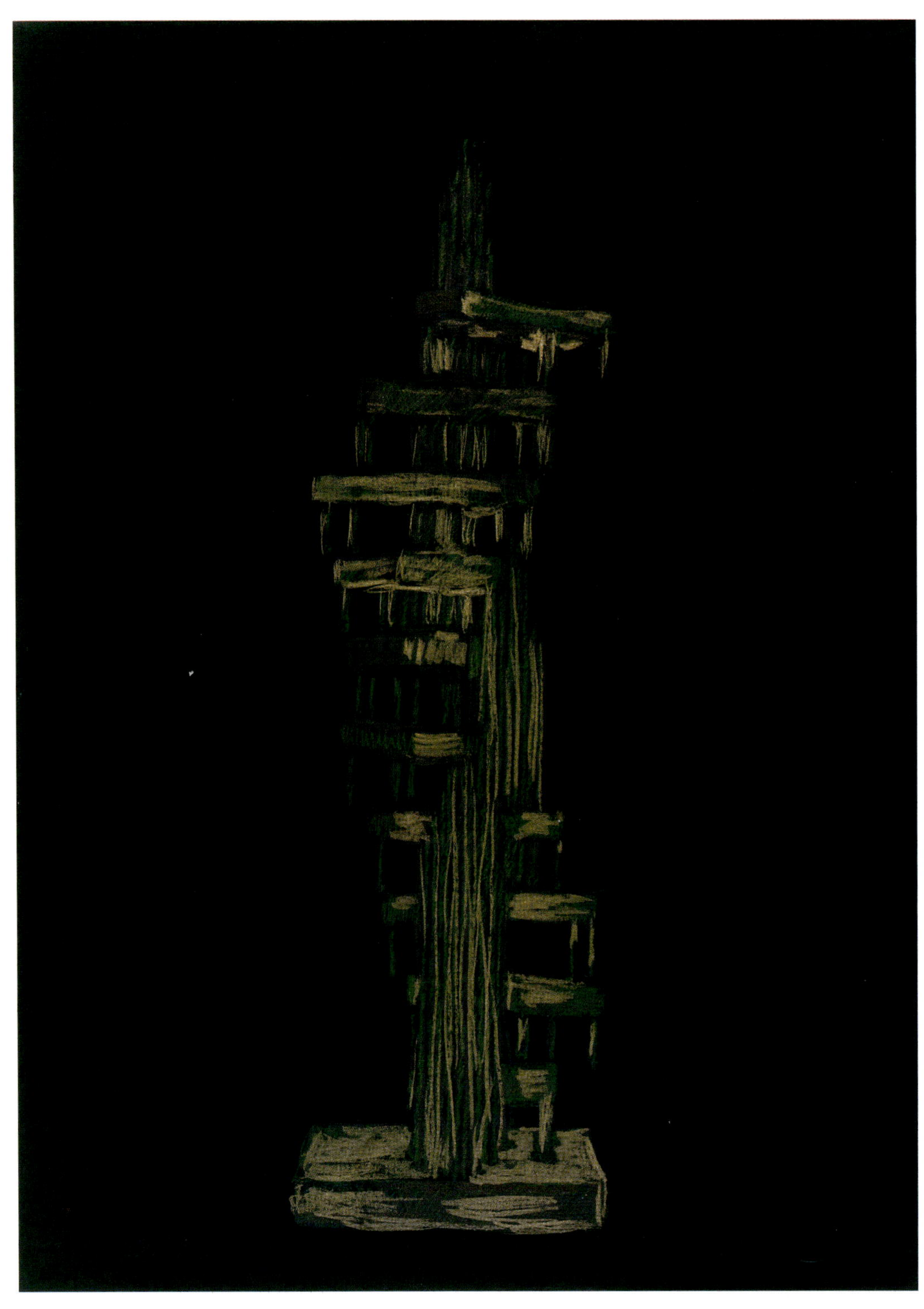

To J. S. Bach, 1999
Lithographie, Lithograph, 56 x 75 cm

Preface

Whenever one encounters the works of Arman, one is fascinated by his unique way of handling, accumulating and defamiliarizing materials. Looking at them, one realizes the problematic nature of the consumer's attitude: the desire for standardization, regulation and the availability of industrial products. Arman has studied the phenomenon of industrial mass production, de-individualization and waste since the fifties. He was one of the original members of the "Nouveaux Réalistes", when the group was formed in 1960 and put the reality of everyday life and ordinary materials in new aesthetic contexts.

Arman's art examines some of the central problems of our time. It appeals to society which reacts irritated and chocked. Arman makes us think about the principles of excessive consumption, the constant availability of products in uniform multiplicity and the loss of respect for the singular, the unique. Arman analyses and comments this aspect of the real with subtle irony. His means of artistic expression are traces (cachets, allures d'objets) fits of rage (colères), accumulations (accumulations), that even include litter (poubelles), combustions (combustions), precise cuts through sculptures and objects (coupes) and many more. By reshaping and rearranging industrial mass products, Arman has disclosed their singularity and their inherent beauty. Only Arman can characterize quantity as individual.

This is the first extensive retrospective and documentation of Arman's works on paper, which have been created over a period of almost five decades. They are an fundamental part of his oeuvre. The process of artistic creation can be seen at work here and one can recognize how the graphic experiments have contributed to formal innovations. All of the larger projects, every installation and sculpture were prepared in a series of sketches which were essential in finding the ultimate solution.

This exhibition could not have been realized without Arman's enthusiasm and amiable collaboration. He did not only aid us in the selection of works from his studios but also made possible the contacts to further lenders to the exhibition. We are very grateful for his personal dedication to this exhibition. We would also like to thank the sponsors, lenders and museums which have supported the realization of this exhibition or will help to further advance the interest in Arman's work by also showing the exhibition. Dr. Urs Rickenbacher, Lyss and Harald Wolff, Mougins were especially helpful in bringing this project to an successful end. Their assistance in the preparation of many details of this exhibition was invaluable. Without them and the sponsors the production of the catalogue would not have been possible. We are grateful to Dr. Urs Roeber for his sagacity, his dedication and patient good humor in assisting this exhibition. And finally we would like to thank the staff of the Ludwig Museum. Their energy, patience, devotion and judiciousness have been a great help during the preparation of this project.

Beate Reifenscheid

Translation from the German: Hartmut Härer

Arman – The draughtsman

Beate Reifenscheid

It is told that Luther once overcame the devil who had visited him to torment him, by throwing an inkpot at his head. The pot burst on the wall and its contents were splashed all over the wall, the demonic dark blots spread and dripped to the floor as they became calm at last.

This blot of wrath is still shown to visitors of Augsburg, although it has been repainted several times since the original dramatic shot. Imagine, dear reader, whoever you may be, whether you believe in the devil or not, that we are witnesses to the blot's tempestuous origin. We first notice that the splattered area, the range and delicacy of its texture, are related to the force of the shot and articulately express action and emotion. We think that we can also notice the absence of the devil.[1]

Arman is the celebrated artist whose famous "*accumulations*" and "*combustions*" show that he is someone who feels free to transform the most ordinary objects of our everyday life into art by accumulating, stacking, destroying and rearranging them. Nothing can evade the artist's grasp. Arman smashes, saws, cuts and splits up just about everything. He occasionally indulges in fits of rage (*"colères"*) which help him to develop artistic form. Daniel Abadie called Arman an archeologist of modern times [2], because he is someone who faces the phenomena of modern industrial society by appropriating its products. It does not make a difference if Arman gets hold of waste (*"poubelles"*) or saws up high standard industrial products or historical bronze statues. Household appliances and musical instruments like violins, trumpets or grand pianos are all subject to the same implacable impulse to divide and dissect. The artist sometimes resembles a child who cannot be satisfied until everything is turned inside out, and who attains knowledge by destroying things. Armans view of the world is opposed to ordinary habits of perception. He is someone who questions everything and destroys familiar orders. Anarchy is the prime impetus to break with outmoded traditions and social norms, to discard them radically and to declare their triviality. Arman's opposition against old values is not limited to simple protest, he confronts them with new modern qualities.

Arman is well-known as a creator of objects and sculptures, as an outstanding artist in almost every genre: everybody knows his public projects, his installations, his sculptures, his adventures in the realm of design like the carpet-design showing leaking tubes of paint, his violin tables and chairs, the pieces of china with the crossed forks and his extensive oeuvre of prints. The latter is documented in the catalogue raisonné of etchings, lithographs, silk-screen prints and books until 1990. Although numerous exhibitions were dedicated to the work of Arman, there has not yet been an comprehensive examination of his drawings, the works on paper which have been created during a period of almost five decades. It is even more surprising that this part of Arman's work has been neglected, and therefore not documented, if one considers the fact that Arman is arguably an artist who pursues his aims with single-mindedness in all genres and shows logical consistency in the creative process and variety of his work. Arman has used the medium of paper in various ways: a) for the "classical" draft b) as an autonomous field of experimentation c) as collage, sometimes including three-dimensional objects and d) for reproductions. The works on paper are of crucial importance with regard to the whole oeuvre, not least because the experiments with plastic form found their most original freedom in the early prints of the *"cachets"* and *"allures d'objets"*.

In an Interview with Daniel Abadie, Arman describes impressively the importance of the graphic arts, especially for his liberation from the fashions of the fifties and the finding of his own style:

At the beginning of the fifties I literally indulged in everything that was in fashion. I was full of admiration for Poliakoff and de Staël, and between 1951 and 1953, I finally did some paintings in which I mixed both methods, which were founded on that which Léon Degand called the "logic of the exterior world." That means that although they were apparently abstract constructs, their production followed a non-abstract logic, a logic of the landscape and of the human form. This continued for several years, up to the instant where my attitude changed completely, after I had discovered an essay on graphics in the magazine "Art d'aujourd' hui" in 1953 or 1954 and I had visited an exhibition of Kurt

Schwitters in Paris at the same time. Inspired by the Schwitters exhibition and the few works of Pollock that I had seen in the Studio Facchetti, above all, however, by that number of "Art d' aujourd' hui" on graphics, I started experimenting with stamps, with the stamps of objects and the like. So I gradually introduced the object, or rather not the object itself, but its stamps and traces. [3]

Arman was impressed by Schwitters' *"Merz"*-pictures. This sometimes very small collages combine newspaper clippings, cigarette papers and other accidentally found objects in a dadaistic manner. Schwitters integrated short fragments of everyday reality in his compositions. Because of their fragmentary character, however, they could only very superficially be considered as synonyms for reality. The term *"Merz"* itself was taken from the German word *"Kommerz"* (Commerce), which was distorted and deprived of its promising impetus. After the debris of World War I Schwitters looked at the future optimistically. He used the scarce cloths, objects and papers at hand to make his collages and emphasized the chances for innovative creations in art by the very simple materiality of his works. Wit, irony and an highly imaginative use of accidentally found objects were essential for the evolution of this puzzling interplay of the real and the unreal. Like Arman, Schwitters referred in his collages to the cubists, who were the first to integrate pieces of newspapers and letters in their paintings. They did not simply depict them, but included real objects in their images. The cubists' introduction of these fragments of the real, however, was motivated by aesthetic considerations concerning form, while Schwitters and Arman are concerned with the reality of the work itself.

The cubists discarded the intention of representing the world by an illusionistic image seen from a single point of view. They conceived their paintings as facets of multiple perspectives, confronting the viewer with the new pictorial facts of discontinuity and succession. The depicted object is no longer considered as a unity, it becomes complex and ambivalent. Pictorial reality can only be decoded in sequences now, like in the process of reading, and it is sometimes very difficult to connect this sequences. To the complex structures of "analytical" cubism (a style used by Picasso and Braque already in 1908/09) such apparently disparate elements as newspaper clippings, fragments of words and letters were introduced (in 1910). Although their neat typography matches the rhythm of the drawing and the pictorial composition, these elements remain alien. They are puzzling and impede the discursive decoding of the image (the act of reading and combining) because the actual words in the picture suddenly provoke their own images in the mind of the spectator. Two levels of reality get in conflict here. Picasso's famous *"Indépendant"* and Braques *"Le Portugais"* are the origin of a new status of the image. Erika Billeter pointed out that with the introduction of collage *"reality was no longer imitated by the means of the illusionistic image, reality did now represent itself. Painting became a truth without artifice."*[4]

Arman's initial reflections on Schwitters are concerned with the degree of reality in the image. The far-reaching formal changes in the perception and representation of reality introduced by the cubists were of no interest to Arman. His pluralism of multiple modes of perception is of a completely different nature and will be considered below. Arman's use of the collage has two functions: the inclusion of the real object and its deconstruction in the act of division. Aspects of form and content are equally important here. Werner Schmalenbach, who also emphasized that there is a connection between Schwitters and Arman, focused on the aspect of construction: *"When Schwitters said that it was his task to build something new from the fragments of a culture, the building was more important to him than the fragments. He did destroy objects yet he did not destroy form itself, he was always concerned with form. Arman defines the difference between the use of objects and waste in his own art and that of his precursor as follows: With Schwitters we are participating in a quest for harmonious balance [...], the pictorial value of objects and their integration is more important to him than the material itself [...] I claim that the expression of scrap metal and objects has a value in itself, I don't have to search for aesthetic forms in waste and to assimilate them to the colors of the palette."*[5]

Collage means to Arman working with the material itself. All kinds of material are the stuff his world is made of. They are the subject and the object of his investigation, they are primary self-referential. Then there are the new aesthetic qualities that emerge in the process of artistic creation. At least in the early years of his career (at the end of the fifties and in the sixties) Arman's obsession with materials can also be interpreted as an adamant rejection of social conventions (e.g. in the *"Poubelles"* series), which were disapproved of by all *Nouveaux Réalistes.*[6]

After his encounter with the work of Schwitters at the Galerie Berggruen in Paris, Arman had his first personal exhibition at the Galerie Haut-Pavé in 1956. There were some paintings in the exhibition, but mainly it was a presentation of stamp prints on paper. Pierre Restany, who was especially interested in this *"cachets"* encouraged him to experiment with large scale prints.[7] Shortly after, in 1957, the *"cachets"* were once more shown in an exhibition at the Galerie La Roue and were praised by Pierre Restany in the magazine *"Cimaise"*: *"A short remark on the cachets, the combinations of stamp prints on paper: beyond the superficial anecdote of the characters and the ironic coincidence of certain allusions, the artist must be credited some real strokes of luck. This is an open route which should be pursued: such correspondent methods are often full of meaning and possibilities for the future."*[8]

Arman achieves a variety of formal improvements with the stamps: he introduces the element of seriality, which will be crucial for his further development as an artist (the stamps are really two-dimensional *"accumulations"*). The "all-over" principle, which played an important role in Pollock's paintings around 1950, appears here according to the density and arrangement of the stamps. It is the sign of a new principle of abstraction. Since most of the stamps show characters or texts, there is obviously an element of self-referentiality (as a latent reverence to cubism and the work of Kurt Schwitters) on the formal level, and as regards content, there is a far more concrete emphasis on the reevaluation of the object itself. The object of the *"cachets"* remains however virtual, it is only present in the imaginative transformation of the printed words, which has a different quality than the reading of a text. In the *"cachets"* the technical process of printing is used as a means of artistic expression. The tightrope walk between technical precision and free irregular gesture is carried out successfully. The stamp prints, which are sometimes reworked with watercolors (page 36), show the complete banality of this method. They denote the language of bureaucracy, and refer to nothing but themselves. Yet there is almost everything the *"Nouveaux Réalistes"* have become famous for. The stamp prints anticipate the optimistic belief in the serial, standardized production process, in constantly increasing demand and in the compliant availability of products. The stamp refers only indirectly to other objects, in an ironic way which undermines the irrational belief in authorization by labels or official stamps (for example in *"Government Property"*, 1955[9], (see page 33).

When Arman's paintings and *"cachets"* were shown at the Galerie Iris Clert, Yves Klein went into raptures: *"You will see, dear Iris, this is the beginning of something great."*[10] Pierre Restany once more praised the stamp prints in the following edition of *"Cimaise": "Armand's [sic!] Cachets, however, are small, elaborate masterpieces, full of humor. The artist knows all secrets of this particular technique. I have already pointed out the charms of this technique to the readers of Cimaise on the occasion of Armand's last exhibition in the Gallery La Roue. The different colors in the prints produce an unpredictable shimmering and most poetic effects. Looking at such excellent works, one cannot help thinking that it is a pity that the artist has limited his prints to the size of boudoir-paintings. I wonder what the results of experiments with a larger scale would look like."*[11]

Arman, who actually made some large size *"cachets"*, developed at the same time a new method, which he called *"allure d'objets"*. The name was derived from the musical compositions of his wife, Eliane Radigue, who was then a member of the *"Groupe de Recherches musicales"*, run by Pierre Schaffer. The latter was a sound engineer who had invented devices like the morphophon and the phonogen, which enabled him to manipulate the frequency and sustain of sounds. In experimental music, the sounds of all kinds of instruments (mostly not classical ones) that were altered and recorded were called *"allures d'objets en musique"*. Arman was so fascinated by this experiments that they became a source of inspiration for his work and he adopted the title for his own new method. In the *"allures"* he plays once more with the absence of objects, like in the *"cachets"*. Since they are even more minimalistic than the "stamps", the image exposes the object. The objects, which were dipped in paint, speak for themselves on the paper or the canvas. What matters to Arman, however, is not the imprint of the object but the motion that is a result of his throwing objects on the canvas.[12] Objects like a mirror, a bottle, a pearl necklace, egg shells or whatever are no longer visually decipherable, because touch and motion are their only traces. This traces epitomize the ephemeral and transitory, they are spiritual and immaterial concretions of the present. In this sense they can be compared to Yves Klein's *"Anthropometries"*, the traces of the motion of human bodies covered with paint on a canvas. The apparently primitive discloses a subtle aesthetics of excellence. In contrast to Klein's *"Anthropometries"*, and despite the abstraction from the object itself, Arman's *"allures"* still preserve an affinity to consumer's society, or as Pierre Cabanne put it *"un relais sociologique, un appel à la nature moderne"*.[13]

The *"allures d'objets"* were shown at the Saint-Germain Gallery in Paris on March 16, 1960. The invitation to the exhibition contained an seminal text by the mentor of the *"Nouveaux Réalistes"*, in which several essential issues were succinctly formulated: " [...] *Arman's drawings and paintings are allures d'objets, the linear elements they consist of are just the traces of objects on the virgin canvas or white paper, they belong to the sensible world and were thrown on it after dyeing [...] Arman projects the objects he has selected and dyed in color. The finality of this gesture is of a strictly graphic nature: The allure of the object is organic existence in motion. Every object has its own way of writing, which is given to it by nature. And Arman does not work against nature. He is the conductor of an orchestra, working with scores that consider the specific register of each instrument. The intensity, the intention and the scale of every action varies according to the objects that are used. To every object there is assigned an action and the synchronization of these actions produces the harmonious unity of the work..."*[14] Most of the *"allures"* are of larger size and scale than the *"cachets"*, some of them are several meters long. [15]

After the *"Allures d'objets"* in 1958, a new important phase in Arman's work was initiated with the objects that were called *"colères"* – fits of rage. In the *"colères"* Arman introduced actual objects in his art for the first time. These objects are not intact and complete but split and destroyed, and any possible unity can only be associated by looking at the multitude of fragments.[16] They are, despite all formal differences, a consequent development of the *"allures d'objets"*, because their subject is also the motion that manifests itself in the force of the splitting and the intensity of destruction. On the paper they appear as acts of a final revulsion: sometimes as traces and sometimes as collages. All that which cannot be seen because of the speed of the action becomes now visible in slow motion. Since the traces of the objects are just fragmentary splashes, their transitory nature becomes evident (see page 48).

Like many developments in the history of art, this new phase in Arman's work was initiated by chance, and it is no accident that chance is intentionally adopted as a creative principle. It is a phenomenon that was introduced into art by the Dadaists and then the Surrealists – especially their reception of the writings of Freud and his emphasis on the subconscious – and adopted by the first painters of American abstract expressionism and finally the *"Nouveaux Réalistes"*. The frottage-technique, the *"écriture automatique"*, blot drawings and early experiments with materials in painting, like the *"sand drippings"* of André Masson, must be mentioned here. Arman describes the creation of his first *"colère"*, and I think it is important to notice the close connection between the "objet trouvé" and the "fits of rage": *"Un jour je me suis trouvé en face de l'accident lui-même, les bouts de verre cassés étaient tres beaux, et je les ai gardés. Ça m'a poussé à faire cette chose qui s'apelle "Tea for Two": La première "oeuvre-objet" qui etait une "colère" d' objets composée d'une théière et de deux tasses brisées sur fond noir, et collées sans couleur, sans liquide, rien."*[17] In the *"colères"* on paper the transitions are gradual, since they can be linked directly to the *"allures d'objets"*. The *"allures"* (behaviours) are far more experimental and open, objects are only used as a medium and not as a means of figurative expression. In the *"colères"*, however, the objects are present. In later works the imprints and the fragments of objects were combined on a single plane.

Several groups of subjects can be distinguished in the *"colères"*. The smashed musical instruments are the most spectacular one, both in the works on paper and the objects. It is surprisingly touching to see this deformed and broken musical instruments deprived of their integrity and function. They are an apocalypse of the music of Orpheus. A world without music is also a radical rejection of humanism, yet it was not invented by Arman. Deconstruction – also of musical instruments – played an important role in the work of the cubists, although their acts of destruction were restricted to formal aesthetics. Werner Schmalenbach distinguished their intentions from those of Arman: *"These were acts of artistic disrespect, too, which proved a new kind of respect towards art: the musical instruments were broken for the sake of an autonomous musicality, the rhythm of forms and colors. This is also what happens in the case of Arman, but he manipulates a real violin, the act of destruction is no longer limited to the painter's brush. It is disputable if the aesthetic interpretation suspends the destruction or if there remains an element of aggression, which is not completely absorbed by the aesthetication."*[18] Gradual transitions can always be found in the work of Arman if one thinks of what happens to the instruments in the *"combustions"*: there is a lot of destruction, but form is not destroyed completely. Both the *"colères"* and the *"combustions"* are happenings, they need the action, the artist and the spectators. In this sense the moment of creation is a part of the work of art. When Daniel Abadie asked Arman, how it was possible to act out his "fits of rage" without inhibitions in front of spectators, he responded: *"I do them like a chop in judo. I am not really angry. [...] I calculate where the blow shall hit, which part I want to destroy, it is not a real fit of rage, but more or less a planned destruction."*[19] The *"coupes"*, the cuts through objects are also intentional. They occur quiet frequently in the sculptural works, but rarely in the works on paper, and if they appear at all they appear as the traces of cuts and form silhouettes (see page 52).

Between the *"allures d'objets"* and the *"colères"*, Arman worked on the *"accumulations"* in 1959. An intensive exchange of ideas with his friend Yves Klein did certainly help to advance this project, especially if one perceives it as an antithesis. Arman reports that Klein once said: *"Je m' intéresserai à ce qui est organique, et tu prendra ce qui est manufacture."*[20] Arman responded to Yves Klein's exhibition *"Le vide"* at the Galerie Iris Clert, Paris in 1958 by his spectacular concept *"Le plein"* at the same gallery in 1960. Klein's concept of the void was a positive one. Klein studied zen-buddhism and believed that the void offered a possibility for pure inward perception. Arman's plenitude, the abundance of materials, of waste and litter is directed against the pressures of an overindustrialized, materialistic society. The exhibition was related to the *"poubelles"* (waste paper baskets), which Arman created at the same time. Yves Klein pointedly commented them in 1961: *"After my own void, there's now Arman's plenitude. The universal memory of art did still need this crucial mummification of quantity. Now that the totality of nature is reassured, it will now once more speak to us clearly, articulately and directly, like it did in the old times. After the void there is now the "plenitude". The plenitude of quantity with all its consequences has been mummified today by Arman for all times. Soon we will no longer need: as much, more, less, slightly more, enough, too much! The real freedom of art is finally at hand."*[21] In the *"accumulations"* Arman succeeded in *"aestheticizing the unaesthetic"*[22] as Schmalenbach has termed it, by using nothing else than waste. They are even more radical than Warhol's *"Campbell's Soup"* series or Jasper Johns'[23] targets, zeros, flags etc., works which employ the same principles of seriality and de-individualization. Arman's *"accumulations"* and *"poubelles"* focus on the things themselves, which are concrete and, with almost no glossing over, nothing but themselves. Yet they seem to be more individual, mainly because of their dadisitic impetus (for example in the *"robot-portraits"* where Arman used litter to identify individual persons and created something like a "genetic consumer identification"). Despite the denial of all personal interference, they are far more subjective and human than Warhol's and Johns' overaestheticized images, which only feign a direct correspondence to reality. [24]

Gérard Deschamps' dessous-boxes, which also "work" by accumulation are far closer to Arman's work. Arman's *"accumulations"* and *"poubelles"* of that time almost resemble accumulations of bric-a-brac or conglomerations of discarded and rejected objects. This was going to change when Arman went to America for the first time.[25] Arman was constantly looking for objects he could use and collected them in his studio in a first stage of "accumulation", as it were. During the continuous process of appropriating the industrial world, Arman's accumulations become less and less individual, the mass products are now also a sign of a uniform society that loves everything that is big. One can easily recognize how closely all of Arman's methods are connected, how one develops out of the other with necessity and advances towards a distant pole in an perpetual motion, just to relapse and then create something new. Action causes reaction and even opposites are linked in imaginative variety in Arman's work. The standardized stamps (*"cachets"*) are succeeded by the action of the *"allures"*, which are related to aleatory "drippings", after the vacuum there is the "all-over" principle, the organic is contrasted with metal and technology, out of destruction (colère) arises construction (accumulation), the music of violins is followed by the metallic sound of machines and so on.

Henry Martin was absolutely right when he pointed out in 1973: „*Together, the cachet and the allures form the basis for all that comes after them. Although both series contain some elements that Arman later chose to discard and some common elements that he chose to continue to investigate, neither by itself contains all the elements that he later elected to pursue. Each can be considered the source of one fundamental idea, and the interaction of these two ideas supplies the key to the understanding of all the rest of the genres he has invented from the poubelles [...] to the various other forms of the accumulations and to the equally numerous forms that are based upon destruction. The direct involvement with the object in the allures combined with the idea of repetition in the cachets, and all the rest follows with a logic as rigorous as that of a series of puns. Once the object is inserted into the logic of the idea of repetitions, the idea of repetition transforms itself directly into the idea of accumulation. One repeats gestures and accumulates things.*

What one accumulates is surplus. Surplus is waste. Wastepaper baskets. Poubelles. What is wasted is laid to waste. Destruction. "[26]

1960 was a decisive year for the group of the *"Nouveaux Réalistes"*. They had their first group exhibition at the Galerie Apollinaire, Milan in April. The exhibition was initiated by the group's spiritual mentor Pierre Restany, who also gave the group its name. In October, when the group was formed officially, they issued a manifesto signed by all members: Arman, François Dufrêne, Raymond Hains, Yves Klein, Martial Raysse, Daniel Spoerri, Jean Tinguely and Jacques Villeglé. The text was edited by Pierre Restany. *"On October 27, 1960 the Nouveaux Réalistes gained the conciousness of their collective particularity. Nouveaux Réalisme = a new perspective in approaching reality."* (page 167) The members of this group were associated by their different uses of randomly found objects and their collective activities, which were abandoned after the sudden death of Yves Klein in 1962. The artist stayed in touch, however, and some close friendships were formed.

Things did evolve rapidly for Arman now. In 1960 he had his first exhibition in Germany, at the Galerie Schmela in Düsseldorf. There he met the artists of *Zero* (Mack, Piene, Uecker and others) with whom he and Klein had several exhibitions. In autumn the first *"accumulations"* in polyester were produced. His first exhibition in the Museum of Modern Art in New York was the beginning of Arman's increasing orientation towards America. In 1972 Arman became an American citizen. He was then the only French artist who emigrated to the United States. Arman has, however, never denied his French roots.

He met artists like Marcel Duchamp, Bill Copley, Robert Rauschenberg, Frank Stella, Kenneth Noland, Claes Oldenburg, Andy Warhol and others. Sometimes one can notice their influence, yet Arman pursues his own artistic aims single-mindedly. The aspects of technology (e.g. the tools) and seriality become more and more important. The encounter with American art can be noticed in certain structural principles of Arman's work, but the basic principles remain unchanged. One of these principles can be recognized in comparing Arman's work to that of Marcel Duchamp, to whom Arman dedicated a "Hommage" in 1969 (page 125). The concept of Duchamp's ready-mades is of course comparable to Arman's use of objects, but Arman emphasizes the principle of seriality and accumulation. Duchamp on the other hand focuses on the presentation of an object that is deprived of its ordinary function and is transfigured into art. Both the Nouveaux Réalistes and the American Pop-artists regarded Duchamp as their predecessor. Arman chose for his *"Hommage"* an object which has become very popular and is perhaps most frequently associated with Duchamp: the *Porte bouteilles.* Duchamp exposed its singularity in a most provoking simple fashion and transfigured something commonplace into something special. Presentation and perception transform the object: it becomes a subject, it turns into art. Although Arman refers directly to that position, something quite different happens in his *"Hommage"*: Arman once more "accumulates" several *Porte bouteilles,* linking the concept of Duchamp with his own. Arman once pointed out that: *"Duchamp is almost the only artist who thought in concepts of succession at that time. He had very interesting views before he became the father of the ready-mades."*[27] Concepts of succession are the subject of the countless works in which motion, rhythm and fission illustrate the state of the work of art. His accumulations are an intensification of quantity, they act as indicators for consumption. This opens them to a sociological interpretation. Yet they are more: they are also a multiplication of successions. Since they tend towards infinity, the accumulations can also be read as gigantic constructs that transcend the frame of the visible.

Many of the works on paper are accumulations, especially if one does not consider the aspect of technique. Even if there is just one single object, it is dissembled into many small parts and then depicted, so that once more an accumulation is the result (page 51). In the works on paper they seem to be more poetic than the actual objects, because in the drawing there is a greater emphasis on the gestural and aleatory elements. The drawing offers a discursive space that is beyond that of the actual object. Sometimes, for example, there occurs an overlapping of single passages in the *"accumulations"* or *"colères"*, which creates areas of density with a pictorial dynamics of their own. They cannot be deciphered, because they are structures of an expressive, and sometimes almost haptic nature (page 53).

In the works on paper of the seventies there is an even stronger focus on the object, which is now dealt with in new formal ways. Even the subjects vary: e.g. in *"painttubes"* (1967, page 58) , *"patience et constellation"* (1973, page 65), *"pre cascade"* (1976, page 66). One can notice subtle nuances in looking at the delicate golden drawing of little clock wheels (*"untitled"*, 1972, page 61) and its variation in black (*"rouages & rouages"*, 1972, page 62) in the drawing single details are lost in the "all-over" of the mass of wheels that reach to the margin. There is a very harmonious impression, based on the different shades of light that strikes a poetic note. The black variant works with overlappings and there is an oscillation between foreground and background, suggesting depth. It takes a closer look to realize that the structures of the drawings and real objects are conjoined in a most subtle manner.

The few conventional drawings are of a quiet different "making", and might be seen as a contradiction to the experimental forms of drawing. They express, however, an affirmation of the object, which is no longer replaced and once more put a focus on. This principle appears also in the works on paper. The topics and subjects are now those of the seventies with their social revolutions, the excessive use of drugs and the progressive objectification of industrial society. Arman's subjects become more unusual, he introduces hypodermic needles (*"Bad Habits"* 1975, page 64), revolvers and spanners (*"La main à l'ouvrage"*, 1973, page 63) into his imagery. The pictures are very precise, the subjects are composed in an almost classical manner, which brings a new quality into the drawings. It is also a sign of the passion with which Arman investigates the complex possibilities of graphic art. His diverse manners of drawing include pencil drawings in minute details, charcoal drawings and etchings of high graphic quality and a very refined technique. Arman is a virtuoso in all of these diverse fields, he persuasively communicates his fascination with the object to the viewer. The different kinds of graphic expression are of equal importance to Arman, there is no preference, as one might believe, for free and expressive gesture. The two stage sets *L'heure espagnole"* for the Opéra-Comique in Paris, 1985, for example, are delicate ink drawings in which the depicted objects are given plasticity by hatchings and cross-hatchings (page 68 and 69). Their graphic style resembles images by the surrealists, in which the objects also start to develop a life of their own and become monstrous. Arman depicts clocks and it is the clock that provides a meter by its sucession of seconds, minutes and hours – and this is not restricted to the subject of Ravel. It also indicates the ephemerality of time, for example in the monument *"L'Heure de tous"* at the Saint-Lazare station in Paris which was created in the same year. An art critic of France Soir commented on Arman's stage set on December 16, 1985: *"Arman has put all of his obsessions into his stage set, his obsession with time and with splitted violins [...] this stage set is actually a huge musical box."*[28]

Expression and intention of the works on paper have changed once more during the last decade: new projects have emerged, only a few of them can be mentioned here. There are the large scale ink and graphite drawings in which objects are arrayed in symmetrical order, like tin soldiers. The teapots, the coffeepots, the plugging machines, the ventilators must be mentioned here – these subjects were also realized as three-dimensional objects. Drawing and object are complementary, without depending on each other (page 89). There are also collages, partly with papers of different colors, which vary the objects mentioned above and once more work with accumulation (page 90). Finally there are the large color etchings, that have a special position in Arman's graphic oeuvre.[29] The etchings once more reformulate the subject of accumulation in a very subtle manner, because there is not just the accumulation of objects in the image, but the medium of graphic art deals itself with the multiplication of objects.

The African and Oceanic masks and sculptures from Arman's private collection are also a new subject. Arman has assembled an extraordinary collection with great enthusiasm and expertise. (He is once more accumulating things, but this time he is concerned with amassing individual objects and not identical products.) In 1996 the collection was exhibited under the title: *"Arman et l'art africain"* at the Musée des arts africains, océanians et amerindiens at the Vieille Charité, Marseille, and the Musée des Arts africain et océaniens in Paris. At the same time Arman created works on paper that paraphrase the subjects of masks and little statuettes, which he depicts in multiplicity. The masks and statuettes are stereotyped by the use of stencils. Arman almost returns to his origins here. Like in the *"cachets"* of the fifties there is once more the aspect of uniformity, but something fundamental has changed. Although the subject is multiplied and stereotyped, they have an startling aura, which pays tribute to the fetish-quality of these masks and sculptures. The return to the original method is primarily a formal one. It is closer to the principles of Arman's work with historical statues (in some of the *"coupes"* and also the *"allure d'objects"* on paper): it is an approach to the past, which is reconsidered and dissected, and then rearranged. It is an appropriation of time. The relicts of time are not paid their due respect, the values of classicism and the stern belief in continuity are called into question by new reflections on discontinuity. *"Arman accomplished in the coupes something that is the business of several thousand years in archeology. [...] A closer look reveals that Arman's selection of Greek and Roman gods is as much concerned with their symbolism as with their aesthetic value."*[30] Arman explores the aesthetic value of the African and Oceanic subjects. He considers also their ritual function, although this aspect is of secondary importance for his work. Arman integrates this highly abstract works of art into the body of his own work, he simplifies them by the use of stamps and stencils. This shows once more Arman's affinity to cubism, and especially to Picasso, who integrated the aesthetics of African sculpture in his own art and adopted and reinterpreted essential characteristics of this style. Arman does not reformulate his subjects, he rather leaves them intact and transforms their aesthetic value by multiplication and accumulation (page 102 and 103).

After all the plenitude of intact and destroyed objects, the odyssey through the material and immaterial world (of music), the excessive demiurgic accumulations, the restrained colères and subtle poetry, one is surprised to be finally confronted with reductions to the essential. Arman's most recent drawings are large and black. Their content can only partially be deciphered: once more there are objects, but this time there are just parts, rudiments and torsos. Arman focuses on details and draws them in dense and oppressive black ink. There are the familiar things: musical instruments and tools. Arman challenges the world of man and his machines by opposing it with the intelligible world of poetry. This drawings are quite different from his other works, they are dominated by the continuous movement of a single gesture. Corrections are impossible because the ink would reveal even the slightest trace of irritation or error. A new sense of sincerity manifests itself in the drawings, a simplification of the object that could not be seen in the work of Arman before. The close connection between drawing and object is evident in the black blocks of marble which are related to the drawings. They lead us back to the object, however indirectly, since their quality is fundamentally different from the earlier objects taken from the real world. The blocks are no objects, they only refer to objects. The blackness of the ink drawings seems like a rejection of the vivid colours of the previous works. After the light, there is darkness, the absence of life. It is replaced by a new kind of sublimity that no longer needs the object.

Arman's work is characterized by extremes, by action and reaction in his own oeuvre and in relation to other artists. If one recalls Yves Klein's *"Le vide"* and Arman's *"Le plein"* it seems that Arman has finally returned after a long way to the subject he discussed with his friend shortly before Klein's premature death: the ambivalence of both extremes, which are interdependent. In his new black ink drawings Arman approaches the – almost – monochrome void. It appears like an inevitable counterpoint, a coda. [31]

Translation from the German: Hartmut Härer

Anmerkungen:

1 Georges Limbour on a Wols exhibition, Galerie René Drouin, May-June 1947, in: Action, 13. June 1947 (Kat. Weltkunst, Lazlo Glozer, p.152).

2 Daniel Abadie, "Die Archäologie der Zukunft" in: Arman, Exhibition Catalogue Galerie Nationale Jeu de Paume/ Wilhelm-Hack-Museum Ludwigshafen 1998, p. 37.

3 ibid., p. 37-38.

4 Erika Billeter, Geschichte der Collage, Kunstgewerbemuseum Zurich, 1986, p. 16.

5 Werner Schmalenbach, Arman, in: Kunstsammlung Nordrhein-Westfalen, München 1986, p. 291-292

6 Cf. also: Marie Luise Syring, Kunst in Frankreich seit 1966, Zerborstene Sprache, zersprengte Form, Köln 1986, p. 33.

7 Aude Bodet / Sylvain Lecombre, Chronologie, in: 1960 Les nouveaux réalistes, Musée d'Art Moderne de la Ville de Paris, 1986, p. 54

8 Exhibition Catalogue Arman, 1998, p. 196.

9 See the relationship between image and word in cubistic art, which reveals similar associations, that not allways coincident, Billeter, ibid., p. 17

10 Exhibition Catalogue Arman, 1998, p. 197.

11 ibid., p. 198.

12 "I threw them, I let them rotate, I did a lot of things with them, like the musicians, with the only difference that my material was ink." Arman, in: Exhibition Catalogue Arman, 1998, p. 40.

13 Pierre Cabanne, Arman, Paris 1993, p. 12.

14 Exhibition Catalogue Arman, 1998, p. 199.

15 Arman mentions one with a length of 10 meters, ibid., p. 40.

16 In the index of works they are also called "Allure-Colères" for the pivotal year 1960.: Denyse Durand-Ruel, Arman, Catalogue Raisonné II, Paris 1991, p. 24

17 Arman in an Interview with Alain Jouffroy, in L'Oeil, June 1965.

18 Werner Schmalenbach, Arman, in: Kunstsammlung Nordrhein-Westfalen, 1986, p. 293.

19 Exhibition Catalogue, Arman, 1998, p. 59

20 Jan van der Marck, Arman, New York 1984.

21 Quoted in: Exhibition Catalogue, Arman, 1998, p.201.

22 Werner Schmalenbach, Arman, in: Kunstsammlung Nordrhein-Westfalen, 1986, p. 292.

23 In 1960 Arman met Jasper Johns and Robert Rauschenberg in Paris.

24 Johns' flag paintings caused A.R. Solomon to pose the question: "Is it a flag, or is it a painting?" pointing out the ambivalence of possible readings. Max Imdahl has extensively worked on this "crisis of identity", in: Max Imdahl, Reflexion, Theorie, Methode, Gesamm. Schriften, ed. Gottfried Boehm, Bd. 3, Frankfurt 1996, p. 237 ff. There is no such ambivalence in Arman's work.

25 Index of works, Vol II p. 99.

26 Henry Martin, Arman, Ed. Abrams-Horay, 1973.

27 Arman, in: Exhibition Catalogue Arman, 1998, p. 52

28 Exhibition Catalogue, Arman, 1998, p. 225-226

29 The catalogue raisonné published in 1990 does not record these recent works. The large etchings are printed from three or four plates in as many colors. Color has a new function in this recent etchings, it links the depicted objects. It evokes moods and is not assigned to an object. The etchings must be seen in context with the "monochrome accumulations" Arman presented in New York in 1990. (The preface of the exhibition catalogue was written by Donald Kuspit).

30 Henry Geldzahler, Preface to the exhibition "Gods and Goddesses" at the Marisa del Re Gallery, New York 1986, quoted in: Exhibition Catalogue Arman 1998, p. 226.

31 Max Imdahl, Reflexion, Theorie, Methode, Gesamm. Schriften, ed. Gottfried Boehm, Bd. 3, Frankfurt 1996 p. 236: Imdahl thinks that Kandinsky's principle of " inner necessity, his open and non-provocative attitude" might have been adopted by the artists of Pop Art and Nouveaux Réalisme. He explicitly mentions Arman. Arman liberated the object from its context and unclosed a way of rediscovering it.

Le Jeudi 27 octobre 1960,
Les nouveaux réalistes ont
pris conscience de leur
singularité collective.
Nouveau Réalisme = nouvelles
approches perceptives du
réel.

Yves le monochrome
Martial Raysse
Restany
Arman
Tinguely
Spoerri
Feinstein
Hains
Dufrêne
Villeglé

Manifest der Nouveaux Réalistes mit den Unterschriften der Gründungsmitglieder
Nouveaux Réalistes-manifesto with signatures of founder members
Paris, 27. Oktober 1960

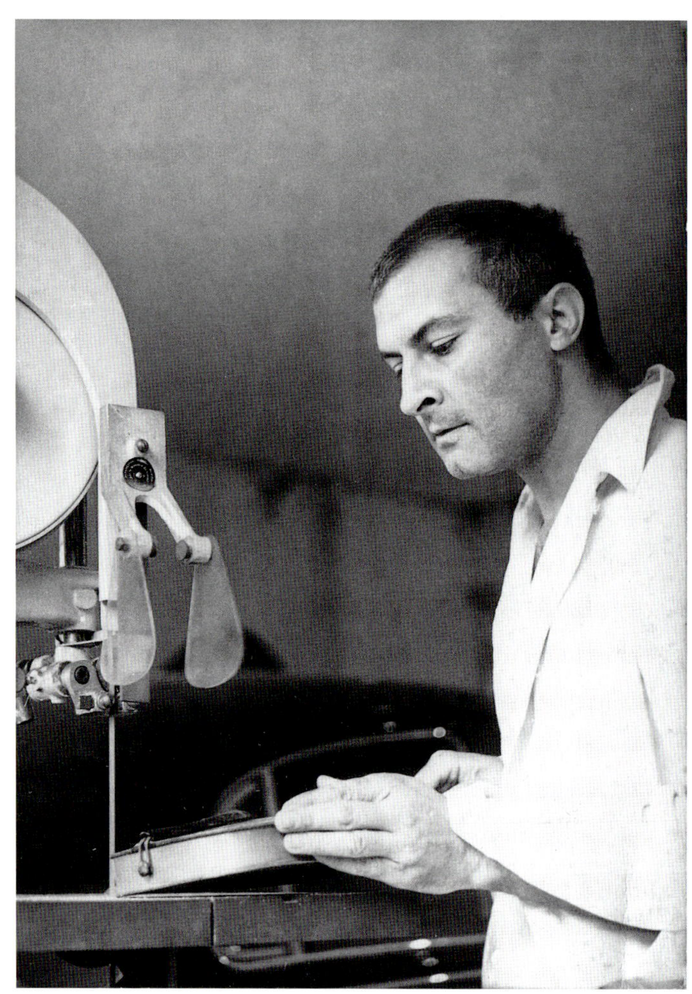

Arman beim Zersägen einer Geige
Cutting a violin
Nizza 1965

Biographie

zusammengestellt von Urs Roeber

1928 Arman wird am 17. November 1928 als Armand Fernandez in Nizza geboren.

1933 Um sich nicht von seiner Freundin Micheline trennen zu müssen, besucht Arman bis 1940 das Cours Poizat, eine Grundschule für Mädchen.

1936 Beginnt, sich intensiv mit Schach auseinanderzusetzen.

1938 Armans Vater, ein Amateurmaler und Cellist, der in Nizza ein Einrichtungsgeschäft und einen Möbelladen führt, bringt dem Jungen das Malen mit Ölfarben bei und weckt in ihm die Liebe zur Musik.

1940-45 Arman besucht das Lycée du Parc impérial in Nizza.

1946 Der Siebzehnjährige schließt seine Schulausbildung mit dem Baccalauréat mit den Schwerpunkten Philosophie und Mathematik ab. Anschließend schreibt er sich an der École Nationale des Arts décoratifs in Nizza ein.

1947 In der Judo-Schule der Polizei von Nizza lernt Arman Yves Klein und Claude Pascal kennen. Per Anhalter fahren die drei jungen Männer durch Europa. Sie beschließen, ihre Nachnamen aufzugeben und unter ihren Vornamen berühmt zu werden. Angeregt durch die Freundschaft mit Yves Klein und Claude Pascal setzt sich Arman zwischen 1947 und 1953 intensiv mit Buddhismus, Astrologie, den Rosenkreuzern und der Lehre Georg Gurdjieffs auseinander.

1949 Arman verläßt Nizza und schreibt sich in Paris an der École du Louvre ein, um Auktionator zu werden. Zwei Jahre lang studiert er Archäologie und Orientalische Kunst. Seine Malerei in dieser Zeit ist stark vom Surréalismus beeinflußt.

1950 lernt Arman Eliane Radigue, seine zukünftige erste Frau, kennen, mit der er drei Kinder haben wird.

1951 Bis zum Juni halten sich Arman und Yves Klein in Madrid auf, wo Klein als Judo-Lehrer an der Bushido-Kwai-Schule tätig ist. Zurück in Nizza begegnet Arman zum ersten Mal Pierre Restany. Geburt der Tochter Françoise.

1952 Militärdienst als Sanitäter in Fréjus.

1953 Heiratet Eliane Radigue. Rückkehr nach Nizza. Es entstehen abstrakte Gemälde, die die Auseinandersetzung mit Serge Poliakoff und Nicolas de Staël widerspiegeln. Gleichzeitig beginnt Arman sich für afrikanische Kunst zu interessieren. Geburt der Tochter Anne.

„Um 1952/53, als ich in Nizza lebte, ziemlich weit weg von allem, stürzte ich mich wie alle jungen Künstler auf alles Material, das ich irgendwie bekommen konnte – man fühlte sich ziemlich isoliert -, und stieß dabei auf eine Sondernummer von Art d´aujourd´hui zum Thema Graphik, in der ich einen Artikel von Sandberg über [Hendrik Nicolaas] Werkman, den genialen holländischen Typographen, las. Ich war völlig begeistert. Er hatte jene „Holzbilder“ mit sich wiederholenden Wörtern und Zeichen wie „Lenin, Lenin, Lenin“ und „M, M, M“ realisiert, die Stempelabdrucken gleichen.“

Arman, 1965 in einem Interview

1954 Sieht Arbeiten von Jackson Pollock, die Einfluß auf seine Bildgestaltung haben werden – etwa in der Anwendung des „all-over“-Prinzips. Geburt des Sohnes Yves.

1955 In Nizza verdient Arman seinen Lebensunterhalt als Möbelverkäufer und Tiefseefischer. Er nimmt an der Gruppenausstellung „Artistes d´Acropole“ teil. Angeregt durch den Besuch einer Kurt Schwitters Ausstellung in der Pariser Galerie Berggruen im Jahr zuvor schafft Arman seine ersten Stempelbilder („cachets“).

Eine erste Einzelausstellung mit Gouachen in London bei der „Progressive London Group“ (PLG).

1956 Erste Gemäldeausstellung in der Galerie du Haut-Pavé in Paris, in der Arman auch einige „cachets“ präsentiert.

1958 Auf der Einladungskarte zu Armans erster Einzelausstellung bei Iris Clert in Paris („Les Olympiens“) erscheint sein Name durch ein Versehen des Druckers erstmals in der Form „Arman“ (ohne das abschließende „d“).

„Daß man die Schreibweise meines Namens veränderte, erschien mir inakzeptabel. Ich machte einen Riesenskandal. Ich fürchtete, daß man mich nicht wiedererkennen würde, und ich hatte Angst, meine Karriere wieder von neuem beginnen zu müssen. Da nahm mich Iris Clert auf die Seite und sagte: „Hör zu, mein Lieber, du bist völlig unbekannt. Du hast zehn Freunde, die sich an Deinen Vornamen erinnern. Außerdem muß man bei Armand an einen Friseurgehilfen denken. Die nächste Ausstellung machen wir ebenfalls unter dem namen Arman, oder wir lasen es bleiben.“ So also wurde ich zu Arman: erst einmal wegen van Gogh, und dann wegen Iris Clert.“

Arman im Gespräch mit Otto Hahn, 1992

Erste „allures d´objets“; Abdrucke eingefärbter Gegenstände auf Leinwand und Papier. Reise in den Iran.

„Ich beginne gleich zu Anfang mit einem Geständnis: Armans graphische Zeichnungen und Gemälde sind Allures d'objets; die linearen Elemente, aus denen sie sich zusammensetzen, stellen lediglich die Wegstrecke von Gegenständen auf der jungfräulichen Leinwand oder dem weißen Papier dar.

Pierre Restany, À toute allure, 1960

1959 Erste „poubelles" (Inhalte von Papierkörben) und „accumulations" (Anhäufungen von identischen Gebrauchsgegenständen). Auf Anregung Pierre Restanys erste Einzelausstellung in Mailand in der Galleria Apollinaire.

1960 Am 27. Oktober gründet Pierre Restany in Yves Kleins Wohnung in Paris die Nouveaux Réalistes. Zu den Gründungsmitgliedern gehören Yves Klein, Daniel Spoerri, Jacques Villeglé, Raymond Hains, François Dufrêne, Martial Raysse, Jean Tinguely und Arman. Bekanntschaft mit den amerikanischen Künstlern Jasper Johns, Robert Rauschenberg und Larry Rivers in Paris. Ausstellung „Le Plein" bei Iris Clert in Paris. Ausstellung der „poubelles" und „accumulations" in der Galerie Alfred Schmela in Düsseldorf. Kontakte zur Düsseldorfer Künstlergruppe ZERO.

1961 Realisation erster „colères" („Wutanfälle"; Aktionen, bei denen Gegenstände zertrümmert werden). Ausstellung in der Galleria Schwarz in Mailand mit Martial Raysse. Teilnahme an der Pariser Biennale und an der Ausstellung „The Art of Assemblage" im Museum of Modern Art in New York. Erste New Yorker Einzelausstellung in der Cordier-Warren Gallery. In der Zeitschrift „Zero" wird Armans Text „Réalisme des accumulations" veröffentlicht. Bekanntschaft mit Marcel Duchamp.

„Ich hingegen behaupte, daß der Ausdruck des Abfalls bzw. der Gegenstände einen Wert an sich besitzt, ganz unmittelbar, daß er frei ist von jedem ästhetischen Gestaltungswillen, der sie abstempelt und sie gewissermaßen zu den Farben einer Palette macht..."

Arman, Realismus der Akkumulationen, 1961

1963 Erste Einzelausstellung in der Sidney Janis Gallery, die Arman unter Vertrag nehmen wird. In Erweiterung des Konzepts der colères beginnt Arman, Gegenstände zu zerschneiden („coupes“) und mit Dynamit in die Luft zu sprengen. Erste „inclusions“ (in Polyester eingeschweißte „accumulations“).

1964 Ausstellungen im Walker Art Center in Minneapolis und im Amsterdamer Stedelijk Museum. Beginnt damit, Gegenstände einzuäschern und zu fixieren („combustions“).

1965 Armans Ausstellung im Museum Haus Lange in Krefeld wird in Deutschland kontrovers diskutiert. Die ästhetischen Qualitäten der „accumulations“ finden zunehmend Anerkennung.

„Als ich eine Ausstellung im Krefelder Museum hatte, eine Art kleiner Retrospektive mit mehreren Poubelles aus den Jahren 1959/60, brach in den Ortszeitungen eine Kontroverse zwischen einem Kritiker und den deutschen Jesuiten aus, die für die Ausstellung Partei ergriffen und sich hinter dem Ausspruch „Staub bist du, zu Staub wirst du“ verschanzten. Mülleimer, die von Jesuiten wiederverwertet wurden, das fand ich sehr hübsch.“

Arman, 1972

1966 Retrospektive im Palais des Beaux-Arts in Brüssel. Arman wird mit dem Marzotto-Preis ausgezeichnet. Erste Anhäufungen von Farbtuben in Plexiglas.

1967 Teilnahme an der Weltausstellung in Montreal mit Akkumulationen von Autoteilen. Lehrauftrag an der University of California at Los Angeles (UCLA). Trennung von Éliane.

1968 Vertreter Frankreichs bei der Biennale in Venedig. Teilnahme an der documenta IV in Kassel. In Südfrankreich lernt Arman Corice Canton, seine zukünftige zweite Frau, kennen.

1969 Ausstellung von Arbeiten aus den Jahren 1960-65 in der Galerie Mathias Fels in Paris.

„Die für Armans Werk charakteristische Klarsicht und Logik zeigt sich ebenfalls in der Wahl seiner Vorgehensweisen: Das Übereinanderschichten, Anhäufen, Zerteilen von Gegenständen stellt für ihn die Gelegenheit dar, systematisch eine Spannung zwischen der Zerstörung der Identität von Dingen mittels ihrer Zerteilung oder Vermehrung und dem gleichzeitigen Aufbau der Einheit von Werk und Handlung herzustellen. Dennoch stellt sein Rationalismus lediglich eine feste Basis dar, von der ausgehend er einem der hervorstechendsten Charaktermerkmale seiner Persönlichkeit freien Lauf lassen kann: seinem
leidenschaftlichen Sinn für das Vergnügen."

Grégoire Müller im Katalog zur Ausstellung in der Galerie Fels, 1969

Ausstellung der „33 accumulations Renault" im Stedelijk Museum in Amsterdam. Um 32 Akkumulationen erweitert wird der Ausstellung, die durch Europa tourt, international große Beachtung zuteil. Wegen zunehmend häufiger Ausstellungen und Aufenthalte in New York kauft Arman ein Haus in Manhattan.

1970 Aktion „Slicing" in der Reese Palley Gallery in New York: Von Besuchern mitgebrachte Gegenstände werden von Arman zerschnitten oder zersägt und zugunsten des Verteidigungsfundus der Black Panthers verkauft. Ausstellung von Multiples in der Galerie Ileana Sonnabend in Paris. Teilnahme an der Weltausstellung in Osaka.

1971 Serie der organischen „poubelles" in Polyester. Anders als bei den frühen „poubelles" unter Plexiglas erfordert das neue Material keine Vorauswahl hinsichtlich der Haltbarkeit. Arman heiratet Corice Canton in Nizza.

1972 Für den Skulpturengarten des Museums von Jerusalem realisiert Arman „Hommage to the Garment District", eine 3,50 m hohe Akkumulation von Nähmaschinen in Beton. Verleihung der amerikanischen Staatsbürgerschaft. Aufnahme in den Ordre du Mérite. Beginnt Kung Fu zu lernen.

1973 Die Ausstellung „Selected Activities“ in der John Gibbson Gallery in New York richtet den Schwerpunkt auf die Aktionen Armans und das seiner Arbeit zugrunde liegende Konzept. Beginn der Zusammenarbeit mit der Andrew Crispo Gallery in New York. Henry Martins Monographie über Arman erscheint in New York.

1974 Arman schafft zwei Basreliefs aus zersägten Zylinderköpfen für die Renault-Werke. Ausstellung von Armans Graphik in der Galerie Alexandre de la Salle in Saint-Paul-de-Vence. Die Andrew Crispo Gallery zeigt unter dem Titel „Concrete Lyrics“ in Beton eingefasste „coupes“ und „colères“.

„Eine der schönsten Ausstellungen der neuen Saison war diejenige des Assemblage-Künstlers und Bildhauers Arman in der Galerie von Andrew Crispo in New York. Nie zuvor haben die zerbrochenen Werke mit den sich wiederholenden Formen schöner ausgesehen und eine größere Eleganz besessen als hier. Arman ist und bleibt der Philosophenkünstler, eine bedeutsame Figur der neuen Kunst und des neuen ästhetischen Denkens.“

Gregory Battcock in: Domus, März 1975

Retrospektive im Museum of Contemporary Art in La Jolla/Kalifornien. Die Ausstellung tourt bis 1975 durch die Vereinigten Staaten.

1975 Ausstellung der „coupes“ und „colères“ im Musée d'Art moderne de la Ville de Paris („objets armés“). Happening „Conscious Vandalism“ in der New Yorker John Gibbson Gallery: Innerhalb von 22 Minuten zertrümmert Arman eine von ihm und Corice eigens zu diesem Zweck eingerichtete amerikanische Mittelstandswohnung.

„Ich kam zur verabredeten Zeit mit einem Vorschlaghammer, einer Doppelaxt, einem Pickel und einem Cutter. Innerhalb von zweiundzwanzig Minuten, die Uhr in der Hand, schlug ich die drei Zimmer kurz und klein. Eine verrückte Wut hatte sich meiner bemächtigt, ich schlug auf die explodierenden Flaschen ein, räumte die Schubladen aus, zerdrückte die Cremetuben. Am Ende war ich erschöpft. Das Publikum klatschte, als ich den Christus von Dalí spaltete.

Arman im Gespräch mit Otto Hahn, 1992

Im Sommer widmet sich Arman unter der Anleitung des japanischen Meisters Isamu Haruyama in Vence dem Go-Spiel. Im Dezember Ausstellung „Lyrical Surfaces“ in der Andrew Crispo Gallery.

„Die Lyrical Surfaces zeugen von derselben Auseinandersetzung mit den aus Musikinstrumenten gewonnenen Formen wie die im letzten Jahr gezeigten Concrete Lyrics. Obwohl diese jüngsten Arbeiten auf Papier oder auf Leinwand viel subtiler und weniger aggressiv sind als die ihnen vorangehenden Wandreliefs (aus zerschnittenen, demontierten und zerbrochenen und anschließend in Beton eingefaßten Gegenständen), sind sie als Abbilder ebenso direkt.“

Julian Weissman in: ARTnews, Februar 1976

Im Winter Reise nach Ägypten.

1976 Realisation weiterer großformatiger Skulpturen in Dijon und Dearborn/Michigan.

1978 „Hommage à Renoir“; zerschnittene und in Beton gegossene weibliche Figuren für das Lycée Renoir in Cagnes-sur-Mer. Unter dem Titel „Hard & Soft“ Ausstellung von Akkumulationen weicher Gegenstände wie Handschuhe u. ä., die an den Wänden der Andrew Crispo Gallery aufgehängt werden.

1979 Reise nach China. Für die Eingangshalle einer Klinik in Blanc-Mesnil schafft Arman die „Accumulation fallopienne“, ein Wandrelief aus zweigeteilten Saxophonen in Beton. Aufenthalt in Moskau.

1980 Ausstellungen in Japan und Deutschland.

1981 Ausstellung von Druckgraphik Armans in der Akira Ikeda Gallery in Tokio.

1982 Groß angelegte Retrospektive “Parade der Objekte“ im Kunstmuseum Hannover. Einweihung von „Long Term Parking“, einer 18 Meter hohen Installation aus 2000Tonnen Beton mit 60 eingeschlossenen PKWs im Schloßpark von Montcel in Jouy-en-Josas. Geburt der Tochter Yasmine.

1983 Die in Hannover gezeigte Ausstellung „Parade der Objekte“ wird unter dem Titel „La parade des objets“ im Musée Picasso in Antibes gezeigt.

„Der verblüffende Kaputtmacher von gewöhnlichen Gegenständen ist nicht nur auf Zerstörung aus, sondern versucht im Grunde genommen, in der Rekonstruktion eine von ihm als möglicherweise verloren erachtete Spontaneität wiederzufinden. Seine aus banalem Material geschnitzte Kunst wächst über das Gewöhnliche hinaus. Man ist von der Aussagekraft seiner Werke verblüfft.“

Jean-Marie Tasset in: Le Figaro, 12. August 1983

1984 Der französische Kultusminister überreicht Arman in Paris das Abzeichen eines Kommandeurs des Ordre des Arts et des Lettres. Im März Ausstellung in der Christian Fayt Art Gallery in Knokke-Le-Zoute.

„Vermittelte ursprünglich die Arbeit von Arman durch die zum Einsatz gebrachten Techniken in der Tat den Eindruck, als leugne sie die traditionellen Vorgaben der Malerei, so läßt sich von jetzt an besser einschätzen, daß er in Wirklichkeit deren essentielle Vorgaben in andere Medien überführte. Das Gesamtwerk von Arman gehorcht somit einer komplexen Ambiguität, einer Versöhnung der Gegensätze: Es lehnt die traditionellen Mittel des Malers ab und behält primär die wichtigen Qualitäten der großen Malerei, wenn auch auf andere Weise, bei. So kommt es, daß der einstige Revolutionär heute als Klassiker gilt.“

Daniel Abadie, Ausstellungskatalog Christian Fayt Art Gallery, 1984

Installation aus 125 Einkaufswagen für die V. Art Fair in Chicago. Installation „The day after“ in der Marisa del Re Gallery in New York: ein im Louis XV-Stil eingerichtetes Wohnzimmer, das von Arman verbrannt und von Bocquel in Bronze gegossen wurde. Das Werk wird anschließend auf der FIAC in Paris und in Toulon gezeigt.

1985 Retrospektive im Seibu Museum of Art in Tokio. Zwei großformatige Akkumulationen aus bronzenen Koffern bzw. Uhren für den Gare Saint-Lazare in Paris. Akkumulation „Un delire spirale“ aus 36 Kupferbetten für das „Schöner Wohnen“-Haus in Zürich. Bühnenbild für Maurice Ravels musikalisches Lustspiel „L'heure espagnole“, das in der Komischen Oper in Paris aufgeführt wird.

„In sein erstes Bühnenbild hat Arman all seine Obsessionen gesteckt, die der Zeit und der Geigengerippe. Bei dieser Komödie, einer „musikalischen Konversation in der Tradition der Opera buffa“, wie Ravel sie definierte, spielt das Orchester auf der Bühne, und die Musiker kommen sehr eng mit den Sängern und Automaten (eine Hasentrommel und ein Kuckuck, der aus einer wie ein griechischer Tempel aussehenden Bank hervorschnellt) in Berührung: ein Bühnenbild, das in Wirklichkeit eine riesige Musikbox ist.“

Nicole Duault in: France Soir, 16. Dezember 1985

1986 Reise nach Japan anläßlich der Ausstellung in der Fuji Television Gallery in Tokio. Ausstellung durchschnittener Antiken unter dem Titel „Gods and Godesses“ in der Marisa del Re Gallery in New York.

„Bei näherem Hinschauen hat Armans Auswahl griechischer und römischer Gottheiten ebenso viel mit ihrer Symbolik wie mit ihrem ästhetischen Wert zu tun. Der diagonal durchgeschnittene Herkules verrät die wahren Ausmaße seiner Stärke. Der Gewaltätigkeit von Mars entsprechen die geflügelten Wonnen von Eros. Venus' Körper öffnet sich wie eine Tür und erinnert an Apollinaires Vers: „Adieu, möge der über meine Liebe zuletzt Gekommene die Türe schließen“.“

Henry Geldzahler im Ausstellungskatalog „Gods and Goddesses“, 1986

1987 Geburt des Sohnes Philippe. Arman schreibt und illustriert das Kinderbuch „Trio à cordes“. Neben anderen großformatigen Projekten im öffentlichen Raum entsteht „Ascent of the Blues“, eine 12 m hohe Doppelspirale aus Klavieren, Gitarren und Banjos in Memphis. Veröffentlichung der Arman-Monographie von Bernard Lamarche-Vadel.

1988 Arman wendet sich erneut der Malerei zu. Eine Serie von 13 Gemälden, die die Pariser Galerie Beaubourg ausstellt, wird zur Illustration zu Arthur Rimbauds „Lettres du Voyant“ verwendet. Indem er die Pinsel, deren Spur er in breiten, gestischen Schwüngen über die Leinwände zieht, am Ende ihrer Bahnen auf den Bildträgern befestigt, verbindet Arman Prinzipien des abstrakten Expressionismus mit denen der Nouveaux Réalistes. Im Musée des Beaux-Arts in Nîmes überzieht Arman in vier Tagen die vier Wände einer 80 m^2 großen Halle mit Farbe und insgesamt 2400 Pinseln. Weitere Bühnenbilder und Skulpturen-Projekte werden realisiert.

„Daß sich Arman [...] nun wieder der Malerei zuwendet – mit echten Pinseln und echten Farben aus Tuben -, heißt nicht, daß er dem Gegenstand, der seinen Erfolg ausgemacht hat, den Rücken kehrt: Fünfzig oder hundert Pinsel machen auf jeder Arbeit Radau, nachdem sie eine Spur hinter sich hergezogen haben. Die Wirkung ist überwältigend: Die große, abstrakte, grindige Malerei à la de Kooning versöhnt sich also mit dem Nouveau Réalisme, dessen größte Sorge Anfang der 60er Jahre eben gerade der Entmachtung der Abstraktion galt.“

Otto Hahn im L'Express, 22. Januar 1988

1989 „Million of Miles“, eine 22 m hohe Installation aus 1000 zusammengeschweißten LKW-Hinterachsen in Chónan/Südkorea. François Mitterrand zeichnet Arman mit dem Orden eines Ritters der Ehrenlegion aus.

„[...] in paraphilosophischen und soziologischen Situationen bleibe ich ein Bildhauer und Maler, dessen vorrangige Ambition es ist, mehr noch als einen Diskurs über uns selbst oder unsere Zivilisation zu formulieren, ein Kunstwerk zu schaffen, eine Skulptur, ein Gemälde oder ein Skulptur-Gemälde, eine Assemblage mit ästhetisch-visueller Bestimmung. Durch all diese Gesten bin ich fest entschlossen, mehr ein Künstler zu bleiben als ein Soziologe oder Anthropologe.“

Arman im Ausstellungskatalog der Lunds Konsthall, 1989

1990 Ausstellung „Dirty Paintings“ in der Marisa del Re Gallery in New York. Arman sagt anläßlich antisemitischer Äußerungen des Bürgermeisters von Nizza die geplante Retrospektive im neu eröffneten Musée d'Art moderne et d'Art contemporain de la ville ab. Der Catalogue raisonné des Estampes, das Werkverzeichnis der Druckgraphik Armans, erscheint bei Editions Marval in Paris.

1991 Ausstellung „Brush Strokes Paintings“ in der Galerie Heinz Holtmann in Köln. Arman führt seine gestische Malerei mit montierten Pinseln auf Bildträgern aus, auf denen typische Gegenstände seiner Akkumulationen befestigt sind. Ausstellung „Robot Portraits“ in der Fuji Television Gallery in Tokio. Arman präsentiert „Porträts“ großer Komponisten von Bach bis Bartók, die aus den Instrumenten zusammengesetzt sind, die für die jeweilige Musik charakteristisch sind. Auftakt einer weiteren Retrospektive im Museum of Fine Arts in Houston. Der erste Band des Catalogue raisonné (Teil II, Werke von 1960-62) erscheint bei Editions de La Différence in Paris.

1992 Vor dem Restaurant der Brüder Troisgros in Roanne wird die 4,50 hohe Skulptur „Les Gourmandes“ aus 100 Gabeln in patinaüberzogener Bronze eingeweiht.

1994 Arman wird zum Grand Officier des Ordre des Arts et des Lettres befördert. Der zweite Band des Catalogue raisonné (Teil III, Werke von 1963 bis 1965) wird veröffentlicht.

„Den großen Neuerern unter den Bildhauern ist jene Bivalenz der Treue gegenüber dem »nicht zu unterdrückenden Wunsch zu experimentieren«, wie Arman dies einmal definierte, eigen, einer Treue, die eben in der Notwendigkeit besteht, etwas unternehmen zu müssen, das es noch nicht gibt. Armans vielfältiges Werk spielt sich mit Sicherheit vor dem Hintergrund solcher Wünsche ab. Sobald sich vor seinen Augen die Möglichkeit einer Entdeckung auftat, konnte und wollte er nicht anders, als sich nach den eigenen wirksamsten Möglichkeiten zu fragen, sie zu untersuchen und umzusetzen, um dem Wesen jener Entdeckung in Gänze Gestalt zu verleihen.“

Jacques Lepage, in: Art-Thèmes, 1993

1995 Ausstellung von Armans Fotos in Deauville. Begleitend erscheint bei Editions Area „L'Album Arman". „Hope for Peace", eine 32 m hohe Skulptur aus 32 Panzern, wird in Beirut eingeweiht.

1996 Die Sidney Janis Gallery in New York zeigt Armans „Interactives", bewegliche Skulpturen griechischer und römischer Götter. Arman entwirft eine Briefmarke für die französische Post.

1997 Präsentation der neuen Werkgruppe „Cascades" bei Ileana Sonnabend in New York. Dominique Rimbault dreht mit Arman und Pierre Restany den 52 Minuten langen Dokumentarfilm „Arman, portrait d'un sculpteur".

1998 Retrospektive in der Galerie nationale du Jeu de Paume in Paris. Die Ausstellung wird anschließend im Wilhelm-Hack-Museum in Ludwigshafen gezeigt.

2000 Erste Retrospektive der „Arbeiten auf Papier" im Ludwig Museum in Koblenz.

„In meiner Malerei ist das Objekt lediglich ein Vorwand. Aber es ist immer gegenwärtig."

Arman

Die Zitate in deutscher Übersetzung wurden aus dem Katalog zur Ausstellung „Arman" im Wilhelm-Hack-Museum, Ludwigshafen 1998 übernommen.

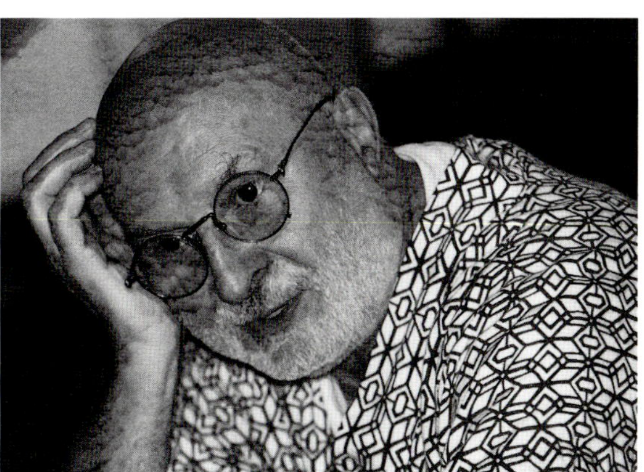

Arman in Vence, 1999

Biography

arranged by Urs Roeber

1928 ARMAND Pierre Arman, born Armand Fernandez in Nice, November 17th 1928.

1934 Attends the Cours Poisat, a school for girls, until 1940.

1936 The beginning of an undying passion for chess.

1938 His father, an antique dealer who runs a furniture store in Nice, introduces him to oil painting and, as an amateur cellist, arouses a love for music in his child.

1940-45 Visits the Lycée du Parc Imperial in Nice.

1946 17 years old, he attains the Baccalauréat in philosophy and mathematics and enrolls in the École Nationale d'Art Décoratifs in Nice.

1947 Friendship with Yves Klein and Claude Pascal. Hitchhikes with them across Europe. All three decide to be known by their first names, giving up their surnames. Aroused by his friendship with Yves Klein and Claude Pascal, the period between 1947 and 1953 coincides with intense intellectual activity and spiritual contact with Buddhism, the Rosicrucians, Georg Gurdjieff, astrology and other esoteric fields.

1949 Leaves Nice for Paris, where he enrolls in the École du Louvre and studies archeology and oriental art for two consecutive years. In this period his painting is surrealistic-like.

1950 Meets Eliane Radigue, his first wife, with whom he will have three children.

1951 Stays with Yves Klein in Madrid. Back to Nice, Arman meets Pierre Restany for the first time. Birth of Arman's and Eliane's daughter Françoise.

1952 Military service in Fréjus during the Indochina conflict.

1953 After his return to Nice, he takes part in a series of actions and happenings with Yves Klein. Interest in abstract painting and African art begins. Marries Eliane Radigue. Birth of their daughter Anne.

1954 Visits an exhibition of works by Kurt Schwitters at the Berggruen Gallery in Paris. He is especially impressed by the prints, which will have a lasting influence on his artistic research. At the same time, Arman is impressed by Jackson Pollock and the "all over" manner of composition. Birth of son Yves.

1955 First "cachets" (stamps). Supports himself with occasional jobs - selling furniture, harpoon fishing for the great restaurants of the Côte d'Azur.

1956 After a small non-commercial exhibition of gouaches at the London P. E. G. in 1955, he has his first personal exhibition at the Haut-Pavé Gallery in Paris.

1958 Exhibition at the Iris Clert Gallery in Paris. Disappearance of the final "d" of "Armand" on the invitation-card. Adopts the new version of his name. First "allures d'objets" (traces of coloured objects left on canvas and paper). Trip to Persia.

1959 Beginning of the "accumulations" and "poubelles" (contents of paperbaskets). First exhibition in Milan at the Apollinaire Gallery.

1960 October 27th, Pierre Restany founds the group of "Nouveaux Réalistes" at Yves Klein's flat in Paris. Along with Yves Klein, Daniel Spoerri, Jacques Villeglé, Raymond Hains, François Dufrêne, Martial Raysse and Jean Tinguely, Arman is one of the founder members. "Le Plein" ("Fullness") exhibition at the Iris Clert Gallery, Paris, contrasted with Yves Klein's "Emptiness" exhibition. Meets Larry Rivers, Jasper Johns and Robert Rauschenberg in Paris. Exhibitions in Paris and Düsseldorf. Contact with the German "ZERO" group.

1961 First personal exhibition in New York (Cordier-Warren Gallery). Exhibition at the Schwarz Gallery in Milan. The "ZERO" journal publishes Arman´s text "Réalisme des Accumulations". First "colères" (objects destroyed in a stage of rage). Meets Marcel Duchamp.

1962 Exhibitions in Brussels, Los Angeles (Edward Kienholz becomes his assistant), Paris and Gstaad.

1963 Beginning of the "coupes" (objects cut into slices) and "inclusions" ("accumulations" in polyester). Arman starts to blow up big objects like cars with dynamite. First exhibition at the Sidney Janis Gallery in New York.

1964 Exhibition at the Walker Art Center in Minneapolis, followed by another at the Stedelijk Museum, Amsterdam. Exhibition at the Sidney Janis Gallery, New York. First "combustions" (burning and fixing of objects).

1966 Retrospective at the Palais des Beaux-Arts, Brussels.

1967 Represents France at the World Exposition in Montreal. Separation from Eliane.

1968 Works exhibited at the Venice Biennale and at the Kassel "documenta". Teaches at the University of California, Los Angeles, living in Santa Monica. In France, Arman meets Corice Arman for the first time.

1969 Exhibition of the "33 accumulations Renault" at the Stedelijk Museum in Amsterdam. Along with further "accumulations", the works executed in collaboration with Renault are presented also at other european museums.

1970 Beginning of the accumulations in cement, which prolong the works undertaken in 1964 with the accumulations in synthetic marble. Exhibits at the French pavillon in the World Exhibition in Osaka, Japan. Exhibitions at museums in Helsinki, Ludwigshafen, Stockholm and Zurich. Celebration of the tenth anniversary of the founding of the Nouveaux Réalistes in Milan.

1971 On the 13th of July, Arman marries Corice Canton in Nice. Poubelles with refuse set in polyester, enabling the conservation of organic remains.

1972 Becomes a citizen of the United States. Practising judo since his youth, Arman starts with Kung Fu. Accumulation "Hommage to the Garment District" - a sculpture of 3 meters height consisting of sewing machines in cement - for the Museum of Jerusalem. Lots of similar monumental projects will follow.

1973 Beginning of collaboration with the Andrew Crispo Gallery, New York. Prepares an extensive retrospective.

1974 The works chosen by the La Jolla Museum of Contemporary Art tour four other American museums (until 1975). "Concrete Lyrics" exhibition at the Andrew Crispo Gallery.

1975 Exhibition "Objets armés" at the Musée d'Art moderne de la ville, Paris. Spends two months in Vence and plays the ancient game of Go with the Japanese master Isamu Haruyama. Returns to New York. "Conscious Vandalism" happening at the John Gibbson Gallery, New York. Exhibition "Lyrical Surfaces" at the Andrew Crispo Gallery, New York.

1976 Realisation of more projects for monumental accumulation-sculptures in Dijon and Dearborn/Michigan.

1978 First exhibition of his new "soft" accumulations (gloves and similar soft objects) at the Andrew Crispo Gallery, New York ("Hard & Soft").

1979 "Accumulative Tapestry" exhibition at the Bonnier Gallery, Geneva. Several exhibitions of new sculptures in bronze. Trip to China.

1980 Several exhibitions of new works in Japan and West Germany.

1981 Beginning of collaboration with the Swiss art dealer Reto a Marca. Exhibition of graphic works at the Akira Ikeda Gallery, Tokyo.

1982 Extensive retrospective exhibition "Parade der Objekte" at the Kunstmuseum, Hannover. "Long Term Parking", an accumulation of 18 meters height consisting of 60 cars fixed in cement (Jouy-en-Josas, near Paris). Birth of Arman´s and Corice´s daughter Yasmine.

1983 The Hannover retrospective is shown at the Musée Picasso in Antibes ("La parade des objets").

1984 Extensive exhibitions at the Museums of Lugano (organized by Reto a Marca), Parma (in collaboration with the Niccoli Gallery), Milan, Dunkirk and Monte-Carlo. Arman is decorated as Commander of Arts and Letters of France. Monument for the Elysée in Paris.

1985 Several extensive exhibitions at the Museums of Tokyo, Seoul, Toulon. Monumental sculpture "Music Power" in Nice. Two monumental sculptures in front of the St. Lazare Station in Paris. Monumental bed sculpture "Un delire spirale" in front of the Schöner Wohnen Haus in Zurich. Invited to the SIMA nr. 3 in Venice with an important personal exhibition. First stage-setting for "L'heure espagnole" by Maurice Ravel, performed at the Opéra-Comique de Paris.

1986 Trip to Japan. Exhibition "Gods and Godesses" at the Marisa del Re Gallery, New York (sliced figures of antiques).

1987 Birth of son Philippe. Spiral-shaped accumulation "Ascent of the Blues" in Memphis.

1988 Exhibition of new paintings at the Beaubourg Gallery, Paris. Fixing the used brushes on the canvasses after painting, Arman combines principles of abstract expressionism with the ideas of Nouveau Réalisme.

1989 Arman is decorated as a Knight of the French Legion of Honour by François Mitterrand.

1990 Exhibition at the Marisa del Re Gallery, New York. Due to anti-semitic remarks of the mayor of Nice, Arman cancels a retrospective exhibition at the Musée d'Art moderne et d'Art contemporain de la ville. The "Catalogue raisonné des Estampes" is published in Paris (Editions Marval). Exhibition "Brush Strokes Paintings" at the Heinz Holtmann Gallery in Cologne. Exhibition "Robot Portraits" at the Fuji Television Gallery in Tokyo.

1992 Realizes sculpture-project "Les Gourmandes" (accumulation of forks in bronze) in front of the restaurant of the Troisgros brothers in Roanne.

1994 Decorated as a Grand Officier d´Ordre des Arts et des Lettres.

1995 First exhibition of photographies in Deauville ("L´Album d´Arman"). Monumental sculpture "Hope for peace" consisting of 32 tanks in Beirut.

1996 Exhibition "Interactives" (moveable sculptures of Greek and Roman gods) at the Sidney Janis Gallery.

1997 Exhibition "Cascades" at the Ileana Sonnabend Gallery, New York. Realisation of the documentary film "Arman, portrait d´un sculpteur" by Dominique Rimbault (starring Arman and Pierre Restany).

1998 Retrospective exhibition at the Galerie nationale du Jeu de Paume in Paris, taken over by the Wilhelm-Hack-Museum in Ludwigshafen.

2000 "Arbeiten auf Papier", first retrospective exhibition of Arman´s works on paper, at the Ludwig Museum, Koblenz.

Arman lives in New York, Paris and Vence.

Bibliographie (in Auswahl)
Selected Bibliography

Texte des Künstlers

Réalisme des Accumulations, in: Zero 3, Düsseldorf 1961, S. 208f.

Les Nouveaux Réalistes, in: Konstrevy 2, Stockholm 1961, S. 45.

A Collective Portrait of Marcel Duchamp, in: Marcel Duchamp, Ausstellungskatalog Museum of Modern Art, New York 1973, S. 182-184.

Les coups de cymbales [über Picassos Desmoiselles d'Avignon], in: Le Nouvel Observateur, Paris, Ausgabe vom 23. August 1965, S. 66.

L'objet est mon sujet et le produit devient le sujet, in: Art Press, Nr. 41, Paris, Oktober 1980, S. 9.

Why I Boycotted the Museum [Musée d'art moderne et contemporain, Nizza], in: ARTnews, Bd. 89, Nr. 8, New York, Oktober 1990, S. 222; vgl. in diesem Zusammenhang auch: Jutta Martens, Künstler und Kritiker boykottieren die Premiere, in: art 7, Hamburg, Juli 1990, S. 20f.

À l'africaine, in: Cahiers du cinéma, Nr. 443/444, Beilage, Paris, Mai 1991, S. 65.

Intervista di Yves Klein, Arman e Tita Reut [Fiktives Gespräch mit Yves Klein, in Zusammenarbeit mit Tita Reut], in: Voce 7, Verona, Februar 1990, S. 40-43. Wiederveröffentlicht unter dem Titel: Substitution, Paris 1994.

ALVARD, Julien: Arman [zur Ausstellung in der Sidney Janis Gallery, New York], in: ARTnews, Bd. 67, Nr. 4, New York 1968, S. 12.

ASHBERY, John: Arman, New York 1968.

BOSCH, Dominique: Arman. „Les disciplines artistiques nous aident à renforcer notre identité", Interview, in: L'École de l'art, Paris, April 1997, S. 19.

CABANNE, Pierre: Arman, en somme, in: Combat, Paris, 25. Februar 1974, S. 9.

ders.: Arman, peintures, in: Elle, Paris, Mai 1976.

ders.:Arman à Nice, in: Le Matin de Paris, Paris, 9. August 1982.

ders.: Martial Raysse, Arman et la nature moderne, L'Art du XXe siècle, Somogy, Paris 1982.

ders.: Arman, La Différence, Paris 1993.

CASTLE, Ted: Armans public work, Edition Marisa Del Re Gallery, New York, Juni 1984.

DESCARGUES, Pierre: Arman. Accumulations et colères, in: Tribune de Lausanne, 3. Juni 1962.

Diverse Autoren: Sondernummer der Zeitschrift Kanal, mit Beiträgen von Daniel Abadie, Arman, Agnès Gabrielli, Michel Giroud und Yves Klein, Juli 1993.

DURAND-RUEL, Denyse: Arman: Catalogue raisonné II [Werke von 1960-62], Paris 1991.

dies.: Arman: Catalogue raisonné III [Werke von 1963-65], Paris 1994.

FERRIER, Jean-Louis: Arman: le violon sur le moi, in: Le Point, Nr. 566, Paris, 25. Juli 1983, S. 15.

Literatur zu Arman

FRANCBLIN, Catherine: Les Nouveaux Réalistes, Paris 1997.

HAHN, Otto: Arman, in: Ateliers d'Aujourd'hui, Paris 1972.

ders.: „Mémoires accumulés" d'Arman, Belfond, Paris 1992.

JONES, Peter: Arman and the Magic Power of Objects, in: Art International, Vol. 7, No. 3, 25. März 1963, S. 40-43.

JOUFFROY, Alain: Arman, in: L´ŒIL 126, Juni 1965, S. 24-29, 48-49.

KRAMER, Hilton: Arman. From Neo-Dada to Color Abstraction, in: New York Times, Ausgabe vom 19. Mai 1968.

LAMARCHE-VADEL, Bernard: Arman, Paris 1987, wiederveröffentlicht 1998.

ders.: Arman: L´amour de l´océan, in: Artistes, Vol. 9/10, Paris, Oktober/November 1981, S. 8-15.

van der MARCK, Jan: Arman. The parisian avant-garde in New York, in: Art in America, Vol. 61, No. 6, November-Dezember 1973, S 88-95.

ders.: Arman, New York 1984.

ders.: Arman. 13 peintures/Arthur Rimbaud. Lettres du Voyant, Paris 1988, veröffentlicht anläßlich der Ausstellung Arman. Peintures 87-88, Galerie Beaubourg, Paris 1988.

MARTIN, Henry: Arman, New York 1973.

MEYER, Laure: Arman et l´art africain, in: L´ŒIL 482, Paris 1996, o. S.

MILLET, Catherine: Arman: Multiples, in: Les lettres françaises, Paris, 22. Juli 1970.

MILLET, Catherine: Arman Qualité Quantité (interview), in: art press 8, Dezember-Januar 1974, S. 14-17.

MORSCHEL, Jürgen: Kunst aus dem Müll. Arman im Krefelder Museum Haus Lange, in: Süddeutsche Zeitung, München, 1. Juni 1965.

MORSCHEL, Jürgen: Ärger mit der Kunst. Arman im Museum Haus Lange in Krefeld, in: Donau Zeitung, Ulm, 3. Juni 1965.

MÜLLER, Grégoire: Arman Arman Arman Arman Arman Arman Arman, in: Arts Magazine Vol. 44, No. 6, April 1970, S. 35-38.

OTMEZGUINE, Jane und MOREAU, Marc: Arman Estampes, Catalogue Raisonné, Edition Marval, Paris 1990.

PAILLAT, Édith: Les „accumulations“ africaines d´Arman, in: Le Journal des arts, Paris, Juli/August 1996.

PIGUET, Philippe: Arman: les gourmandes, in: La Croix l´Événement, Paris, 29. Oktober 1992.

PLUCHART, François: Arman ou l'horreur du vide, in: Combat, 9. Februar 1966, S. 9.

PUTMAN, Jacques: Les moments d'Arman, im Katalog zur Ausstellung in der Galerie de l'Zil, Paris 1972.

RAGON, Michel: Arman, in: Cimaise, September-Dezember 1969, S. 93-94.

ders.: Interview d'Arman, in: Chorus, Vol. 5-6,1970.

RESTANY, Pierre: Armand, in: Cimaise 6, Paris, Juli/August 1957, S. 33.

ders.: Armand, in: Cimaise, Paris, Juli-September 1958, S. 43.

ders.: Die Beseelung des Objektes, in: Das Kunstwerk 15, Nr. 1-2. Baden-Baden, Juli/August 1961, S. 37-56.

ders.: Le Nouveau Réalisme und was darunter zu verstehen ist, in: Das Kunstwerk 16, Baden-Baden, Januar 1963, S. 1-18.

ders.: Arman: un regard neuf sur le monde, in: Domus, Vol. 451, Juni 1967.

ders.: Les Nouveaux Réalistes, Éditions Planète, Paris 1968, ergänzte Ausgabe Le Nouveau Réalisme, Paris 1978.

ders.: Cologne 1981: le Nouveau Réalisme entre le Néo-Dada et le Pop, in: Art Press 48, Paris, Mai 1981, S. 11f.

ders.: Le Nouveau Réalisme, in: Flash Art 105, Mailand, Dezember 1981/Januar 1982, S. 26-37.

ders.: Peintre: de la tripe à la tempe, in: Cimaise, Bd. 35, Nr. 193, Paris, April/Mai 1988, S. 69-72.

ders.: 1995, anno delle tre meraviglie del mondo contemporaneo (ital./engl.), in: Domus, Nr. 775, Mailand, Oktober 1995, S. 110-114.

REUT, Tita und Arman: Il y a lieux. L´Album d´Arman, Hazan, Pris 2000.

SAILER, Anton: Arman, in: Die Kunst und das schöne Heim, Nr. 2, 1982, S. 113-20.

SCHJELDAHL, Peter: What others call junk, he transforms into art, in: New York Times, 28. Oktober 1973.

SEITZ, William C.: Arman at the Cordier-Warren Gallery, in: Art Intemational, Vol. 6, Nr. 1, Februar 1962.

SWENSON, G.R.: Arman and esthetic change, in: Quadrum, Vol. 17,1964, S. 87-96.

Ausstellungskataloge

Arman. Allures d´objets, mit einem Text von Pierre Restany, Galerie Saint-Germain, Paris 1960.

Arman. Montages, mit einem Text von Pierre Restany, Dwan Gallery, Los Angeles 1962.

Arman, Galleria Schwarz, Milano 1963.

Arman, mit einem Text von Yves Klein, Stedelijk Museum, Amsterdam 1964.

Arman, mit einem Text von Paul Wember, Museum Haus Lange, Krefeld 1965.

Arman, Vorwort von Otto Hahn, Texte von Pierre Restany und Michael Sonnabend, Galerie Ileana Sonnabend, Paris 1967.

Arman. Œuvres de 1960 à 1965, Galerie Mathias Fels, Paris 1969.

Accumulation Renault, Musée des Arts Décoratifs, Paris 1969.

Arman. Selected activities, mit Texten von Jan van der Marck und Peter Schjeldahl, John Gibbson Gallery, New York 1973.

Arman, mit einem Text von Pierre Restany, Galleria Arte Borgogna, Milano 1973.

Concrete Lyrics, Andrew Crispo Gallery, New York 1974.

Arman. L´Œuvre graphique, mit einem Text von Pierre Restany, Galerie Alexandre de la Salle, Saint-Paul-de-Vence 1974.

Arman, mit einem Text von Pierre Restany, Romanische Säle des Klosters Saint-Trophîme in Arles, 1974.

Arman. Selected Works: 1958-1974, mit einem Text von Jan van der Marck, La Jolla Museum of Contemporary Art, La Jolla 1974.

Lyrical Surfaces: 1955-1975, Andrew Crispo Gallery, New York 1975.

Arman. Objets Armés 1971-1974, Musée d'Art Moderne, Paris 1975.

Arman. Violon Service, mit einem Text von Pierre Restany, Galerie Claude Tchou, Paris 1975.

Arman. Conscious Vandalism, John Gibbson Gallery, New York 1975.

Arman. Hard & Soft, mit einem Text von Jan van der Marck, Andrew Crispo Gallery, New York 1978.

Arman. Sélection retrospective, mit einem Text von Otto Hahn, Centre d´Art et de Culture de Flaine, Cluses 1980.

Arman. Parade der Objekte. Retrospektive 1955-1982, mit Texten von Joachim Büchner, Bernhard Holeczek, Pierre Restany und Paul Wember, Kunstmuseum Hannover mit Sammlung Sprengel, Hannover 1982.

Arman. Carvings and Drawings, mit einem Text von Otto Hahn, The Solomon Gallery, Dublin 1982.

Arman. Le Traité du violon, Galerie Abel Rambert, Paris 1982.

La parade des objets, mit Texten von Danièle Giraudy und Pierre Restany, Musée Picasso, Antibes 1983.

Arman, mit einem Text von Daniel Abadie, Christian Fayt Art Gallery, Knokke-Le-Zoute 1984.

Arman e l´oggetto come alfabeto, mit Texten von Pierre Restany, Walter Schönenberger und André Verdet, Palazzetto Eucherio Sanvitale, Parma 1984.

Arman. Recent Sculptures, mit einem Text von Michel Butor, Galerie Le Point, Monte Carlo 1984.

Arman, mit einem Text von François Bazzoli, Musée de Toulon, Toulon 1985.

Gods and Goddesses, mit einem Vorwort von Henry Geldzahler, Marisa del Re Gallery, New York 1986.

Arman Retrospektive, Galerie Pavillon Wird, Zürich 1986.

Arman. Paintings, mit einem Text von Pierre Restany, Marisa del Re Gallery, New York 1988.

Arman. Dirty Paintings, mit einem Text von Donald Kuspit, Marisa del Re Gallery, New York 1990.

Arman. Brush Strokes Paintings, mit einem Text von Sam Hunter, Galerie Heinz Holtmann, Köln 1991.

Il Giro di Arman, mit einem Text von Umberto Eco, Associazione Culturale Italo-Francese, Bologna 1992.

Arman „Accumulations“ Renault 1967-1970, mit einem Interview von Daniel Abadie, Galerie Georges-Philippe Vallois, Paris 1995.

Arman „Trésors cachés“, mit einem Text und einem Interview von Tita Reut, Galerie Enrico Navarra, Paris 1997.

Arman, mit Texten von Daniel Abadie, Umberto Eco, Raymonde Moulin und William Rubin, Galerie Nationale du Jeu de Paume, Paris 1998; deutsche Ausgabe zur Ausstellung im Wilhelm-Hack-Museum, Ludwigshafen, mit einem Vorwort von Richard W. Gassen, Ostfildern-Ruit 1998.